주식의 숲과 나무

주식의 숲과 나무

초판 1쇄 인쇄   2012년 11월 19일

초판 1쇄 발행   2012년 11월 26일

지은이   김 진 홍

펴낸이   손 형 국

펴낸곳   (주)북랩

출판등록   2004. 12. 1(제2012-000051호)

주소   153-786 서울시 금천구 가산디지털 1로 168,

              우림라이온스밸리 B동 B113, 114호

홈페이지   www.book.co.kr

전화번호   (02)2026-5777

팩스   (02)2026-5747

ISBN 978-89-98268-21-3   03320

주식의 숲과 나무

물건의 시대

김진홍 지음

book Lab

머리말

　우리나라 주식 시장을 10년 넘게 보아오면서 나는 대세 상승과 대세 하락이 있다는 것을 알게 되었다. 80년대부터 세어보면 1981년부터 1989년, 1992년부터 1994년, 1998년부터 2000년, 2001년부터 2002년, 2003년부터 2007년, 2008년부터 2011년까지 6번의 대세 상승이 있었다. 또 1989년부터 1992년, 1994년부터 1998년, 2000년, 2002년부터 2003년, 2007년부터 2008년까지 5번의 대세 하락이 있었다.

　그런데 우리나라에서는 대세 하락이라는 말을 정말 듣기가 어렵다. 어디에서도 대세 하락이라는 말을 하지 않는다. 우리나라 자체가 성장 일변도로 달려온 데다, 지금에야 실수와 실패를 용인하는 분위기가 있지 과거에는 이런 분위기가 아예 없었다('장학퀴즈' 에서 지면 정학을 당하기도 했다고 한다). 무조건 이겨야 되고 남보다 잘해야 되고, 더욱이 내려간다는 것은 용납이 안 됐었다. 그리고 정부나 정치권에서도 무조건 성장률에만 집착해서 성장률을 올리는 쪽으로만 치달으니 누구도 대세 하락이라고 말하기가 두려운 시절이었다. 하지만 대세 하락을 숨기고 인정하지 않으면, 개인이건 기업이건 국가건 더 큰 손실이 난다. IMF 때를 상기해보면 알 것이다. 그때 우리나라의 한계를 알고 내려가는 것을 대비했으면 그런 일이 벌어지지 않았을 것이다. 대세 하락이라는 말은 어려운 경제 용어가 아니다. 오르막길이 있으면 내리막길이 있고, 여름이 있으면 겨울이 있듯이, 지극히 당연한 자연현상이라고 생각하면 받아들이기가 쉬울 것이다. 이걸 너무 학문적으로 또는 경제학적으로만 이해하려 들기 때문에 심각하게 받아들인다. 겨울이 오면 집에서도 겨울 준비를 한다. 김장을 한다든가 겨울옷을 꺼낸다든가…. 마찬가지로 대세 하락기에는 당연히 모든 지출을 줄이고 주식투자를 하지 말아야 한다. 이때는 오직 미래를 위해 대비하는 시점이다. 어려운 일이 아니다. 주식의 겨울이 왔다고 생각하면 의외로 일이 쉽게 풀릴 것이다.

이젠 증권사에서도 대세 하락 기간에 대세 하락이라고 말하고, 이 기간에는 쉬었다가 대세 상승기에 고객에게 알리고 매매를 하면 더 믿을 수 있는 증권사가 되어서, 너도나도 돈을 맡기러 그 증권사로 가지 않을까? 증권사에서 한번 생각해봤으면 좋겠다.

대세 하락기에는 쉬고, 대세 상승기에는 주도주에 투자하자는 것이 이 책의 내용이다. 실제로 '다음 인터넷 동호회 텐인텐'에서 주식 모임을 만들어 사람들을 가르쳤는데 반응이 좋았다. 그래서 이 책을 쓰게 되었다. 이 책은 주식이라는 숲을 보는 책이다. 그러고 나서 나무를 보는 책이다. 지금 우리나라에서 올라가는 주식이 무엇인지, 이 주식들이 왜 올라가는지, 그렇다면 앞으로 올라가는 주식들은 무엇인지, 그리고 다른 나라 주식들은 무엇이 올라가는지에 대해 내가 아는 한도 내에서 썼다. 우리나라는 지금 과거의 우리나라가 아니다. 정말 많이 바뀌고 있다. 우리나라 제품이 이제는 해외에서 선호하는 제품이 되었고, 우리나라에서 일어나는 일은 이제 다른 나라에서 보고 즐기는 일이 되었다. 과거와 같은 고정 관념으로 주식을 한다면, 지금 올라가고 있는 소비재 주식을 놓칠 수밖에 없다. 선진국으로 가는 지금 고정관념이 바뀌어야 올라가는 주식을 살 수가 있다. 이제는 물건의 시대다. 그리고 이 시대에 우리나라가 수혜를 제일 많이 받을 때가 왔다.

이 책에서는 재무제표나 어려운 경제 용어는 지양하고, 다른 책에서도 볼 수 있는 용어 설명은 별로 하지 않았다. 1980년대부터 지금까지 우리나라 증시 30년 역사를 살펴보고, 우리나라와 다른 나라를 비교해서 대세 상승과 대세 하락을 분석했다. 따라서 지금 우리나라가 어디쯤 와 있는가를 생각하게 만들어줄 것이다. 아무쪼록 이 책이 독자 여러분의 주식 투자에 많은 도움이 되기를 바란다. 특히 이 자리를 빌려 10년 넘게 지켜봐주신 가족들과 물심양면으로 도움을 너무 많이 주신 어머님께 감사드린다.

김 진 홍

01

대세 상승

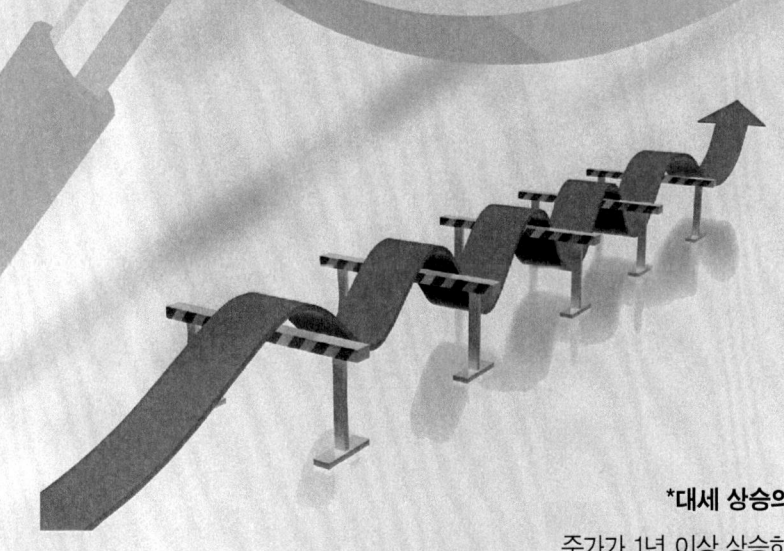

*대세 상승의 정의

주가가 1년 이상 상승하는 것

1. 1981년부터 1989년까지의 대세 상승

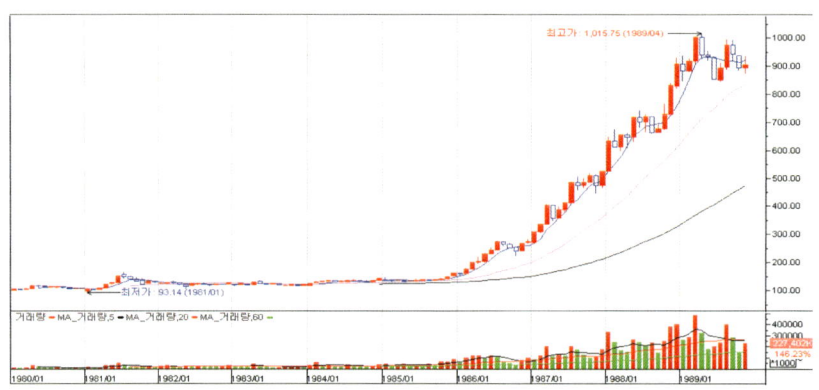

종합주가지수 월봉

1980년대는 저환율, 저유가, 저금리의 3저를 기반으로 종합주가지수가 상
승했다고 한다. 1981년 환율이 600원대니까 저환율이고, 유가는 1980년대
중반으로 가면서 낮아져서 저유가인 게 맞다(1986년 신문에 유가가 9달러라고 되
어 있다). 하지만 이 무렵 금리는 1980년대 초반에 터무니없이 높았고, 중반
정도에는 십 몇 퍼센트 정도였다. 지금으로 봐서는 고금리로 보여서 의문이
지만, 당시는 고금리 시대였기 때문에 이 정도 금리는 저금리에 속한다. 차
트를 보면, 1981년에 저점 93을 찍었지만 1981년부터 1985년까지는 박스권이
었고, 1986년부터는 박스권을 탈피하기 시작한 것으로 보아 3저 효과는
1985-86년부터 나타난 것으로 보인다. 뒤에 1980년대의 일본 차트를 넣겠지
만, 그것을 보면 정말 똑같다. 쌍둥이 차트다. 이러한 것으로 봐서도 우리나
라 산업구조와 일본의 산업구조는 비슷하다고 유추할 수 있다.

실제로도 경제발전 역사를 보면, 일본이 경제발전 모델로 삼은 나라가 독일이었다. 이원복 교수의 『먼나라 이웃나라』 '일본 편'에 비스마르크가 독일을 통일하고 강력한 독일을 만들 때, 일본이 이때의 독일을 배워왔다고 되어 있다. 독일의 경제 산업구조를 배우다가 일본에 그대로 심었는데, 우리나라가 경제발전 모델로 삼은 나라가 바로 일본이다. 자원은 없고, 국민은 똑똑하고, 수출밖에 살 길이 없고, 그래서 대기업을 만들고 수출만 전담하는 종합상사를 만들어서 수출에 주력했다. 산업구조가 일본과 똑같을 수밖에 없다. 1960년대와 1970년대 차트는 모르겠지만, 경제성장률이 계속 오른 것으로 봐서(연평균 10%씩 올랐다. 계속 오르는 차트 모양이었을 것이다) 1980년대 10년간의 대세 상승은(1980년대 초반에는 기었지만) 1960년대부터 시작된 경제개발의 완성품이라고 보면 될 것이다. 그래서 10년 동안 올라가는 대세 상승이 나온다.

그리고 우리나라 경제발전의 원동력은 한마디로 '장남 정신'이라고 말할 수 있다. 외국 학자들은 우리나라에서 살지 못했기 때문에 장남 정신을 알 수가 없다. 형제끼리 더치페이 하는 나라에서는 절대 이해할 수가 없다. 대기업 회장 자서전을 보면 항상 "네가 장남으로 태어났으니 동생들 다 책임져야 된다."라는 부모님의 말씀을 듣고 책임감이 생겼다는 얘기가 많이 나온다. 장녀도 마찬가지였다. 우리나라에서 첫째는 그런 존재였던 것이다. 우리나라가 경제발전을 하려 할 때 세계에서 끝에서 2번째로 못 사는 나라이기 때문에 경제발전을 할 수 없다고들 했는데, 그럼에도 여기까지 오게 된 건 가족들을 책임지는 우리나라만의 독특한 전통문화인 장남 정신에서 비롯되었다고 볼 수 있다. 남자뿐만 아니라 이 시대를 산 어머니들도 장남 정신 같은 책임감이 있었다. 그랬기에 우리가 지금 이렇게 살고 있는 것이다. 머리가 아무리 똑똑하고 공부를 잘해도 나 혼자 잘 먹고 잘살겠다는 생각만 있으면 그 집안은 일어나기 힘들다. 책임감이 없기 때문이다. 그러나 책임감만 있으면 그 다음부터는 자기가 필요한 것이 있으면 알아서 배우게 되어 있다. 그러면 집안이 일어나고 사회가 일어나고 나라가 일어난다. 지식보다 책임감이다. 회사도 마찬가지다.

그럼 이 대세 상승기 때 올라간 종목들을 살펴보기로 하자.

물론 이때 우리가 알고 있는 대표주들인 삼성전자, 현대차 같은 종목들도 많이 올랐지만(지수가 100에서 1000까지 10배가 오르는데, 안 오른 종목이 있을까?), '트로이카'라고 해서 은행, 증권, 건설주가 이 시대를 대표하는 업종 군으로서 많이 올랐다. 그러므로 이 종목들 위주로 하나씩 살펴보기로 하자.

가. 건설주

① GS건설

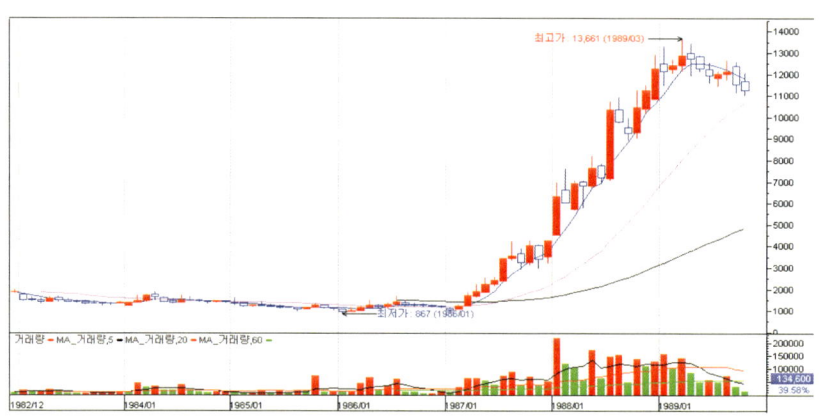

GS건설 월봉

② 동부건설

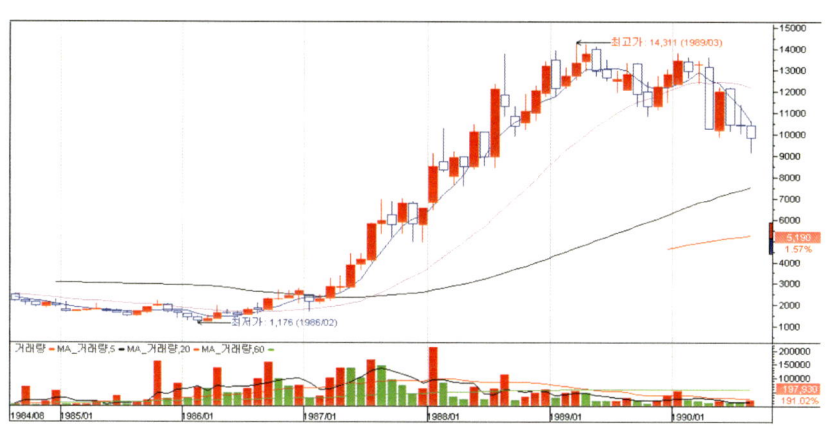

동부건설 월봉

개발도상국에서 건설주는 상당한 위력을 발휘한다. 선진국 될 때까지 도로나 건물 외의 모든 것을 정말 많이 지어야 하기 때문에 실적이 올라갈 수밖에 없고, 다른 산업이 나오기 전이므로 나라에서 차지하는 비중도 상당하다. 더구나 우리나라는 6.25 전쟁을 3년 동안 겪어서 모든 국토가 다 파괴되었기 때문에 무조건 건설을 해야만 했다. 건설업이 비약적으로 발전할 수밖에 없었다.

1980년대는 우리나라도 개발도상국, 중진국 수준이었는데, 거기에 하나 더하면 중동으로부터의 엄청난 수주가 있었기 때문에 건설업이 1989년까지 올라갈 수 있었다. 어느 책에서 보니까 중동 고위관리나 왕족이 "난 세상에서 제일 부지런한 민족이 일본인인 줄 알았다. 그런데 그보다 더 부지런한 민족이 있다. 바로 한국인이다."라는 말을 했다고 한다. 이때는 공사기간을 맞추느라 밤에도 햇불을 켜고 공사를 했다고 한다. 지금 들으면 난리가 나겠지만, 자본도 기술도 없는 나라에서는 어쩔 수 없었다. 고 정주영 회장의 자서전 『시련은 있어도 실패는 없다』에 보면, 1970년대에 오일달러가 급등해서 중동에 분명히 일거리가 있을 것이라는 생각에 중동으로 가서 사우디아라비아 주베일 항만공사를 수주했는데, 이 금액이 그 당시 우리나라 예산의 25-30%를 차지한다고 한다. 그때는 우리나라에 달러가 없어서 나라에서도 큰 걱정을 하던 때였다. 그런데 주베일 항만공사 수주로 달러 문제가 일시에 해결되어서 위기를 무사히 넘겼다고 한다. 만일 이때 그걸 해결 못 했으면 IMF가 왔을지도 모른다. 그럼 두 번 온 것이 된다. 우리나라에도 공사 거리가 많은데 중동 수주까지 더하니 차트가 올라갈 수밖에 없다. 이 차트는 우리 아버지 세대의 땀이다.

나. 은행주

① 은행업종지수

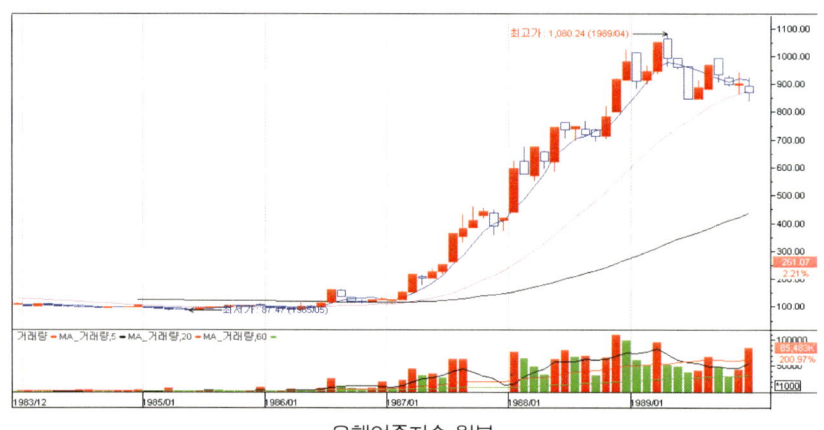

은행업종지수 월봉

IMF 때 은행이 많이 없어지고 그 이후에도 인수 합병되어서 차트는 은행 업종으로 대신하겠다. 은행주도 이 은행업종지수같이 1989년까지 갔다고 보면 된다. 저금리 하에서 기업이 자금을 빌려 사업을 해서 돈을 벌면 은행 수익은 당연히 좋아지고, 금리가 높아질수록 은행은 수익이 좋아진다. 수익이 좋아지니 주가는 올라간다. 그래서 지수가 100에서 1000까지 올라가니 차트 모양이 너무 좋다. 이때 어른들과 선생님들로부터 정말 많이 들었던 말이 있다. "1억을 은행에 맡기면 한 달 이자가 얼만지 알아?"라는 말이었다. 지금 생각해보면 1980년대에 1억은 모든 사람들의 꿈같은 돈이었을 것이다. 1980년대 초반 한 달 월급이 20-30만 원 할 때니, 현금 1억 가진 사람은 얼마 없었을 것이다. 지금으로 치면 10억에 해당하는 돈이다.

다. 증권주

① 대신증권

대신증권 월봉

② 현대증권

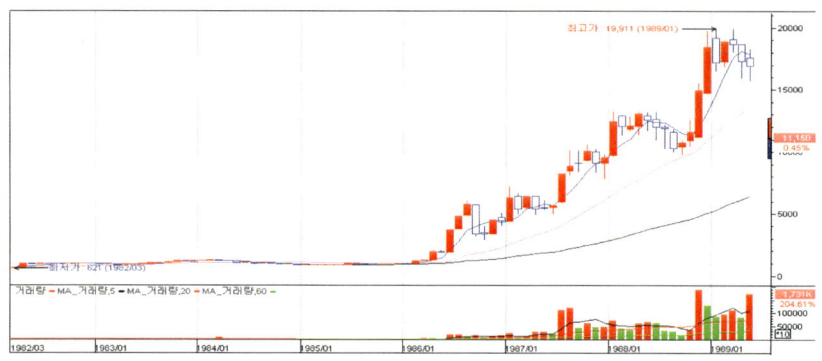

현대증권 월봉

　지수가 100에서 1000 갈 때 수익률은 증권주가 제일 좋았다. 금리를 올려서 수익이 나는 것보다 사람들이 직접 돈을 넣어서 하는 증권 업종이 수익이 더 좋았나보다. 지수가 100에서 1000이 되면 너도 나도 증권사로 가서 계좌를 트기 때문에 다른 업종보다 수익이 엄청나게 좋아질 것이다. 지수 1000에서 나온 얘기가 있는데, 애 엄마가 애기 업고 객장에 나왔다는 말이다. 그런데 이게 고점이었다. 고점의 신호였다. 지수가 10배 오른다는 것은 나라가 몇 단계 올라간다는 뜻이다. 사람들이 사는 생활양식, 문화, 수준 등…이 올라간다. 그 다음 1990년부터 우리나라는 소비문화가 꽃피기 시작했고, 개인주의나 X세대 등의 말이 나오기 시작했다.

　1980년대의 대세 상승은 우리나라 증시가 개방되지도 않았고 외국인이 주식을 사지 않았는데도, 10년간 올라가는 차트가 만들어졌다. 그래서 어느 정도 때가 되면 주가는 올라간다. 매수 주체가 누구이건 간에 말이다. 그래서 주가는 자연현상이고 계절이 아닌가 생각해본다. 때가 되면 덥고, 춥고, 바람 불고 하는 계절 말이다.

2. 1992년부터 1994년까지의 대세 상승

종합주가지수 월봉

이때의 대세 상승은 불확실한 대세 상승이었다. 2년 3개월 동안 지수가 2배 넘게 올라갔지만, 올라가는 모양이 다른 시기의 대세 상승보다는 가파르지가 않다. 다른 시기의 대세 상승에서는 저점 찍고 처음 올라갈 때는 상당히 가파르고 빨리 올라가는 데 비해, 이때의 대세 상승에서의 첫 번째 상승은 너무 천천히 올라갔다. 마치 산에 올라가기 싫은 사람이 억지로 떠밀려 올라가는 것처럼 억지로, 겨우겨우 1994년에 주가지수 1145까지 올라갔다. 이때는 경기도 좋았고 모든 게 좋았던 시절이다. 다 잘될 것만 같고, 중산층도 제일 많았으며, 사회도 지금보다는 안정되어 있었다. 1980년대의 고도 성장기를 지나 1990년대 중반까지 중산층이 많아지면서, 웬만한 노력이면 어느 정도 살게 된다는 희망도 있었다. 어느 정도 사니까 소비 여력도 생겨서 문화를 즐기고 소비할 수 있으며, 예전에는 없었던 것들이 생기면서 모든 게 즐거웠다. 하지만 산에 억지로 올라간 사람은 빨리 내려오듯, 그 다음부터는 억지로 떠밀려 올라간 지수는 빨리 내려오기 시작했다. 뿐만 아니라 엄청난 것이 기다리고 있었다.

이 당시는 전과 다른 인류들이 나오기 시작했다. 경제가 성장하면서 공동체보다 자기 자신을 중시하는 X세대가 출현했는데, 그들은 운동권과는 확실히 다른 사고방식을 가지고 있었다. 그리고 이들로 대변되는 서태지와 아이들, 압구정동과 오렌지족, 야타족 등 전과는 다른 소비문화가 나타나기 시작했다.

1992년에는 주식 시장이 외국인에게 개방되어서(완전 개방은 아니고 부분 개방이었다) 외국인이 사용하는 분석지표를 국내 투자가들도 접하게 되었다. 이때 외국인들은 저PER주를 샀다. 지금 생각해보면 외국인들이 보기에 실적은 너무 좋은데, PER가 낮은 종목이 많았다. 이 당시 유럽과 미국은 1990년대의 대세 상승 기간이었고, 우리나라 종합주가지수는 어차피 올라가니까 '실적이 좋은 종목들은 PER가 낮아도 언제라도 올라간다.'라는 생각이었던 것 같다.

그리고 우리나라는 이러한 지표들을 사용할 줄도 몰랐기 때문에, 금융 선진국인 외국인들이 보면 너무나도 좋은 종목들이 많았을 것이다. 그들은 이미 경험을 한 상태였기 때문에 정답을 알고 시험을 치르는 것과 같았을 것이다. 그래서 외국인이 매수한 종목들이 급등해서 저PER주의 혁명이라는 말이 이 시기에 나왔다. 또한 저PER주와 더불어서 저PBR주도 사기 시작했다. 이러한 종목들 역시 급등하고, 당시 신문에는 아무것도 모르는 상태였기 때문에 투기라고만 연일 기사가 나오곤 했었다(사실은 정확한 투자였다). 그리고 이때까지 우리나라에서는 이러한 지표들로 기업을 분석해서 매수하지 않았기 때문에 저평가되어 있을 수밖에 없었고 저PER주와 저PBR주가 널렸었다.

그전까지는 시장흐름이나 업종 전체 움직임 등을 보고 투자를 했지만, 이제부터는 실적, 재무제표, 주가분석지표 등을 보고 투자하기에 이르렀다.

이 시기에 올라간 종목들을 살펴보기로 하자. 2년 3개월 동안 올라가고 지수가 500 정도에서 1100 정도까지 올랐기 때문에, 종목들이 1980년대 대세 상승같이 많이 올라가진 못했지만, 몇 종목만 보기로 하자.

① 태광산업

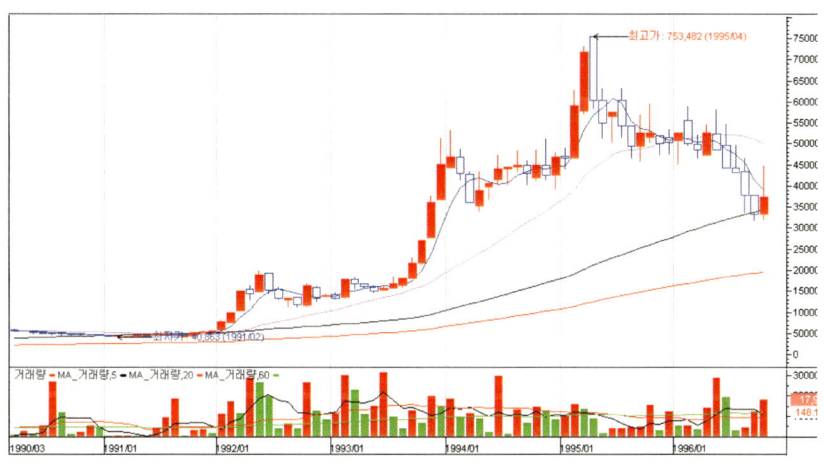

태광산업 월봉

외국인이 많이 매수한 대표석인 서PER주나. 업종은 화학이나. 이 시기 신문을 찾아보면 기사거리로 많이 나온다. 지표를 가지고 저평가된 주식을 매수한 것을 외국인 투기라고 했으니, IMF 오는 것이 당연한 결과였는지도 모른다. 우리나라는 많이 아는 것 같지만 실상은 아무것도 몰랐던 시기.

② 만호제강

만호제강 월봉

외국인이 매수한 대표적인 저 PBR주. 이 시기에 외국인이 매수한 대표적인 또 다른 저PBR주로는 성창기업이 있다. 마찬가지로 이 시기 신문을 찾아 보면 많이 나온다. 기사 내용은 외국인 투기라고 많이 쓰여 있다. 주가가 어떻게 상승하는지를 우리만 몰랐던 시기였다.

③ 롯데제과

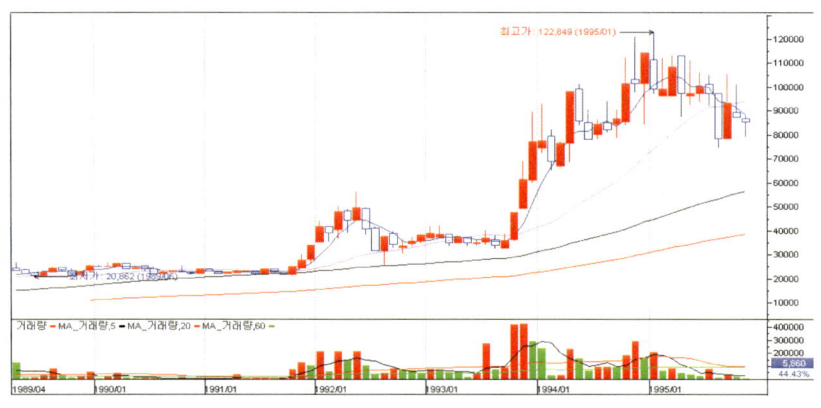

롯데제과 월봉

롯데제과는 소비재로서 유통망도 걱정 없고 인구가 늘수록 사먹는 사람이 많기 때문에, 히트 제품만 나오면 올라갈 수밖에 없는 종목이다. 삼성전자같이 대규모 설비투자도 필요 없으며, 첨단기술을 개발하는 기업도 아니다. 시장 지배력도 높고 가격 결정력도 있어서 워렌 버핏이 좋아할 만한 종목이다. 그래서 1992년도 저PER주 혁명 때 외국인이 많이 매수한 종목이다. 실적이 너무 좋고 PER가 낮으니 올라갈 수밖에 없다. 그런데 차트를 보면 롯데제과, 롯데칠성, 롯데삼강이 같이 올라갔다. 아마 외국인은 이때 롯데 3인방을 같이 산 것 같다. 후에 이 종목들은 가치주가 된다.

④ 삼성전자

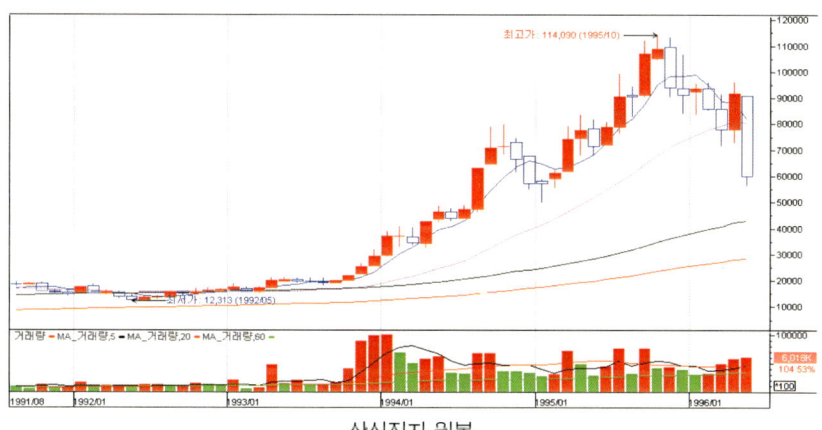

삼성진자 월봉

삼성전자는 1984년에 D램 사업에 진출, 256메가 D램을 세계 최초로 개발하여 계속 성장하는 기업이었다. 삼성전자를 개혁한 이건희 회장이 "마누라, 자식 빼고 다 바꿔라."라고 한 말은 정말 맞는 말이었다. 삼성전자 사장단을 데리고 외국 유통업체에 가서 삼성전자 제품이 어디에 있나 보니, 진열대에 없고 저 구석에 처박혀 있었다(당시만 해도 전자제품은 일제가 세계 최고였다). 사장 단은 충격에 빠졌고, 그때부터 모든 것을 바꿔 미래를 준비하게 되었다고 한 다. 그럴 수밖에 없었던 것이, 당시 삼성전자 사장님들은 우리나라에서는 1 등이었지만 세계에서는 아무것도 아니었는데, 우리나라에서 1등이니까 세계 에서도 잘나간다고 착각하고 있었다는 것이다. 이건희 회장 에세이에 나오는 내용이다. 그래서 이 기업은 1990년대의 혁신으로 2000년대에 글로벌 기업 이 된다.

3. 1998년부터 2000년까지의 대세 상승

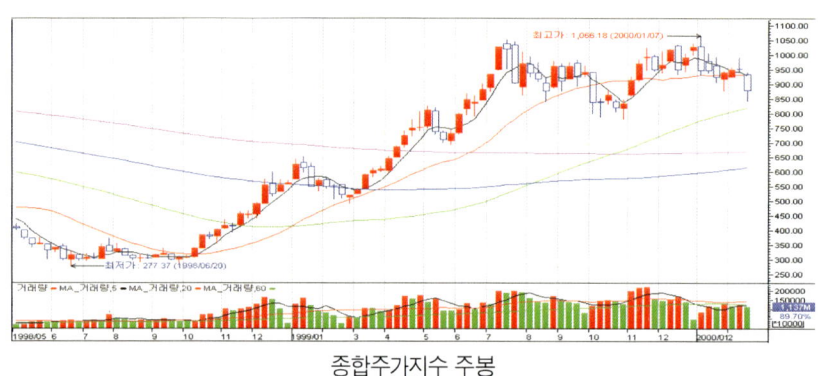

종합주가지수 주봉

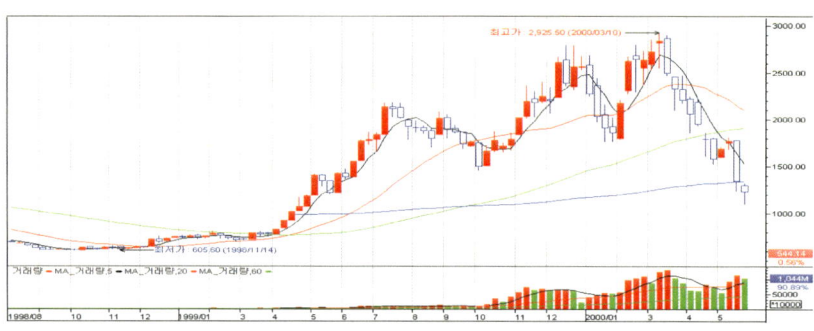

코스닥 주봉

이때의 대세 상승은 코스닥을 빼놓고 얘기할 수가 없기 때문에 종합주가지수와 같이 넣었다.

IMF라는 긴 터널을 지나 1998년도에 역사적인 저점 277.37을 찍고 우리나라 증시는 오르기 시작했다. 이때 제일 먼저 산 주체는 역시 외국인이었다. 1998년도에 약 5조 원 정도, 1999년에는 1조 5천억 원의 순매수를 기록했다. 우리나라는 주식을 살 만한 여력도 정신적인 여유도 없었다. IMF 체제가 몇 년이나 갈지, 아니면 10년도 간다는 얘기를 들었기 때문에, 우리나라 주식은 쳐다보지도 않았다. 그래도 희망은 있었다. 전 세계적인 통신주와 닷컴 열풍에 힘입어 우리나라 인터넷과 통신주들이 1999년 가을부터 폭등한 것이다. 이때 제일 먼저 연속 상한가를 치고 올라간 종목이 골드뱅크였다. 당시 이 회사는 농구단까지 만들었다. 그 다음이 새롬기술(지금의 솔본)과 다음이었다.

그리고 회사이름 끝에 '컴'이나 '텍'이 들어가면 무조건 상한가를 쳤다. 주식방송에서는 아침에 방송을 시작하면 오늘 무슨 종목은 상한가 며칠째, 어떤 종목은 상한가 며칠째입니다, 하는 식으로 방송을 했다. 이때 분석은 불가능했다. 재무제표는 아무 의미가 없었다. 왜 올라가는지 아무도 몰랐고, 어디까지 오를지도 몰랐다. 이름은 기억 나지 않지만, 어떤 종목은 코스닥 등록하자마자 상한가를 치더니, 두 달 동안 연속 상한가를 치기도 했다. 이런 종목은 사지도 못했다. 한 달이나 10일 정도 상한가 치는 종목은 너무 많았고, 10일이나 한 달 오르는 종목은 더 많았다. 주식 분석할 때 제일 많이 쓰는 PER라는 건 무시해도 좋은, 아무 의미 없는 지표였다. 보통 PER가 500에서 1000 이었으니까 말이다.

뉴스에서는 연일 코스닥이 나오면서, 누가 재산이 몇 백 억이다, 몇 천 억이다 하는 얘기만 오갔다. 그래서 이 당시에 벤처기업에 처음부터 투자하는 '엔젤 투자'라는 말이 유행되었고, 엔젤 투자 세미나라도 하면 사람들이 구름 떼처럼 몰려들었다. 코스닥 시가총액 1위부터 10위까지가 거래소 시가총액 1위부터 10위까지 시가총액을 위협하는 진기한 일도 벌어졌다. 거래소, 코스닥 사장들끼리 만나는 모습도 뉴스에 나왔다. 그때 기억나는 주식은 일본 야후 저팬인데, 이 주식이 한 주 당 16억이어서 손정의가 잠깐 세계 부호 1위를 차지하기도 했다(기억에 의존한 주가인데 틀리더라도 10억 이상은 갔다). 재일교포인 그가 자랑스러웠다. 그리고 이 시기부터 2000년 넘어서 다음 대세 상승까지는 삼성전자가 종합주가지수 시가총액에서 차지하는 비중이 너무 높았기 때문에, 삼성전자가 오르면 지수가 오르고, 삼성전자가 내리면 지수가 내리는 일도 벌어졌다. 삼성전자가 주가지수 선물 같았다.

이때는 지수가 너무 빠졌기 때문에 올라갈 때는 증권, 은행, 건설주가 먼저 치고 올라갔고, 그 다음엔 대부분의 종목들이 올라갔다. 그리고 마지막 '피날레'는 인터넷, 통신주 같은 정보통신 기술주였다. 화산이 폭발하는 듯한, 정말 화려한 불꽃잔치 같은 상승이었다. 그렇게 밀레니엄이라 불리는 2000년을 맞이하고 있었다. 이때는 IMF를 벗어났다는 자신감과 희망, 이제 우리나라 증시도 1000을 넘어서 계속 올라가 선진국이 될 수 있다는 희망에 온 나라가 부풀었다. 그러나 지수는 이때가 꼭지였고, 2000년 둘째 거래일부터 내려오기 시작했다. 거의 대부분이 예상 못 한 일이었다. 이렇게 2000년이 지나가고 있었다. 지금 생각해보면 지구가 망한다는 1999년도 넘어가고 있었던 것이다. Y2K라는, 컴퓨터가 2000이라는 숫자를 잘못 인식해 오류가 나서 대란이 벌어질 거라는 '설'이 있었지만, 막상 2000년이 되니 아무 일도 일어나지 않았다.

그럼 이때 올라간 종목들을 살펴보자.

① 동양증권

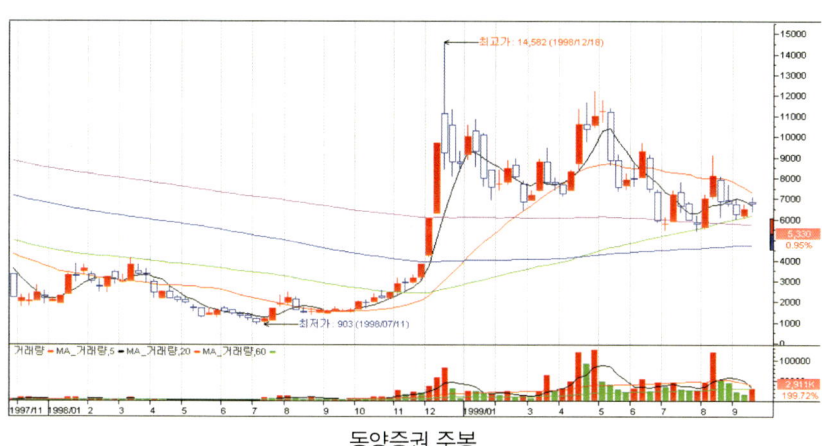

동양증권 주봉

이 시기에는 처음부터 코스닥에 있는 종목들이 먼저 올라간 것이 아니라, 지수가 너무 많이 빠졌기 때문에 거래소에 있는 증권, 은행, 건설주들이 먼저 올라갔다. 그동안 비상식적으로 빠졌기 때문에 몇 개월 만에 10-20배 정도씩 올랐다. 상식적으로 생각해보면 말도 안 되는 저점이어서, 앞으로 지수가 올라가면 주식 계좌 트는 사람이 많아지고 여러 가지 증권사 수입이 늘어서 수익이 좋아지니 주가는 당연히 올라가는 게 맞다. 대세 상승기마다 다른 종목 모르고 안전하게 투자하려면 증권주를 사면 된다. 증권주는 지수 따라 올라가기 때문이다.

② 외환은행

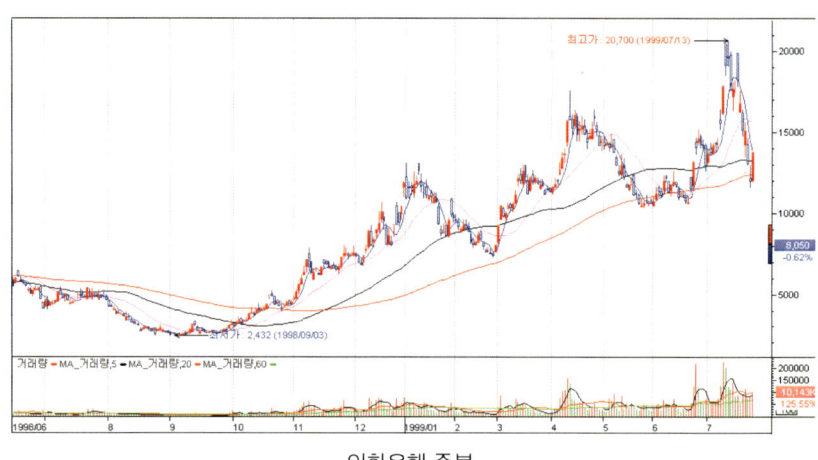

외환은행 주봉

　은행주 역시 지수가 바닥이니 당연히 실적도 바닥이다. 지금 말도 안 되는 저점이지만, 앞으로는 기업실적이 좋아져서 경기가 좋아지고 은행주 실적도 좋아져서 주가도 오르는, 너무나도 쉬운 얘기다. 은행주도 증권주와 마찬가지로 지수가 오르면 올라가는 종목이기 때문에, 대세 상승기에 다른 종목은 모르겠고 종목 분석도 할 수 없고 안전하게 투자하고 싶으면 은행주를 사면 된다. 은행주는 경기가 좋아지면 올라간다. 경기가 좋아지면 그에 따라 실적도 좋아지지만 금리도 올라가기 때문에(은행은 예대마진 수입도 엄청나다) 실적이 좋아진다. 따라서 주가도 올라간다. 경기가 좋아진다는 것은 주가가 오른다는 얘기다.

③ 대림산업

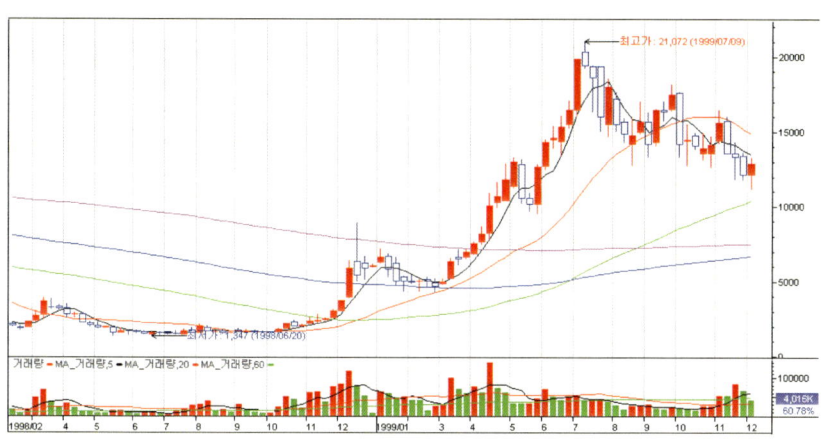

대림산업 주봉

'말죽거리 잔혹사'라는 영화를 보면, 주인공의 집이 강남 개발붐을 타고 강
남으로 이사를 가는데, 이때가 1978년도이다. 압구정동에 현대아파트가 계
속 지어질 무렵의 이야기다. 이후에 강남 아파트들이 우후죽순처럼 생기고,
1986년부터인가 강남 아파트 가격이 급등하기 시작, 1991년까지 올라간다.
1990년대 초 유행어는 '압구정동'이었다. 대한민국 젊은이들이 제일 가고 싶
어 했던 압구정동에 있으면 자신이 뭔가가 된 것 같은 느낌이 들었다.그리고
이때부터 X세대, 서태지와 함께 소비문화는 피어나기 시작했다.

　1998년. 건설주는 이때가 제일 바닥이었다. 1980년대 초중반부터 올라간
부동산 가격은 1991년부터 하락하기 시작했고, IMF가 터지는 바람에 부동
산 가격은 몇 단계 더 내려갔다. 부동산 경기도 바닥이어서 올라갈 일만 남
았다. 이때부터 2007년까지 우리나라 부동산 경기는 거품을 부풀리면서 올

라간다. 이 당시는 건설경기 활성화를 정책적으로 할 수밖에 없었으며 앞으로 성장성이 기대되는 업종이었다. 부동산 경기가 좋아지면 실적이 좋아지는 건설주가 바닥에서도 바닥으로 떨어져 너무 저평가되어 있었기 때문에 먼저 치고 올라간 것이다. 역시 지수가 말도 안 되게 빠져서 나라 망한다는 얘기가 나왔을 때는 증권, 은행, 건설주를 먼저 사라!

④ SK텔레콤

SK텔레콤 월봉

모두가 삐삐를 가지고 다니던 1990년대 초에 핸드폰을 가지고 다니던 사람들이 있었다. 한 달 삐삐 통신비가 만 원 정도 할 때였다. 핸드폰 한 달 통신비는 100만 원이 넘었다. 그때 "이걸 쓰는 사람들은 뭐지?" 하던 기억이 난다. 이러한 심리를 노리고 삐삐와 핸드폰의 중간 형태인 시티폰이라는 핸드폰이 나왔다. 기지국 근처에서 걸 수만 있는 핸드폰이다. 이 기지국이 거의 공중전화에만 있어서 핸드폰을 공중전화 근처에서 걸어야만 하는, 참으로 아이러니한 핸드폰이었다. 그 후 핸드폰은 전 국민이 쓰는 물건이 되었다. 전혀 쓰지 않던 제품을 전 국민이 쓰니, 관련주들은 엄청난 상승을 하게 된다. SK텔레콤은 50만 원까지 상승했다.

닷컴열풍을 주도한 미국 나스닥 차트를 보면 1990년대 10년 동안 오르는데, 우리가 아는 유명한 종목들 대부분이 SK텔레콤 같은 차트 모양이다. 지금은 핸드폰을 넘어 스마트폰이지만, 1990년대 중반까지는 삐삐가 유행이었다. 공중전화마다 삐삐를 확인하는 사람들이 줄을 섰고, 카페에는 테이블마다 전화기가 있었다. 전화기가 없는 카페는 직원이 "호출하신 분!" 하며 부르러 다니기에 바빴다. 그 당시에 "연락해!"는 "삐삐 쳐!"였다.

⑤ 솔본(구 새롬기술)

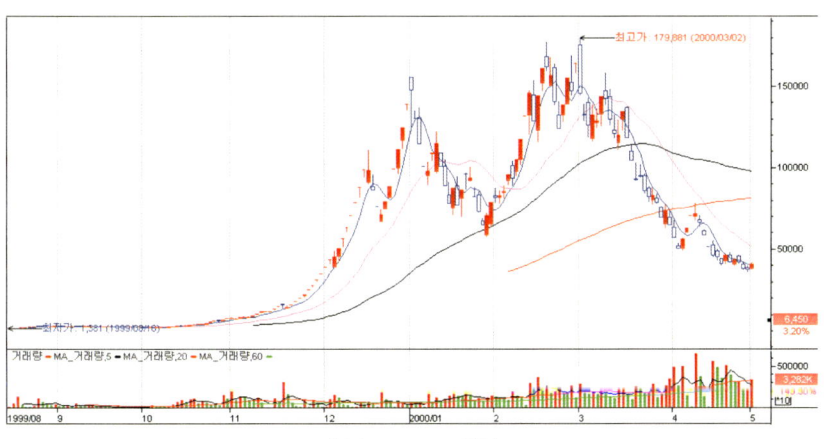

솔본(구 새롬기술) 일봉

코스닥에 있는 많은 종목들이 이때는 이런 식으로 올라갔다. 이 회사는 새롬 데이터맨이라는, 모뎀을 써서 통신하던 시절에 통신 프로그램을 만드는 회사였다. 지금은 없어졌지만 천리안, 하이텔을 써본 세대들은 알 것이다.

인터넷 이전에 전화선을 연결해서 통신하던 시절이 있었다(그 당시 통신을 모티브로 한 전도연, 한석규 주연, 장윤현 감독의 영화 '접속'이 크게 흥행에 성공했다). 연결할 때 모뎀에서 나는 이상한 소리는 이 세대들에게 추억의 소리였다. 당시 이 회사가 자금이 없어서 친구인 배우 박중훈 씨한테 억 단위의 돈을 빌렸는데, 갚을 돈이 없어서 주식으로 줬다고 한다. 그런데도 박중훈 씨는 흔쾌히 허락했고, 주식은 폭등하기 시작했다. 언제 팔았는지는 모르지만 정말 동화 같은 이야기다. 선행을 베푼 사람이 부자가 되는 이야기 말이다. 이것은 코스닥이 활황이어서 이 회사가 유명해졌을 때 나온 미담인데, 그로 인해 회사는 더 유명해졌다.

미국에 자회사 다이얼 패드를 세우고 무료 인터넷 전화 서비스를 했는데, 성공은 거기까지였다. 전화기 형태도 아니고, 전화를 헤드셋 끼고 컴퓨터에 앉아 인터넷에 연결해서 거는 사람은 많지 않다. 무료 인터넷 전화는 개념 자체가 시대를 너무 앞질렀다. 지금의 070보다 조금 빨리 나오면서 전화기 형태로 나왔어야 했다. 이 차트를 보면 상한가를 계속 치고 올라가고 있다. 코스닥 종목이 다 이런 차트였다. 상한가 며칠 치는지 세는 것이 재미있던 시절이었다.

존 템플턴은 우리나라에 IMF 사태가 났을 때 우리나라 주식을 사기 시작했다. 우리나라 주식이 가장 저평가되어 있을 때인 데다, 우리나라가 위기를 극복하고 일어설 것이라고 예상했기 때문에 우리나라 주식을 살 수 있었던 것이다. 우리나라의 경제성장 방식이 일본의 경제성장 방식과 비슷한 것을 보고, 아시아에서는 일본 다음으로 우리나라에 투자고 싶다는 얘기를 했었다. 투자를 하고 있지 않다가 1998년에 우리나라 증시가 저가를 찍자 주식을 사기 시작했다. 우리나라는 자본 규제도 심한 데다 1992년부터 외국인

주식투자를 허용했다. 하지만 이때는 대세 상승이 1994년까지만 갔고 주가가 싸지 않아 존 템플턴의 입장에서는 살 만한 주식이 없었을 것이다. 존 템플턴은 일본 주식을 1950-1960년대에 사기 시작했다. 2차 대전까지 일으킨 나라 일본이 전쟁으로 폐허가 되었지만 일어나는 것은 당연하고, 1950년대에 일본 여행을 하면서 일본의 국민성이 근면하다는 것을 존 템플턴은 알았기 때문에 일본 주식을 과감히 샀고, 또 우리나라도 비슷한 경우라고 생각하고 1998년에 주식을 산 것이다. 일본은 1960년대에 연평균 10%의 성장을 하고 있었고, 주식들이 PER가 4배밖에 되지 않아 정말 싼 가격에 샀다. 그래서 우리나라 주식도 1998년에 산 것이다. 정말 놀라운 혜안이고 급이 다른 투자자이다. 주식을 하려면 단순 분석만이 아니라 역사, 문화 등도 알면 정말 좋은 투자를 할 수 있다. 주가 상승이라는 것은 다르게 보면 기업의 역사이기 때문이다. 존 템플턴은 일본 주식을 1986년도에 팔았다고 한다. 그 당시 일본 주가지수 PER는 30배 좀 넘었다. 이렇게 투자한 사람은 없을 것 같다. 후에 일본 주가지수 PER는 1989년도에 67배까지 상승해서(이때 일본 주가지수는 38,957까지 상승한다) 거품을 크게 만들었다. 고점에서 정확히 팔 수는 없었지만 정말 놀라운 투자다. 그렇다면 지금 존 템플턴이 살아 있다면 우리나라 주식을 언제 팔까?

(출처 : 『존 템플턴의 가치투자 전략』)

4. 2001년부터 2002년까지의 대세 상승

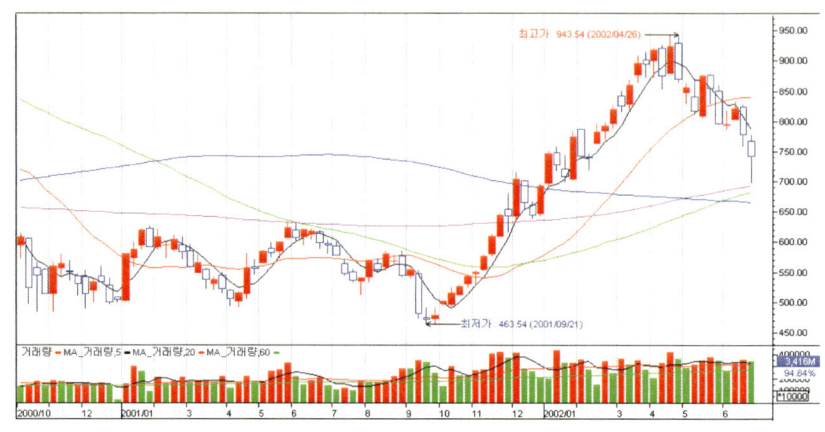

종합주가지수 주봉

　6개월 동안의 상승이라서 대세 상승이라고 하기에는 모자라지만, 작은 대세 상승이라고 하면 맞을까? 이 시기는 2000년까지 상승하고 1년간의 하락을 거친 후 1년 가까이 횡보하고 난 다음의 상승이다. 이때 충격적인 사건이 일어났다. 밤에 증권 방송에서 나스닥 선물이 나오는데, 갑자기 나스닥 선물이 마이너스 50이 되는 것이었다. 무슨 일이 있나 보다 했는데, 빌딩 두 채에서 연기가 나는 화면이 나오더니 그대로 무너져 내리고 비행기가 빌딩에 부딪치는 장면이 보였다. 9.11테러가 난 것이었다. 정말 놀랐다. 다음날 전 세계에 난리가 났고, 우리나라도 마찬가지였다. 개장시간을 1시간 늦춰서 열었는데도 나오자마자 거의 모든 종목이 하한가가 되었다. 지수는 12% 이상 내리고, 이때 기록이 하나 나왔다. put 옵션이 500배가 터진 것이다. 이 때문에 사람들이 옵션을 많이 하게 되고, 우리나라 파생시장이 세계 1위를 하는 데 기폭제가 되었다. 그리고 이때부터 가치주가 우리나라에서 알려지기 시작했다.

지수 내림이 테러에 의해서 만들어진 특이한 경우이기 때문에 이때의 일
봉 모양을 보기로 하자.

종합주가지수 일봉

9월에 갭 하락한 날이 테러 발생 다음날이다. 테러 후 폭락하여 10일 정도
기고 상승 전환했다. 지금 생각해보면 이런 초대형 악재가 나와서 폭락하면
그때가 매수 기회다. 정말 소중한 경험이었다. 그 후 주가지수는 6개월 동안
줄기차게 올라 943까지 상승했다.

그럼 이 시기에 올라간 종목을 살펴보기로 하자.

① 아모레G(구 태평양)

아모레G(구 태평양) 일봉

이때 점점 알려지게 된 투자 방식이 바로 워렌 버핏이 얘기한 가치투자이다. 이때 우리나라에서도 가치투자 비슷한 차트가 나오기 시작했다. 테러 발생 후 6개월 동안 올라갈 때 이 종목들도 계속 올라갔지만, 그 전인 2001년 초부터 오르기 시작했으며 지수의 오르내림에 상관없이 실적대로 쭉 올라가는 종목들이었다. 이런 종목들이 주식하면서 제일 사고 싶은 종목들일 것이다. 이때 대표적인 종목은 롯데칠성과 아모레G(구 태평양)였다. 2001년의 지수 차트와 비교해보면 다르다는 것을 알 수 있다. 지수는 1년 동안 박스권인데 이 종목들은 올라간다. 이 차트가 만약 10년을 나타낸 것이라면, 이 종목들은 10년 동안 올라간다는 뜻이다. 또 이 시기는 2000년까지 많이 오른 정보통신 기술주들의 거품이 많이 빠지는 때이자 실적 좋은 종목들이 올라가는 때인 데다가, 이러한 종목들에 투자해서 꽤 좋은 수익을 올린 워렌 버핏 얘기가 많이 나오는 때였다. 워렌 버핏은 정보통신 기술주에 투자를 하지 않아서 더 부각되며 역시 오마하의 현인이라는 기사가 연일 나오곤 했었다. 이러한 때에 롯데 칠성과 아모레G의 차트는 사람들에게 가치투자를 알리기 시작했다.

② **롯데칠성**

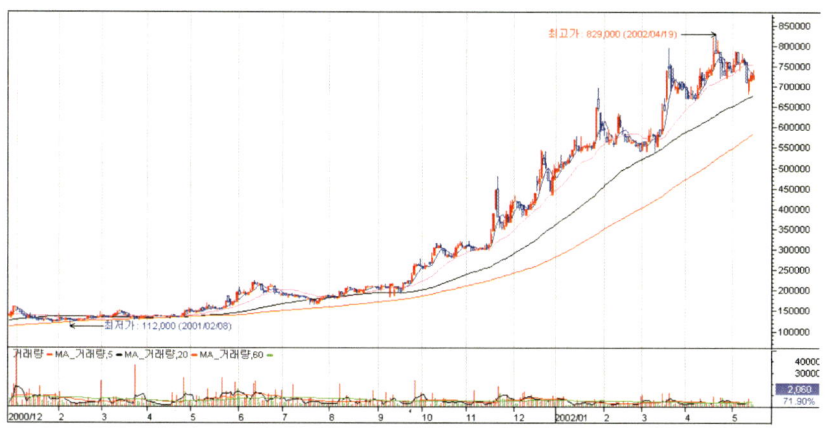

롯데칠성 일봉

그때 나는 게임방을 하고 있었는데, 자판기에서 '2프로'만 너무 빨리 없어지곤 했다. 다른 음료수는 하루가 지나도 남았는데 '2프로'는 다 떨어졌다. 그걸 전국적으로 보면 엄청난 판매량이고, 그러면 당연히 주가는 올라갈 텐데, 지금 생각해보면 이때 롯데칠성을 사야 했었다.

5. 2003년부터 2007년까지의 대세 상승

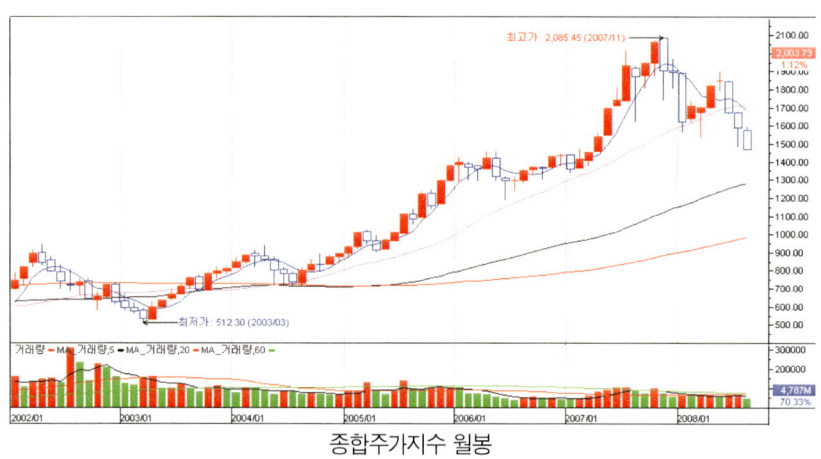

종합주가지수 월봉

2000년 넘어서 나온 5년간의 대세 상승. 아무것도 몰라서 차트만 멍하니 쳐다본 사람도 많을 것이다. 우리나라에서 1990년대 넘어 처음 나온 5년간의 대세 상승이기 때문에 이렇게 올라갈 것이라고는 2003-2004년에도 많이 예측하지 못했었다. 지수가 왜 오르는지도, 올라가는 어떤 종목이 왜 올라가는지도 잘 몰랐다. 우리나라는 주가지수가 500에서 1000 사이의 박스권이라는 고정관념이 십 몇 년간 있었기 때문에, 올라갈 거라고 예측하기가 쉽지 않았다. 고정관념 때문에 이렇게 생각할 수밖에 없었다. 그 전에도 1000 넘어서 간다고 했는데 번번이 틀렸기 때문이다. 김도향 씨 노래 중에 '난 참 바보처럼 살았군요.'라는 노래가 있다. 이 노래같이 차트를 보면 후회만 남는다. 자기 자신을 바보로 만드는 대세 상승이었다. 이런 상승장에서 단타를 하거나 한두 달 지나서 판다는 것은 정말 바보 같은 행동이다. 종합주가지수가 왜 이때 올라갔을까? 그리고 이때 많이 올라간 종목들은 건설, 조선, 해운, 철강, 기계 등인데, 이런 종목들이 왜 올라갔을까? 한번쯤은 생각해야 하는 대세 상승이었다.

이때는 2000년까지 상승 후에 거품이 꺼지면서 금리도 내려가기 시작했다. 저금리 하에서 전 세계적인 설비투자 붐이 일었고, 설비투자를 하면 당연히 원자재 가격이 올라가고, 원자재를 보유한 나라의 주가지수도 올라간다. 그것도 다른 나라보다 월등히 올라간다. 이때 '브릭스'라고 해서 중국, 러시아, 인도, 브라질 등의 나라들의 주가지수가 많이 올랐다. 원자재를 캐어 날라야 하니까 배가 많이 필요해서 조선주가 올라가고, 실어 나르니까 해운주가 올라가고, 설비투자를 하면 공장을 많이 지으니까 건설주가 많이 올라가고, 공장을 많이 지으면 철강이 많이 쓰이니 철강주가 올라간다. 또한 이때는 부동산 경기도 좋아서 건설, 철강 주가 올라갈 수밖에 없었다. 설비투자를 많이 하면 공작 기계가 많이 쓰이고 건설을 하면 건설 기계가 많이 쓰이니까 기계 관련주가 올라간다. 이것이 2001년부터 2007년까지 조선, 해운, 건설, 기계, 철강 주가 많이 올라간 이유다. 줄여서 말하면, 설비투자 관련주라고 할 수 있다. 완성품보다는, 그것을 만들기 위해 필요한 원자재들이 몇 배 더 필요하므로, 이러한 시기가 오면 너무도 많은 관련 산업이 커지기 때문에 경기가 산다. 그런 종목들이 올라가니 정보통신 기술주들이 올라갈 리가 없다. 기업실적도 좋아지고 부동산 경기도 좋아지니 은행주도 상승하고, 전체적인 경기가 좋아져서 내수주도 같이 올라가는 장세가 펼쳐진다. 상식적인 수준에서 주가는 올라간다. 그래서 주식에는 상식적으로 생각하는 머리가 필요하다.

또 이때 우리나라에서는 2003-2004년부터 적립식 펀드 열풍이 불기 시작했다. 2000년대 초에 '부자 되세요'란 광고가 큰 반향을 일으키고, 『부자아빠 가난한 아빠』류의 책과 재테크 서적, 자기 개발서가 베스트셀러에 오르고 '10억 만들기'라는 말이 유행처럼 번지던 시기였다. 이렇게 된 건 당연한 결과였다. IMF를 당하고 나서 믿을 건 돈밖에 없다는 생각이 전 국민을 이런 방향으로 몰고 갔다. 1980년대는 1억, 2000년대는 10억! (   )년대는 100억인가? 이때 상승한 종목들을 살펴보기로 하자.

① 현대중공업

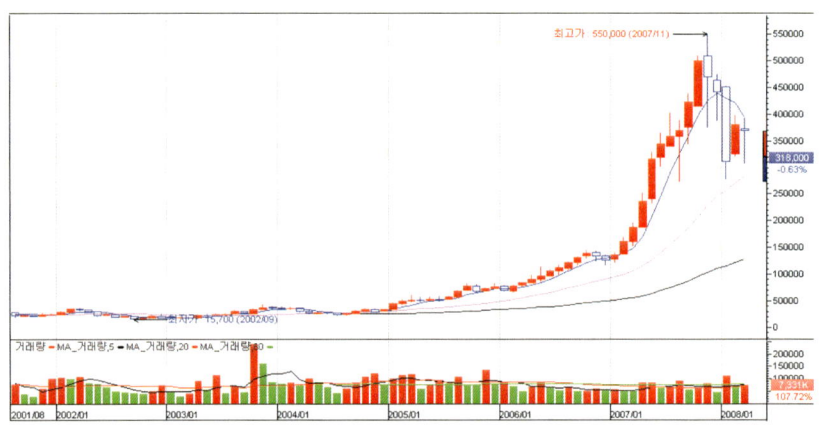

현대중공업 월봉

정말 많이 올라갔다. 정말 멋진 상승이다. 현대중공업은 고정관념을 확실히 깨뜨린 종목이었다. 그전까지 우리나라가 배를 그렇게 잘 만드는지 몰랐다. 그전까지는 어떤 종목들, 특정 종목들만이 상승하는 줄 알았는데, 실적이 좋으면 어느 업종이건 주가는 오르게 되어 있다는 것을 현대중공업이 많이 깨우쳐주었다. 이 시기에 우리나라는 세계 조선 1위를 차지하여 주가도 무섭게 올라갔다. 바다에 떠다니는 배들 가운데 우리나라에서 만든 배가 그렇게 많다는 것을 이 때 처음 알았다. 세계 역사를 보면 조선(造船)에서 경쟁력을 지닌 나라가 세계를 지배했다. 내심 기대를 해본다. 그리고 엔진을 만들어 우리나라 말로 이름을 붙여줘서 정말 좋았다. 그 엔진의 이름은 '힘쎈엔진'이다. 엔진이 좋다고 우리나라에서 만든 엔진을 '파워엔진'이라고 할 것인가? '힘쎈엔진'이라고 이름 붙이고 영어로 HIMSEN이라고 표기만 하면 되는 것이다.

현대중공업이 만들어진 일화를 소개하겠다. 고 정주영 회장의 『시련은 있어도 실패는 없다』에 나오는 많이 아는 얘기다. 고 정주영 회장이 배를 만들기 위해서 해외로 돈을 빌리러 다닐 때였다. 당시 우리나라는 이만 한 돈을 빌려줄 곳이 없어서, 그리스 선주를 만났다. 현대그룹이 배를 만든 경험도 없고 조선소도 없다는 사실을 알면서도 고 정주영 회장을 보고 계약했다. 물론 싼값에 배를 인도하기로 약속했다. 그러고 나서 돈을 빌리러 영국에 가서 은행장을 만나서 얘기할 때였다. 당시 우리나라를 보고 대출해줄 나라는 거의 없었다(분단국가에다 언제 전쟁이 일어날지 모르는 너무 못 사는 나라였다). 아무 얘기도 통하지 않자 고 정주영 회장은 지갑에서 오백 원짜리 지폐를 꺼냈다(오백 원짜리 지폐에는 거북선과 이순신 장군이 그려져 있다). "우리나라 조선시대 때 거북선인데, 우리나라는 옛날부터 배를 만들어왔기 때문에 배를 만들 수 있으니 대출해달라." 이런 식으로 말했다고 한다. 이걸 보고 은행장은 흔쾌히 대출을 승낙해줬고, 덕분에 현대그룹은 조선소를 만들 수 있었다고 한다. 사람이 사람을 알아본다고, 아무것도 없는데 계약해준 그리스 선주도 놀랍고 대출을 해준 영국 은행장도 정말 놀랍다.

② 삼성중공업

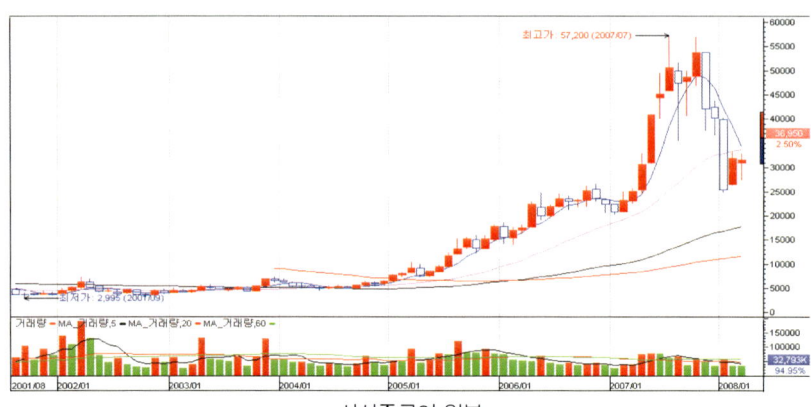

삼성중공업 월봉

삼성중공업, 대우조선해양 둘 다 현대중공업같이 배 만드는 회사이다. 조선주가 올라갈 때는 그 중에서 한 가지 종목만 올라가는 것이 아니라 다 같이 올라간다. 즉 같은 업종에 있는 종목들이 다 같이 올라간다.

③ 대한해운

대한해운 월봉

④ 태웅

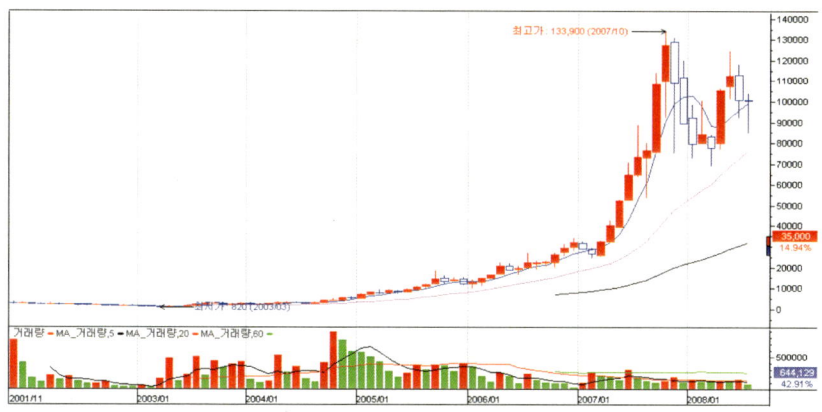

태웅 월봉

이 시기에 많이 올라간 종목이라서 소개했다. 대한해운은 회사 이름 그대로 해운업체이고, 태웅은 조선 기자재 업체이다. 단조업체라서 부품 모양대로 주문이 들어오면 그대로 형태를 만들어주는 곳이다. 주식은 완성품을 만드는 회사보다 부품회사가 더 많이 올라간다. 현대중공업은 이 기간 동안 35배 올라갔는데 태웅은 160배가 올라갔으니 누구라도 태웅을 살 것이다. 그리고 대한해운은 약 120배 정도 상승했다.

⑤ POSCO

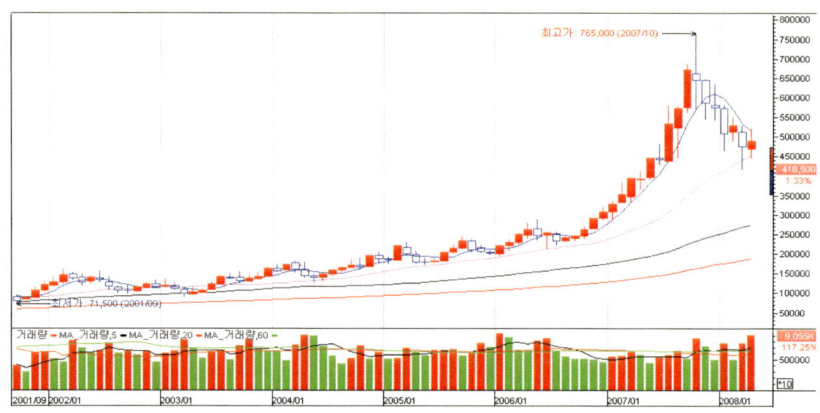

POSCO 월봉

　POSCO는 10배, 이 무거운 종목이 10배 올라갔다. 그러니 다른 종목들은 몇 십 배 넘게 올라갔다. 5년 동안 이 정도 상승이라면 주식투자 안 할 사람이 없을 것이다. 문제는 이 종목들을 맞춰야 되고 매도하는 시점도 2007년이어야 한다. 그전에 팔면 정말 속 쓰릴 것이다. 이 정도 맞추려면 부지런히 주식공부를 하고 안목을 키우는 훈련밖에 없다. 이 회사는 자랑스럽게도 1998-1999년, 2001년 세계 1위 철강업체가 되어서, 워렌 버핏이 2000년대 초 중반에 훌륭한 기업이라면서 POSCO를 극찬했고 이 주식을 많이 샀다. 정말 대세 상승할 때 정확하게 샀다. 이 주식은 신기하게도 2007년이 되니까 급등해버린다. 그는 아직까지 이 주식을 보유하고 있다고 한다.

⑥ GS건설

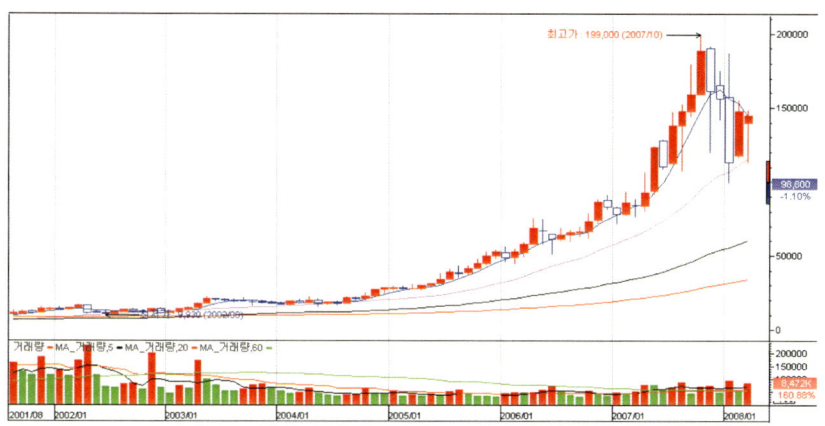

GS건설 월봉

이 무렵에는 우리나라를 비롯하여 세계적으로 일어난 설비투자 붐과 부동산 가격의 급등으로 인해 건설주들이 급등한다. 특히 우리나라에서는 아파트 가격의 급등으로 인해서 건설주가 급등한다. 웬만한 건설업체들은 아파트를 지어서 분양했다. 2000년대 초에 아파트 분양가는 1000만 원이 넘기 시작했고, 2006-2007년에는 평당 3000만 원이 넘는 아파트도 생겼다. 또 이 시기에는 도곡동 타워팰리스를 시작으로 주상복합 아파트를 지어서 비싸게 분양했다. 아파트 가격이 너무 올라가니까 정부에서도 대책을 내놓았지만 그때뿐, 다시 상승해서 2006-2007년 정도에 고점을 잡고 하락하기 시작했다. 이때의 건설주는 설비투자뿐만 아니라 아파트를 지어 분양하는 수입까지 더해져서 건설주 전성시대를 만들었다. 우리나라뿐만 아니라 중국도 마찬가지였다.

⑦ **두산인프라코어**

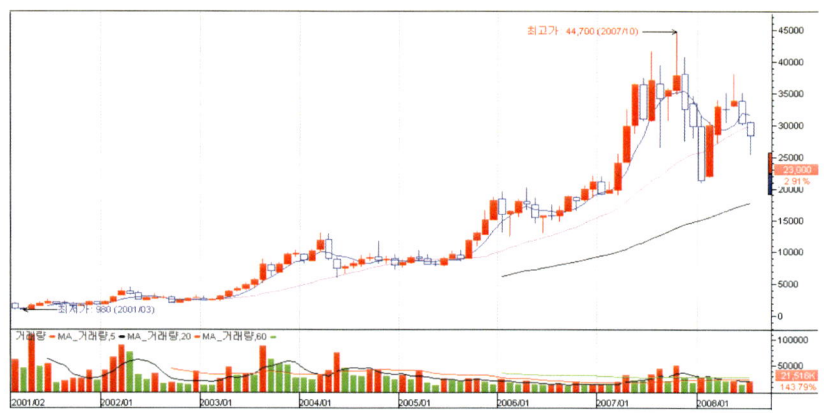

두산인프라코어 월봉

두산인프라코어는 대우종합기계를 두산에서 인수한 회사다. 2000년 초 대우종합기계로 상장되어 있던 시절, 방송에서 이 회사 명장이 나온 걸 봤다. 이름은 김규환. 이 사람 얘기를 듣고 감명 받아서 이 명장의 자서전을 읽어봤다. 『어머니 저는 해냈어요』라는 책이다. 쇠를 가공하면서 온도가 변할 때 쇠가 어떻게 변하는지 보정표를 만든 사람이다. 이것이 아무 데도 없었다고 한다. 보통 사람이 아니다. 그는 또한 수없는 제품의 국산화를 이루었다. 아마 이 사람이 아니었다면 우리나라 공작 기계는 이 정도까지 오지 못했을 것이다. 우리나라 공작 기계는 2005년쯤에 세계 5-6위 정도였다. 물건 만드는 사람이 어떤 일을 해내는지 보여주는 사건이다. 이러한 기술을 가지고 제품을 만드니 그 제품의 품질이 얼마나 좋겠는가? 2000년대 초에 이 사람을 알았는데, 그때 이 종목을 왜 안 샀지?

6. 2008년부터 2011년까지의 대세 상승

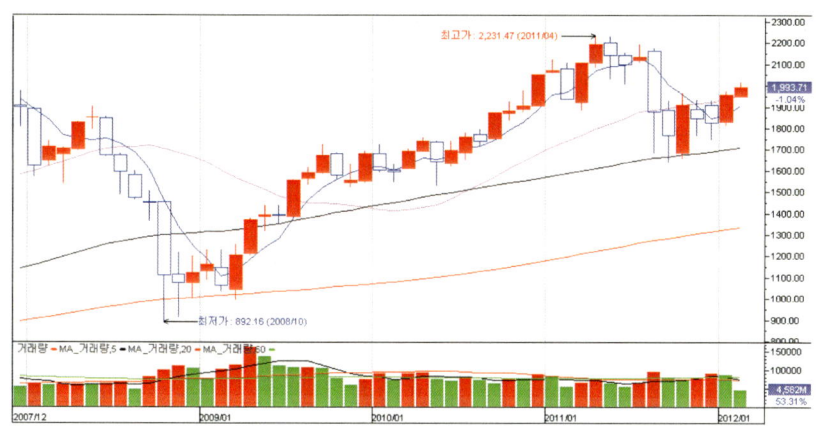

종합주가지수 월봉

　2003년부터 2007년까지의 대세 상승보다는 기간도 짧고 상승폭도 작았지만, 누구나 매수 못 한 것을 아쉬워할 정도로 3년간 갈 만한 종목들은 다 올라갔다. 주가는 아쉬움을 남기면서 올라간다.

　2007년까지 상승하고 지수가 내려오기 시작했을 때, 미국 발 금융위기 서브프라임 모기지 사태는 상황을 더 악화시켰다. 이전까지 많이 빠진 종목도 고점 대비 몇 분의 1이 되었는데, 마지막 한 달 투매는 이 떨어진 종목들을 또 몇 분의 1로 만들었다. 이게 합쳐지니 이전 대세 상승 종목들이 고점 대비 10분의 1, 5분의 1, 8분의 1이 되었다. 이러한 상태에서 대세 상승을 맞이했으니 가는 종목들은 정말 많이 갔다. 이때의 대세 상승 종목은 2003년부터 2007년까지의 대세 상승기에 올랐던 종목과는 약간 겹치는 부분도 있지만 다르게 올라갔다. 이때의 종합주가지수의 고점은 2231이었다. 그래도

2007년의 고점은 넘어섰다.

2000년까지 올라간 정보통신 기술주가 2003년부터 2007년까지의 대세 상승기에는 소외되었듯이, 2003년부터 2007년까지 올라간 설비투자 관련주는 2008년부터 2011년까지의 대세 상승기에 소외되었다. 여기서 소외되었다는 것은 올라가지 않았다는 뜻이 아니라, 주도주가 되어서 끝까지 올라간 종목들보다 덜 올라갔다는 뜻이다. 그래서 주식으로 돈을 벌려면 종목과 사랑은 하되 결혼은 하지 마라. 대신 바람을 많이 피워라. 주식에는 카사노바가 유리하다.

이 기간에 제일 많이 눈에 띄게 올라간 종목들은 기아차를 위시한 현대차 그룹 주들이다. 그리고 정유, 화학 주들과 의류업체 및 화장품, 한류 열풍으로 에스엠 정도가 대표적으로 올라갔다. 그래서 간단히 분류해 놓으면, '차화정'과 한류 관련주들 그리고 모바일 관련주들이다. 이때는 기업들이 설비투자를 해서 물건을 만드는 기업들이 빛을 보는 시기이기 때문에 완성품을 만드는 종목들이 올라간다. 물론 실적은 필수다. 이 시기에 저번의 대세 상승을 보고 설비투자 관련주를 샀다면 당연히 수익률이 좋지 못했을 것이다. 그러니까 종목을 고를 때는 저번의 대세 상승기에 주도주가 되어서 많이 올라간 종목들은 피하고, 그 외의 종목들 중에서 골라야 한다. 이것도 주식투자의 한 방법이다.

그럼 이때 상승한 종목들을 살펴보기로 하자. 크게 차화정, 한류주, 모바일로 나눌 수 있다.

가. 차화정

① 현대차

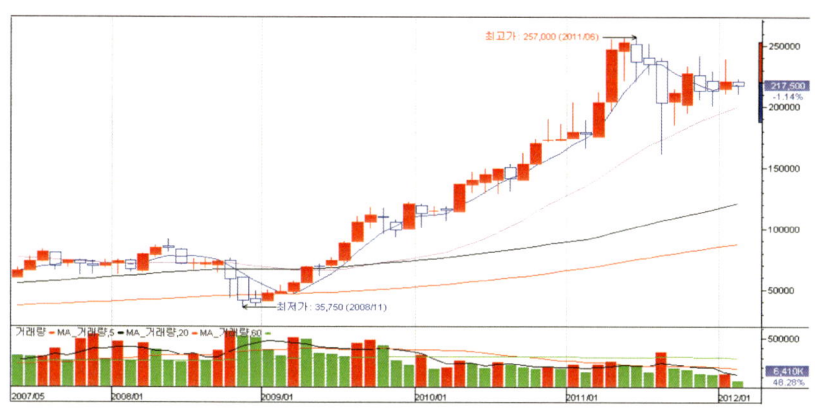

현대차 월봉

어떤 물건이 품질이 좋아서 국내에서 많이 팔린다고 할 때, 1990년대 같았으면 국내용이지만 이제는 해외용이다. 이제 웬만큼 품질이 좋아져서 해외에서도 팔리는 시대가 되었다. 이 시기에 현대차, 기아차, 현대모비스 차트를 보면 정말 많이 올라갔다. 이 종목들을 보면 한 가지 아쉬움이 생긴다. IMF 때 없어지고 GM에 합병된 대우자동차, 지금 다른 나라로 넘어간 쌍용차가 그 당시에 지금 현대 기아차같이 대우 쌍용차로 합쳐졌는데, 이게 우리나라 기업이 되었으면 하는 생각이 드는 것이다. 대우자동차는 중형차, 준 중형차에 강점이 있고, 쌍용차는 지프에 강점이 있다. 무쏘와 지금 봐도 멋진 뉴 코란도의 지프 디자인은 웬만한 수입차보다 월등히 좋다. 그리고 체어맨이라는 고급차의 강점이 있기 때문에 두 회사를 합치면 전 모델이 다 나오는 업체여서, 채권단 관리라도 해서 살렸어야 했다. 하이닉스처럼 말이다. 굴러만 가게 했어도 상당히 큰 회사가 되었을 것이다. 그랬다면 이 회사 차트가 지금의 현대차, 기아차 같은 차트가 되었을 텐데 하는 아쉬움이 생긴다. 차트를 찾아보면 기아차도 현대차와 비슷하다.

② SK이노베이션

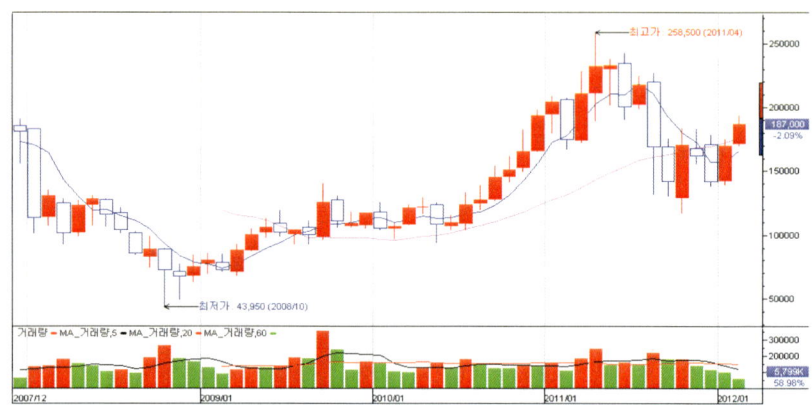

SK이노베이션 월봉

③ 카프로

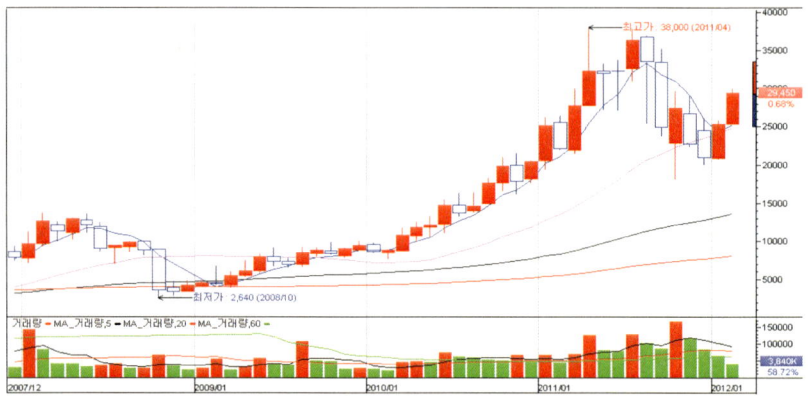

카프로 월봉

2010년에서 2011년까지 주식 시장에서 유행어는 '차화정'이었다. 이 시기에 많이 올라간 자동차주, 화학주, 정유주의 앞글자만 따서 만든 말이다. 모든 산업 전반에 걸쳐서 정유와 화학은 다 쓰인다. 플라스틱이나 석유화학 제품이 쓰이지 않는 데가 어디 있는가? 그리고 물건을 만드는 데 들어가는 기본 원재료들은 물건이 많이 팔리면 팔릴수록 더 많이 생산되고, 그 원재료를 만드는 회사 실적은 좋아진다. 처음에는 정유주나 화학주가 왜 올라가는지도 몰랐다. 분석하면 경기가 좋으니까 올라간다는 식인데, 이 정도는 누구라도 할 수 있는 말이다. 그리고 이 종목들은 2007년까지 주도주까지는 아니지만 많이 올라가서 올라가지 않을 것 같았는데, 돌이켜보니 지금은 이 종목들이 주도주였다. 이 종목들이 오르는 것만 봐도 지금 우리나라는 설비투자 관련 주 빼고 모든 산업이 엄청나게 좋아지는 단계에 있음을 알 수 있다. 그렇지 않고서는 산업의 근간인 정유주나 화학주가 사상 최대의 실적을 내면서 좋아질 리가 없다. 자동차와 의류, 화장품 등 2008년부터 2011년까지 상승한 종목들의 주가가 거의 다 10배 이상씩 올라가고 실적은 제일 좋았다. 더군다나 이 종목들에 다 석유화학 제품이 쓰이기 때문에 정유주나 화학주도 같이 올라간 것이다. 그러니까 정유주나 화학주는 우리나라 산업의 부품주라는 얘기다.

나. 한류주

① 에스엠

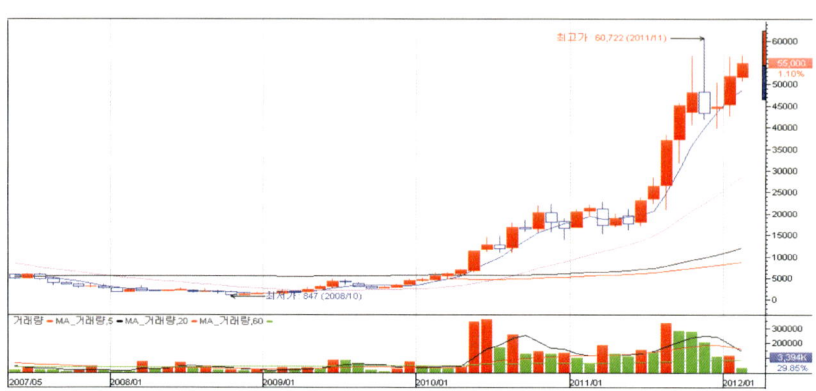

에스엠 월봉

이제 우리나라도 국력이 커졌기 때문에 우리나라에서 나오는 것들은 어떠한 것이라도 해외에서 뉴스가 된다. 이러한 사실을 우리만 모르고 있었던 건 아닌가 싶다. 나도 정말 몰랐다. 걸 그룹이 너무 많이 나와서 어느 걸 그룹이 어느 소속사인지도 몰랐다. 관심이 그만큼 없었기 때문이라는 것도 이유가 되겠다. 가슴 저미는 1970년대, 1980년대 음악을 듣다가 너무 애들 같은 음악을 들으니 듣기가 싫어서 에스엠이 등록되어 있는지도 몰랐다.

그런데 주가가 어느 순간엔가 20000원이 가서 보니 800원대부터 오른 주식이었다. 궁금했다. 이런 음악을 과연 해외에서도 들을까? 나만 바보같이 모르고 있던 사실이었다. 해외에서 그렇게 돈을 벌어오고 유튜브에서도 엄청난 조회 수를 기록하면 눈치를 채고 샀어야 했다. 이제 우리나라에서도 듣고 보면 해외에서도 듣고 보는 시대가 왔고, 10대, 20대는 어느 나라나 똑같다. 가수 좋아하고 영화배우 좋아하고, 잘생기고 예쁜 사람 좋아하게 되어 있다.

배용준 씨가 일본 가서 성공할 때 다음번을 예측했어야 했다. 그때가 시작이니까 다음번에는 이 정도보다 더 큰 성공이 나올 것이다 하고 말이다. 그리고 그 회사가 주식 시장에 있으면 무조건 사야 했다. 이 당연한 것을 고정관념에 사로잡혀 놓친 것이다. 주식은 후회하면서 배운다. 차트 보고 아쉬움이 남는 것이 주식 시장이다. 이 책이 언제 나올지 모르지만, 지금 에스엠 최고 주가는 6만 2천 원이 됐으니까 저점 대비 73배가 올라갔다.

고정관념 때문에 이런 주식을 놓친다는 것은 생각하고 싶지도 않다. 꼭 현대중공업 봤을 때의 느낌이다. 그때의 아쉬움. 지금은 에스엠이 유·무상 증자를 해서 주가가 조금 더 내려갔다.

지금 우리나라는 엔터테인먼트 업체가 산업화되는 과정에 있다. 이제 주먹구구식이 아닌 조직과 제도를 갖춘 기업이 많이 나올 시기이다. 한류 열풍만 더 불면 이 분야에서 글로벌 기업들이 나올 차례다. 미국이나 선진국들도 엔터테인먼트 산업이 제도와 시스템을 갖추고 산업화되어서 하나의 거대 기업으로 성장했듯이, 우리나라 엔터테인먼트 산업도 지금 그 단계이다.

② 에이블씨엔씨

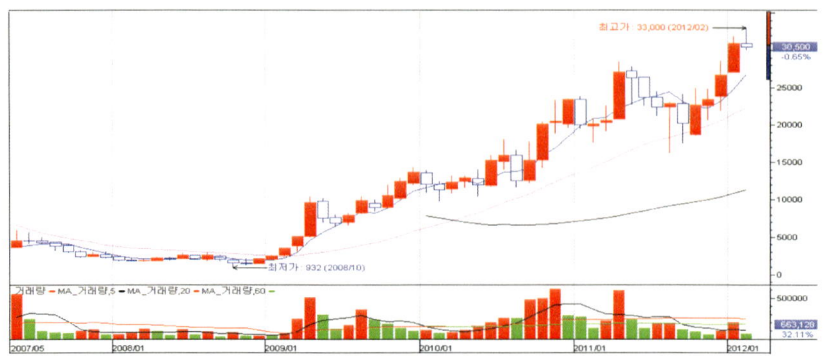

에이블씨엔씨 월봉

처음엔 인터넷 쇼핑몰으로 시작해서 '미샤'라는 브랜드로 저가 화장품 돌풍을 일으키더니, 매장을 급속히 늘려 한때 매장 수 1위 업체가 되었고 이제는 수출까지 한다. 성장이 뭔지 보여준 회사. 그리고 이 회사의 히트 제품인 비비크림과 진동 마스카라. 연속적인 히트 제품으로 인해서 이제는 매출 3000억이 넘는 회사가 되었고, 메이저 화장품 회사가 될 가능성이 큰 회사다.

③ 코스맥스

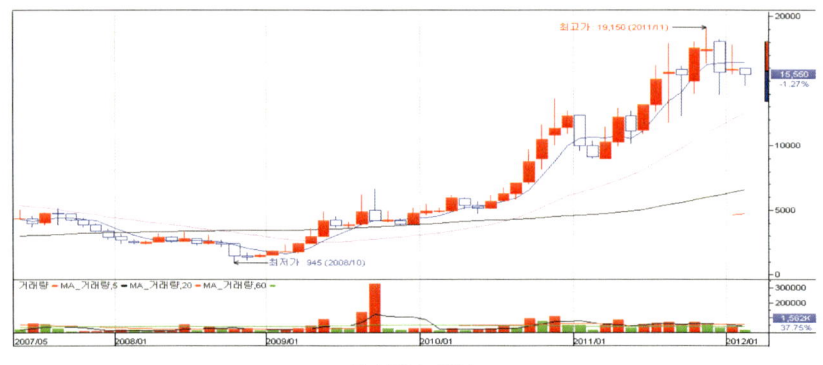

코스맥스 월봉

코스맥스는 화장품 OEM/ODM 업체다. 납품처도 다양하기 때문에 화장품 회사들의 실적이 올라가면 올라갈수록 실적이 따라 올라가는 회사다. 한 나라가 경제발전을 하고 선진국에 가까워질수록 다른 나라에서는 그 나라 제품을 사고, 관광객들도 그 나라에 와서 그 나라 제품을 사기 시작한다. 한류 열풍이 불면 불수록 외국에서는 우리나라 연예인이 나오는 드라마나 영화를 보고, 아니면 가수를 보고 우리나라 문화를 소비하기 시작한다. 제품이 먼저가 아니라 연예인이 먼저다. 제품이 먼저 가서 뚫기란 정말 힘들다. 문화산업이 먼저 가고, 그걸 보고 그 연예인이 쓰는 걸 보고 따라 하기 시작한다. 화장품도 마찬가지다. 우리나라 화장품을 많이 사는 관광객들은 일본, 중국, 동남아에서 온 사람들이다. 화장품 회사들이 해외에도 많이 진출했지만, 관광객들도 많이 와서 상상 이상으로 엄청난 양을 산다. 이것과 국내에서 내국인이 화장품 사는 것에 더해져서 매출이 가파르게 증가하여 화장품 주식 중에 저평가된 주식은 3년에 20-30배 올라가는 차트가 만들어졌다. 옛날 1960, 1970년대를 배경으로 한 드라마를 보면 미제 화장품 얘기가 꼭 나오듯이, 자기 나라보다 잘사는 나라에 대한 동경은 지금도 계속되고 있다. 우리나라 사람들이 유럽 명품을 사듯이 말이다.

④ 베이직하우스

베이직하우스 월봉

　중국 청소년들이 부모님한테 우리나라 옷을 사달라고 하는 모습을 우리 나라 방송에서 본 적이 있다. 바다 건너가면 어차피 비싸지는데, 중국은 제 도적으로 자식을 1명만 낳게 되어 있기 때문에 아이가 원하면 뭐든지 사준 다고 한다. 그래서 소황제라고 하는데, 우리나라 옷이 비싼데도 팔리는 건 이런 이유 때문인 것 같다. 각기 다른 나라 외국인 여자들이 나와서 얘기하 는 프로그램이 있었다. 여기서 중국 여자의 말을 빌리면, 우리나라에서 방영 하는 드라마를 즉시 자막을 넣어 인터넷에 올리면, 중국에서 이 드라마를 바 로 본다고 한다. 이걸 보고 그대로 따라하니 우리나라 옷이나 화장품들이 많이 팔리게 되어 있어서 전에 없던 실적들이 나온다. 그래서 소프트 파워 가 무서운 것이다.

⑤ LG패션

LG패션 월봉

 문화라는 게 이런 것이다. 그 나라에 대한 동경을 갖게 되고, 그 나라를 몇 단계 수준 높은 나라로 올리는 것. 평범한 길거리도 드라마나 영화에 나오면 의미 있는 길거리가 된다. 비틀즈의 앨범에 비틀즈 멤버들이 횡단보도 건너는 앨범 보고 영국에 가면 에비로드 횡단보도를 건너듯이 말이다.

 옷도 화장품같이 중국에서도 팔리고, 관광객들이 우리나라에 와서도 산다. 중국뿐만 아니라 동남아, 일본까지… 한류가 없었다면 이 정도까지는 아니었을 것 같다. 그 나라의 문화가 알려져서 드라마나 영화에 나온 곳을 방문하고 싶다든가 배우가 입은 옷을 사 입는다든가, 음악을 듣고 춤을 춘다든가 하는 정도의 수준이 되지 않으면 그 나라의 제품이나 옷은 사지 않는다. 우리나라 1990년대를 보면 알 수 있을 것이다. 우리나라 의류업의 침체기였다. 해외에서 팔리지 않으니 국내에서 성장하면 그걸로 끝이었다. 그 회사의 주가를 이해하려면 다른 나라에 사는 입장이 되어보라. 그러면 이해가 된다.

다. 모바일 주

① 유진테크

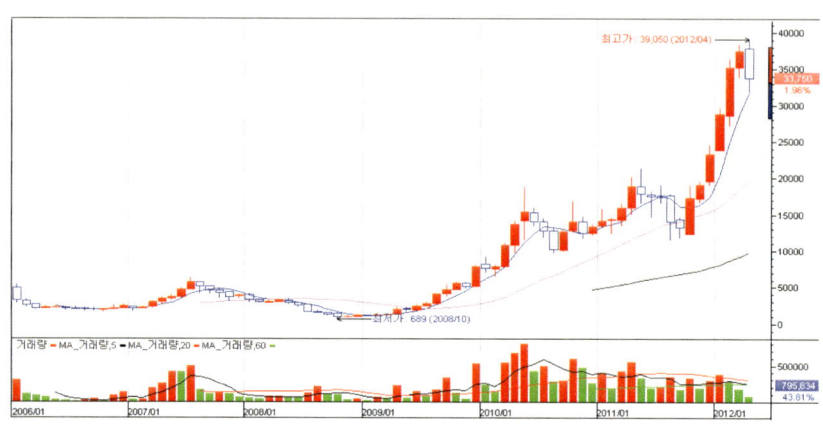

유진테크 월봉

앞으로 올라갈 만한 고 성장주는 지금 현재 모바일 쪽이 급성장하기 때문에 모바일 부품주들, 그리고 메모리보다는 비메모리 반도체 관련주들이다. 비메모리 반도체, 낸드 플래쉬 메모리, 시스템 LSI 쪽이 모바일 기기로 인해서 고성장이 예상되는 사업 분야인데, 이에 해당하는 고 성장주는 유진테크다.

1980-1990년대는 반도체 산업인 D램이 폭발적인 성장을 했다. 따라서 D램 생산업체와 컴퓨터 관련 업종들이 올랐지만, 이 산업들은 지금 성숙기 산업이다. 비메모리 산업이 앞으로는 1980-1990년대의 D램 산업같이 되기 때문에 비메모리는 성장기 산업으로서 앞으로 올라갈 수밖에 없다. 성장성이 얼마나 좋으면 2012년인 지금도 상승하고 있겠는가.

② 인터플렉스

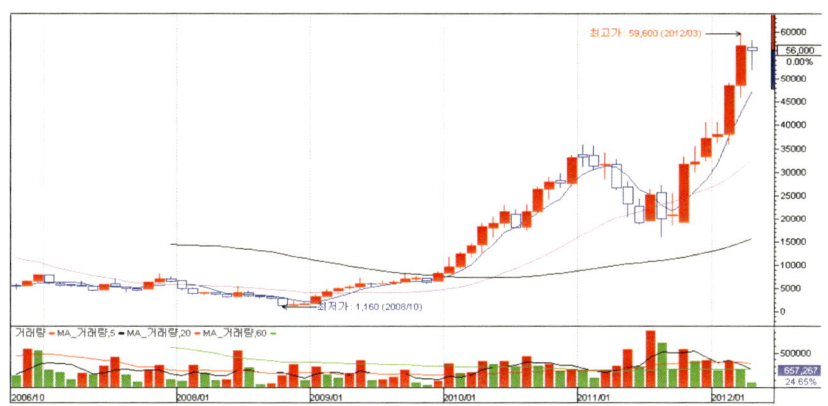

인터플렉스 월봉

인터플렉스는 스마트폰이나 태블릿 PC에 들어가는 연성 회로기판을 만드는 회사로서 유진테크와 마찬가지로 모바일 기기들이 많이 팔리면 팔릴수록 실적이 늘어나는 회사다. 매출처가 삼성전자, 애플, 모토로라 외에도 많기 때문에 매출처에 대한 걱정은 전혀 없다. 유진테크와 마찬가지로 2012년까지도 상승하고 있다. 이외에도 모바일 관련 기업이 많지만 대표적인 기업만 소개했다.

7. 다른 나라의 대세 상승

대세 상승은 우리나라만 있는 것이 아니라 다른 나라에도 있다. 몇 나라만 살펴보기로 하자.

가. 일본

1) 1980년대의 대세 상승

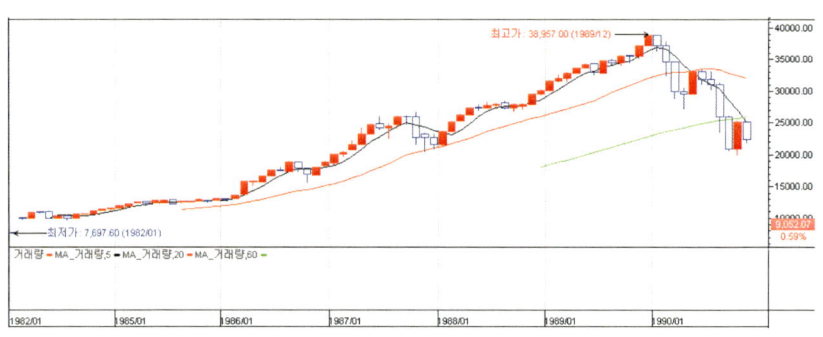

일본 닛케이225지수 월봉

일본을 첫 번째로 놓은 이유는 우리나라가 경제발전 모델로 일본을 따라했고 산업구조가 비슷한 부분이 많기 때문이다. 위의 차트가 일본 1980년대의 대세 상승이다. 우리나라 1980년대 차트와 똑같지 않은가? 산업구조 자체가 비슷하니 비슷한 시기에 비슷하게 올라간다. 그러니 차트가 똑같을 수밖에…. 쌍둥이 차트다. 부럽기는 하다. 2차 세계대전 이후 지수가 38000까지 상승했으니 얼마나 좋았을까? 일본이 자랑하는 중산층이 이때 1억 명. 전 국민의 80%가 중산층이다. "인류가 갈망하는 유토피아를 일본이 실현했다."라는 말을 소니 회장 모리타 아키오의 자서전에서 읽은 일이 있다. 도서 분야에서도 『NO라고 말할 수 있는 일본』 류의 책들이 많이 나왔고, 영화 '다이하드'나 '라이징 썬'에서 나오는 장면을 보면, 일본의 미국 잠식에 대해 두려움을 가지고 있는 듯한 대사가 꽤 나온다. 또한 세계 주식 시장 1위를 일본이 차지한 적이 있다. 정확한 것인지는 모르겠는데, 세계 1위 제품을 만들어내는 기업이 일본에 500개가 넘게 있었다고 한다. 세계 1위 제품이 500개가 아니라 회사가 500개다. 그렇다면 세계 1위 제품은 훨씬 더 많다는 얘기다. 대표적인 상품은 전 세계를 장악한 소니의 텔레비전, 워크맨 등 너무 많다. 일본이 이렇게까지 올라갔던 이유는, 이 시기가 2차 세계대전 후 물자가 부족한 상태에서 모든 걸 새로 만들어야만 했던 때였는데, 같은 물건이라도 일본은 다른 나라보다 훨씬 잘 만들었다. 일본 사람이 만들어내는 일본 음식이나 물건들을 보면 정말 깔끔하다. 누가 봐도 사고 싶을 정도로 잘 만든다. 1970년대부터 1990년대까지의 일본 애니메이션을 보면 감탄밖에 안 나온다. 살아 있는 듯한 인물, 깔끔하고 정교한 그림체, 혼이 들어가 있는 캐릭터… 이걸 다 일일이 손으로 그려서 만들었다. 장인 정신이 아니면 만들지 못할 작품들이 많다. 오타쿠가 나올 수밖에 없는 작품들. 그 당시로는 세계가 다 아는 장인 정신, 물건을 만드는 사람을 쳐주는 사회분위기, 미슐랭 가이드에서 프랑스보다 별 세 개가 많은 나라, 이러한 것들이 주가지수 38000을 만들었다. 이런 부분은 우리나라가 배워야 할 부분이다.

우리나라는 조선시대 때부터 물건 만드는 사람을 하대하고 글 읽는 사람만 너무 추켜세웠다. 글 읽는 것보다 그럴듯한 물건을 만들어내는 것이 더 어려운 일인데도 말이다. 이러다간 선진국 가도 많이 내밀 것이 없다. 일본은 이러한 자금력을 바탕으로 1980년대에 투자은행이 아닌, 순전히 돈의 힘만으로 세계 10대 은행에 7개가 들었다고 한다. 또한 전 세계 50대 기업에 30개가 넘는 기업이 들었다. 이때 일본에서는 월급쟁이가 골프 치러 다니고, 맛있는 것만 먹으러 다니고, 해외여행 가고 하면서 행복했다고 한다. 월급은 1980년대에 1억이 넘었다고 한다(우리나라는 몇 십만 원 할 때였다). 대학 나와서 기업체에 들어가면, 그것만으로도 웬만한 나라의 중상류층 생활이 가능했다는 말이다. 이때부터 일본은 부동산 가격이 급등해서 1991년에 부동산 정점을 찍게 되는데, 2000년대 중반쯤에 텔레비전에서 본 기억이 난다. 직장만 있으면 은행에서 몇 십 억을 대출해줬다고 한다. 규제는 아예 없고 100% 대출. 은행이 돈이 너무 많아서 주체를 못 했다고 한다. 쓰고 보니 너무 부러운 얘기만 있다. 그런데 신기한 건 우리나라도 1980년대에 부동산 가격이 쭉 올라서 1991년에 부동산 고점을 찍고 하락했다. 그런데 일본도 1991년에 고점 찍고 부동산 가격이 하락했다. 산업구조가 비슷하면 부동산 주기도 비슷한가 보다.

이 시기에 올라간 종목을 살펴보기로 하자. 이 회사들의 1970-1980년대의 차트를 구할 수가 없어서 생략하기로 한다.

① 소니

이 시기의 대표적인 일본 기업, 전 세계에 모르는 사람이 없을 정도로 유명한 기업이다. 모리타 아키오가 경영을 하고, 이부카 마사루가 제품개발을 해서 세계적인 전자회사로 키웠다. 모리타 아키오의 자서전에 보면 2차 세계대전 이후 일본 대기업들을 해체시킨 것이 오히려 다른 기업들이 대기업으로 성장할 수 있는 좋은 계기가 되었다고 한다. 제품들은 너무 유명해서 많이 알 것이다. 녹음테이프, 테이프 리코더, 트랜지스터라디오, 트리니트론 텔레비전, 워크맨, 베타 방식의 비디오 리코더, CD플레이어 등…. 이것 말고도 여러 제품이 있다. 워크맨은 모리타 아키오의 지시로 만들어졌다. 제품 개발의 이부카 마사루와 단순 경영자가 아닌 뛰어난 기획자이자 마케팅 전문가인 모리타 아키오의 콤비가 소니 제국을 만들어낸 것이다. 나오는 제품마다 세계적인 히트 상품이 되었으니 글로벌 기업이 될 수밖에 없었다. 30-40년 동안 단순 생산품이 아닌 제품을 내놓아서 연속적으로 세계적인 히트 상품이 되는 것은 정말 어려운 일이다. 이때의 워크맨은 지금의 아이팟 정도로 이해하면 되겠다. 1980년대 우리나라에서는 마이마이, 요요라는 이름의 미니카세트가 나왔다. 어디를 가나 젊은이들은 이것을 이어폰과 연결해서 귀에 꽂고 다녔다. 이걸 가진 친구를 얼마나 부러워했던지…. 나온 제품들을 보면 이부카 마사루는 스티브 잡스와 비견될 만하다. 다시 나오기 힘든 천재 기술 개발자이다.

② 혼다

혼다라는 회사를 소개하는 이유는 다른 자동차 업체와 너무 달라서이다. 비행기 엔진이나 비행기를 만들다 자동차를 만든 회사는 있다. BMW나 사브처럼 말이다. 그러나 자동차를 만들다 비행기를 만든 회사는 혼다가 유일하고 앞으로도 없을 것 같다. 이 회사는 소니처럼 혼다 쇼이치로가 기술 개발을 맡고, 후지사와 타케오가 경영을 맡았다. 혼다 쇼이치로의 기술에 대한 집념은 처음에는 오토바이를 만들다가 다음에는 자동차, 그리고 2003년 전 세계를 깜짝 놀라게 한 이족보행 로봇 '아시모', 그리고 이제는 제트 비행기까지 만들었다. 이러다 우주선까지 만드는 건 아닌지 모르겠다. 자동차를 만들 때 이 회사 모토가 '바퀴 달린 건 다 만들자'였는데, 아시모가 나옴으로써 '움직이는 건 다 만들자'로 바뀌었다.

자동차를 만들 때 혼다 쇼이치로는 환자를 대하는 의사의 마음가짐처럼 자동차를 대한다는 뜻에서 흰 작업복을 입었다. 이 정신을 이어받아 지금도 혼다에서는 흰 작업복을 입고 자동차를 만든다. 혼다 쇼이치로는 지금 없지만, 혼다에서는 창업자 혼다 쇼이치로의 유전자가 흐르고 있다는 것이다. 이 정도 마음가짐이면 못 만들 것이 없을 것 같다.

남이 하지 않는 것을 하고, 다른 자동차 회사와는 다른 독자적인 엔진을 만드는 등, 이 모든 것은 13년 동안 연구개발 끝에 아시모를 탄생시켰다. 개인적인 생각이지만, 미확인 비행물체(U.F.O)를 만들 수 있는 회사는 혼다 같다.

소니와 혼다를 살펴보았는데, 일본에서는 그럴듯한 물건을 만드는 사람을 대우해주는 사회 분위기가 있음을 이부카 마사루나 혼다 쇼이치로를 보면 알 수 있다. 지금이 아니라 1950-1960년대에도 이러한 사회 분위기가 있었다는 것이 부러울 따름이다. 돈 있는 사람은 뒤로 물러나 기술자를 후원하고, 기술자는 그럴듯한 물건을 만들고… 제일 좋은 형태 아닌가? 애니메이션, 게임도 보면, 이런 작품들을 일본인이 아니면 도저히 만들 수 없지 않을까 하는 생각이 든다. 소장할 수밖에 없는 작품들. 그런데 그런 작품들이 너무나도 많다. 우리나라같이 돈만 있으면 다 된다는 식으로 모든 걸 파괴하고, 집도 돈만 되는 것으로 쫓아다니는 사회 분위기에서는 그러한 작품이 나올 수 없다. 회사 경영자가 스타가 되는 것이 아니라, 기술자가 스타가 되어야 한다. 작품 하나 만드는 것이 어렵지, 돈 들어오고 나가는 것 관리하는 것은 어느 정도 교육만 받으면 할 수 있는 사람이 많다. 누가 봐도 인정하는 작품 만드는 사람을 돈으로 괴롭히는 제도나 시스템이 있다면, 이것부터 빨리 고쳐야 한다. 아마도 각 동네마다 걸어서 갈 수 있는 몇 십 년 혹은 100년 된 맛집이 있다면, 그런 작품이 나오기 시작할 것이다. 이게 기본이다.

우리나라도 다행인 것이 허영만 화백의 작품이 드라마와 영화로 제작되고 있다. 콘텐츠의 중요성, 작품 하나 만들어내는 사람이 얼마나 중요한지 서서히 알아가고 있다.

③ 마츠시타 전기산업

해외에는 파나소닉이나 내셔널이라는 브랜드로 많이 알려져 있다. 이 회사 창업주 마츠시타 고노스케는 일본인들이 제일 존경하는 기업인이다. 1970-1980년대에 이 정도 기업 회장이면 재벌인데, 이 사람은 평생 너무도 검소하게 살았다. 이분의 일화 중 하나는, 회사가 너무 어려웠을 때 한 명도 자르지 않고 시간을 줄여서 완전고용을 유지했더니 생산성이 늘었다는 것이다. 일본 종신고용의 시발점이었다. 1920-1930년대의 얘기다. 그래서 마츠시타 고노스케는 경영의 신으로 지금까지 불린다. 일본 전통인데, 마츠시타 고노스케를 옛날 영주 같은 분이라고 가슴속에 일본인들이 새긴 것 같다. 돌아가셨지만 지금도 존경받는 경영자이며 관련 서적도 많이 나오고 있다.

2) 2003년부터 2007년까지의 대세 상승

일본 닛케이225지수 월봉

이때 일본의 대세 상승은 1990년부터 이어진 14년간의 대세 하락을 마치고 나온 그럴듯한 대세 상승이었다. 이자나기 호황이라고, 일본 경기가 좋아지고 대학생들도 취업이 잘된다고 어느 프로그램에서 본 기억이 난다. 그렇지만 차트를 보면 올라가긴 올라가는데 좀 아쉬움이 남는 미완의 대세 상승이다. 바닥 찍고 올라가는 2003년에는 힘차게 올라갔고, 이 주가지수의 힘을 2005년까지는 이어갔지만, 2006년과 2007년은 지수의 힘이 현저히 떨어지는 느낌이다. 2006년, 2007년은 우리나라를 비롯해서 원자재 국가들이 마지막 분출을 하는 때인데, 마지막은 기는 느낌? 올라가기 지쳐서 떨어질 때만을 기다리는 느낌이다. 일본에 설비투자 관련주가 없는 것도 아닌데, 그렇다면 일본은 선진국 형으로 경제구조가 완전히 바뀌어서 전체 지수에서 설비투자 관련주가 차지하는 비중이 낮거나 경쟁력을 잃은, 둘 중의 하나다. 설비투자 관련주는 저개발 국가나 중진국, 선진국이 되기 전의 나라에서 폭발적으로 올라가기 때문에, 일본은 선진국 중에서도 선진국인 상태라서 설비투자 관련주는 더 이상 브릭스 국가만큼 성장이 힘들다.

그러니까 이 시기에 우리나라같이 설비투자 관련주들(조선, 해운 철강, 기계 등)의 엄청난 상승을 일본에서는 기대하기 힘들다는 말이다. 이때 성장률이 2% 조금 넘는 수준이었다. 우리나라에서는 문제가 있다는 식으로 나오는데, 이런 식의 얘기는 더 이상 나오지 않았으면 좋겠다. 일본은 GDP가 이 당시에 5조 달러 가까이 되고 국민소득은 3만 5천에서 4만 달러 정도였다. 선진국은 어차피 경제성장률이 1-2% 정도밖에 안 되고 마이너스 성장도 허다하므로 이 정도 성장률은 당연한 것이다. 그리고 이 당시에 세계 2위 국가였는데, 이 나라가 세계 1위를 차지하려고 '수출만이 살 길이다.'라는 식의 경제 성장을 하겠는가? 선진국은 천천히 올라가는 나라이지 쥐어짜서 성장률을 높이는 나라가 아니다. 우리나라는 지금 선진국 초입 단계다. 과거같이 7-10% 성장률은 나올 수도 없고 나와서도 안 된다. 아직 완전한 선진국이 아니기 때문에 3-5% 정도는 나온다. 그러므로 성장률에 집착해서 억지로 끌어올리지 말고, 이 정도라도 꾸준한 성장률을 추구해야 된다. 그래야 부작용이 없다.

이때 많이 올라간 종목을 살펴보기로 하자.

① 닌텐도

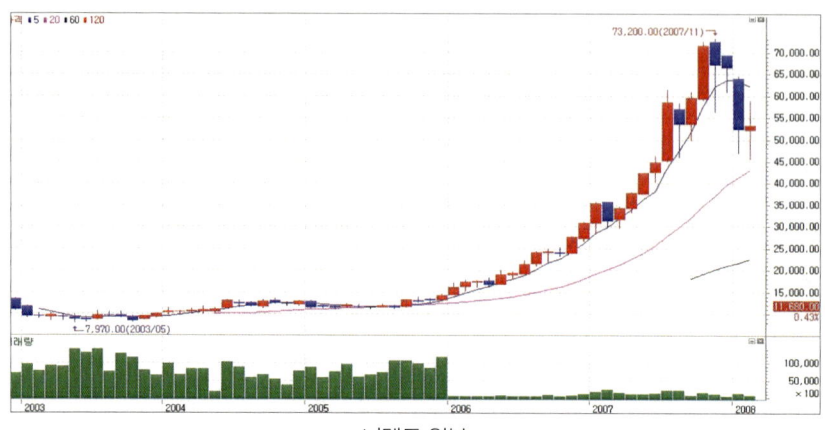

닌텐도 월봉

　일본의 대표 종목. 화투 만드는 회사가 게임기를 만들어서 세계를 몇 번 놀라게 했다. 혁신의 선두주자. 이 회사를 나타내는 대표적인 수식어는 너무나도 많다. 알고 보니 1980년대 초등학교 때 애들이 가지고 싶어 했던 동키콩이라는 조그마한 게임기를 만든 회사이다. 이 게임에 나오는 작고 볼품없는 캐릭터가 슈퍼마리오인데, 이 캐릭터가 닌텐도의 대표 캐릭터가 되어 전 세계를 휩쓴 장본인이 되었다. 이 모든 걸 만든 천재 개발자 미야모토 시게루, 그리고 이 사람을 알아보고 모든 걸 지원해준 닌텐도 회장. 히트작도 내고 유명해져서 외국 게임 회사에서 거액을 주고 데려가려 했을 때 거절한 미야모토 시게루. 정말 멋진 사람들이다. 단순히 돈이 아니라, 자기가 하고 싶은 일을 하면서 작품을 만들어내는 일이 어떠한 것이라는 것을, 회사가 윗사람과 아랫사람이 어떻게 해야 되는지를 보여주는 대표적인 본보기이다. 서로간의 신뢰가 회사를 어떻게 만드는지 차트를 보면 알 수 있다.

　정말 이해할 수 없는 캐릭터가 슈퍼마리오였다. 잘생기고 예쁜 인물이 아닌, 멜빵바지에 콧수염을 기른 배관공. 코미디 영화에 나올 법한 캐릭터. 게임 내용도 보면 그가 배관을 타고 다닌다. 과연 이런 게임을 만든다고 했을 때 위에서 결재가 떨어지겠는가? 전투기가 나오는 것도 아니고 총을 쏘는 것도 아닌데 말이다. 회사에서 엄청난 반대가 있었다고 한다. 그런데도 닌텐도 회장은 전적으로 밀어주며 만들도록 했다. 결과는? 전 세계적인 히트작이 되었다. 닌텐도가 세계적인 게임 회사로 발돋움하는 계기가 되었다. 정말 이 캐릭터가 어떻게 성공하게 될 거라고 생각했는지 미야모토 시게루의 머릿속을 들여다보고 싶다. 우리나라에서 이런 걸 만든다고 하면 결재가 날까?

닌텐도에서는 게임기 닌텐도 DS와 닌텐도wii를 발매해서 전 세계적인 히트를 치고, 닌텐도를 일본 시가총액 2위까지 올려놓았다. 우리나라도 애들마다 닌텐도 DS를 가지고 다녔다. 두 게임기 다 전에는 없던 개념을 도입해서 게임 방법을 바꿔 놓았고 게임 연령층을 확대했다. 매수하기에 충분한 조건이었다.

나. 미국

1) 1980년부터 2000년까지의 대세 상승

다우존스지수 월봉

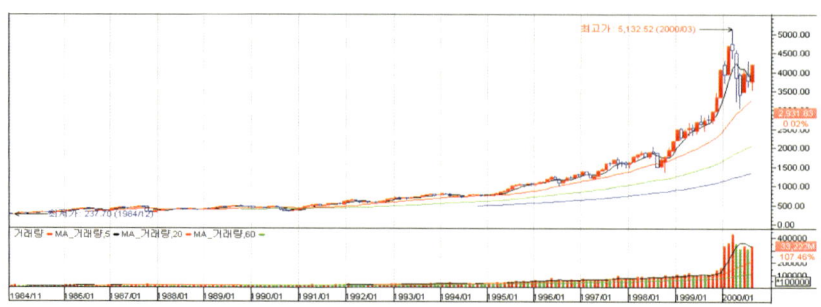

나스닥지수 월봉

미국을 대표하는 다우존스지수와 나스닥지수의 20년간 대세 상승이다. 종목도 아니고 작은 나라도 아닌, 미국 같은 큰 나라의 지수가 20년 동안 올라간다는 것은 사건이다. 다우존스·나스닥 지수가 동시대에 같이 엄청난 상승을 하는 것은 거의 없는 일이다. 그것도 10년에서 20년 동안 말이다. 1970년대에 스티브 잡스가 애플사를 창업하고 개인용 컴퓨터를 내놔서 히트를 치고, 1980년대에 넘어와서 개인용 컴퓨터가 점점 발전하는 시기였다. 거꾸로 가보면 나스닥이 20년 동안 올라간 출발점은 개인용 컴퓨터의 대중화였다. 인터넷이나 네트워크도 개인용 컴퓨터가 대중화되어야 나올 수 있는 산업들이다. 스티브 잡스한테 여러 가지 수식어가 붙지만, 그는 한마디로 현재의 정보통신 산업들을 존재하게 만든 '정보통신 기술의 아버지'라고 볼 수 있다.

인터넷이나 네트워크가 발전한 것도 '컴퓨터 한 대로 하다가 컴퓨터 두 대를 연결하면 어떨까?' 하는 생각이 발전하다가, '그럼 컴퓨터를 여러 대 연결해보자. 그리고 나선 모든 컴퓨터를 연결해보자.' 하는 식으로 발전되었을 것이다. 오락실에서 게임을 해보면 알 수 있다. 오락실에서 처음엔 한 대 가지고 하다가, 그 한 대에서 두 명이 하는 걸로 발전하고, 이제는 두 대가 연결이 돼서 하고(대표적인 것이 대전 격투게임), 그리고 이제는 인터넷으로 연결되어서 전국 각지 사람과 게임을 하게 되었다. 단순한 생각이 사업이 된다.

우리나라에서 1980, 1990년대는 컴퓨터의 시대였다. 우리나라에도 성능이 향상되며 286, 386, 486의 이름이 붙은 컴퓨터가 계속 나왔고, 통신이나 인터넷 도입은 미국이나 다른 나라보다 늦었다. 당연하다. 우리나라는 근대화가 다른 나라보다 100년도 더 늦어서 다른 나라 따라잡기도 힘들므로 정보통신 기술이 늦을 수밖에 없다. 왕가위 감독의 '몽콕하문'(우리나라에서는 '열혈남아'라는 제목으로 비디오로 출시되었다)이라는 영화를 보면, 유덕화가 삐삐에 신호가 와서 공중전화로 가서 음성을 듣는 장면이 나온다. 그런데 영화에서 관심 있게 본 건 전화를 거니까 남긴 사람 목소리가 전달되는 것이 아니라, 여자 교환원이 녹음된 음성을 자신이 말해주는 것이었다. 이 영화가 1987년에 나왔는데 그전에 찍었으니까, 1985년도에도 삐삐가 있었다는 말이다. 1985년도에 우리나라는 경제성장하기 바쁜 시절이었다. 이런 걸 봐도 선진국은 이때 정보통신 기술이 대중화되고 꽤 발전했었다고 보인다. 컴퓨터와 삐삐 같은 산업은 전 국민이 다 쓰고, 관련 산업도 있고, 이것을 기반으로 나올 산업이 또 있기 때문에 1980년대 주가지수는 오르기에 충분했다. 이 산업이 계속 발전하여 1990년대는 말할 것도 없이 정보통신 기술의 시대가 되었다. 핸드폰, 인터넷, 네트워크 등 다른 나라는 생각도 못 한 것을 세상에 내놓았고, 그것을 전 세계가 다 쓰게 만들어놨으니 지수는 폭발적으로 올라갔다. 어찌 보면 서부 개척시대 때부터 이어져온 프론티어 정신. 남들이 가지 않는 길을 가는 프론티어 정신을 북돋아주는 사회 분위기가 20년의 대세 상승을 만들었다. 신자유주의로 대변되는 금융업종과 미국에 있는 엄청난 기업들은 다우존스지수와 나스닥지수를 20년 동안 대세 상승으로 이끌었고, 이 기간 동안 이 두 주가지수는 엄청나게 상승해서 2000년에 미국을 슈퍼맨으로 만들었다.

1980년대는 일본의 시대, 1990년대는 미국의 시대라는 것을 차트가 말해준다. 1990년대 미국 지수들이 올라갈 때 우리나라와 일본의 1990년대 차트는 하락하고 있었다. 그러다가 1998년도에 정보통신 기술주 붐을 타고 1년 동안 반짝 상승하는 끝물상승만 했다. 1980년대를 거친 일본이 1990년대에도 자신들이 만든 물건이 전 세계에 팔리고, 동유럽이 개방했으니 일본 기업 실적이 더 늘어나 주가가 올라갈 거라고 생각해서 주력 제품을 자동차, 전자제품, 컴퓨터 등으로 정했다고 한다. 인터넷, 네트워크라는 건 아예 없을 뿐 아니라 그러한 개념조차 사회에 없었으니, 시대를 잃어버릴 수밖에 없었다. 그냥 해본 생각이지만, 1980년대에 일본 기업에 투자해서 돈을 번 사람들 중 1990년대 미국 기업에 투자해서 번 사람이 있을까? 그랬다면 지금 세계 최고의 부자가 되었을 것이다.

20년간의 대세 상승에서 올라간 종목을 살펴보기로 하자.

① 코카콜라

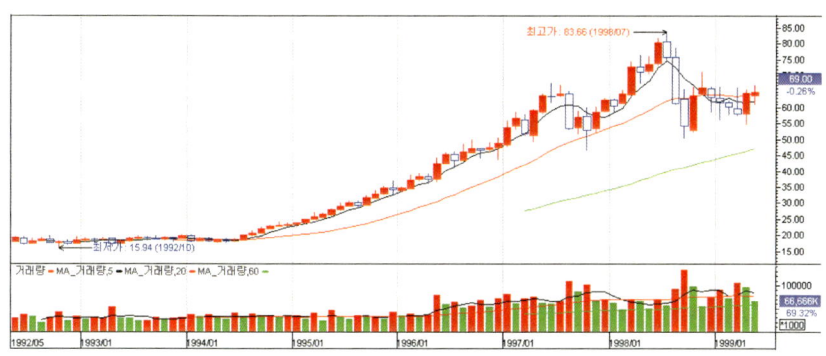

코카콜라 월봉

워렌 버핏이 매수하지 않아도 유명한 회사. 워렌 버핏의 투자 철학에 딱 맞는 종목이다. 시장 지배력이 있고, 그래서 가격 결정력이 있으며, 경제적 해자가 있어서 진입 장벽이 높아 누구나 진입할 수는 없는 회사. 음료수 하나가지고 내수를 넘어 전 세계에 파는 대단한 회사.

케이블 TV에서 미국 탄산음료를 소개하는 프로그램을 본 적이 있다. 미국 탄산음료라는 것은 갑자기 나온 것이 아니라, 1900년대 이전에 팔기 시작했다고 한다. 서부영화를 보면 소다수를 파는 장면이 나오는데, 이때부터 탄산음료가 시작됐다고 보면 될 것이다. 약국에서도 팔았다는 것을 보면, 미국 사람들이 즐겨 마시는 전통 음료가 산업화된 것이라고 보면 된다. 전 세계에 코카콜라 안 파는 곳은 없을 것이다(코카콜라가 없는 곳은 쿠바와 북한이라는 기사를 언뜻 본 것 같다). 미국 국력이 뒷받침됐으니까 가능한 일이다.

② J.P모건체이스

J.P모건체이스 월봉

미국을 대표하는 세계적인 투자은행. 주식하는 사람이 아니더라도 이름은 한 번쯤 들어봤을 만한 회사다. 신자유주의와 더불어 전 세계로 뻗어나간 투자은행. 주식뿐 아니라 외환 파생 등 전 금융 분야를 거래하는 회사다. 없는 게 없는 회사. 금융을 비롯한 모든 분야가 전 세계로 뻗어나갔다.

③ 인텔

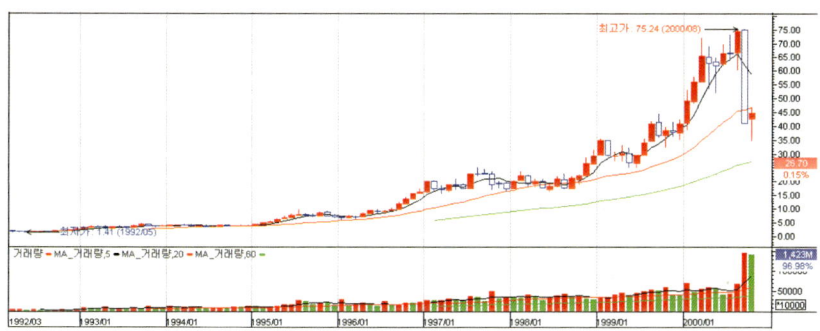

인텔 월봉

   컴퓨터에 들어가는 CPU를 만드는 회사. 이게 없으면 컴퓨터를 쓸 수 없다. 그리고 이 시기에 컴퓨터에 들어가는CPU는 거의 인텔 제품을 썼다. 컴퓨터가 많이 팔리면 팔릴수록 인텔 매출은 늘어날 수밖에 없다. 이 회사는 워렌 버핏이 매수한 코카콜라 같다는 생각이 든다. 코카콜라는 경쟁회사가 펩시 정도만 있고, 인텔 역시 경쟁회사가 AMD 정도만 있다. 코카콜라도 인텔도 가격 결정력이 있으며, 코카콜라도 인텔도 진입 장벽이 아주 높다. 그러므로 이런 종목은 오를 수밖에 없다는 것이다.

④ 마이크로소프트

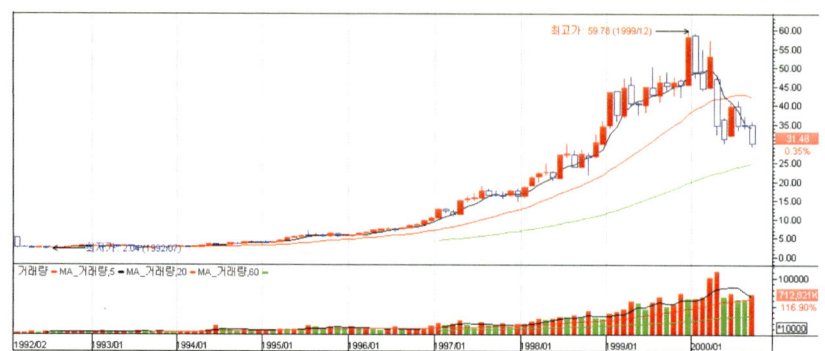

마이크로소프트 월봉

빌 게이츠를 세계 1위 부자로 만들어준 회사. 이 회사도 모르는 사람이 없는 회사다. 1980-1990년대 개인용 컴퓨터의 시대 때 컴퓨터 운영체제 도스와 윈도우를 만들었고, 이 운영체제를 쓸 수밖에 없어서 독점을 누리고 싶지 않아도 독점을 누릴 수밖에 없는 회사다. 1990년대에 인터넷으로 컴퓨터 수요가 더 늘어날 때 회사는 폭발적으로 성장했다. 1990년대 초에 도스를 쓰기 시작했는데, 일일이 다 명령어를 쳐서 입력해도 컴퓨터라는 것이 얼마나 신기했었는지 모른다. 고장 날 때마다 부팅하면서 부팅 디스켓 넣고 부팅하고 배치파일 깔고, 그리고 나서 게임하고 잘 모르면 친구 불러서 컴퓨터 고치고, 수고했다고 술 한 잔 사주고… 20년 전의 일이다.

⑤ 시스코시스템즈

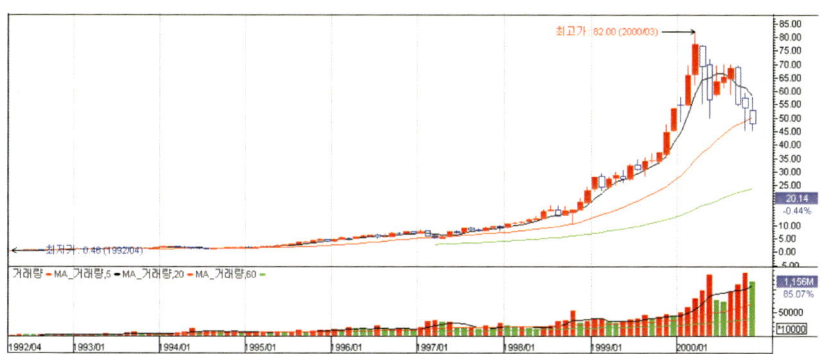

시스코시스템즈 월봉

컴퓨터와 컴퓨터를 이어주는 네트워크 장비를 만든 회사. 창업 당시의 생각은 너무 단순했다. 컴퓨터와 컴퓨터를 연결해보자는 지극히 상식적인 생각이 2000년 세계 시가총액 1위 회사를 만들었다. 창업자가 부부인데, 대학교 연구실에서 컴퓨터를 연결해보자는 데서 출발했다고 한다. 각 나라의 거대 기업들을 보면, 생활 속에서 필요에 의한 발명을 하여 글로벌 기업이 된 회사가 많다. 이 사람들을 보면 유학을 가지도, 최첨단 제품을 만들지도 않았다. 생활 속에서 사람들이 필요로 하는 것을 만들었을 뿐이다. 우리나라에서는 글로벌 기업을 만들려면 유학을 가서 세계 최고의 명문대를 나와야한다는 방향으로 사람들을 몰고 가는데, 이제 그런 소리는 그만해야 한다. 글로벌 기업은 단순한 생각이 만드는 것이다.

⑥ 야후

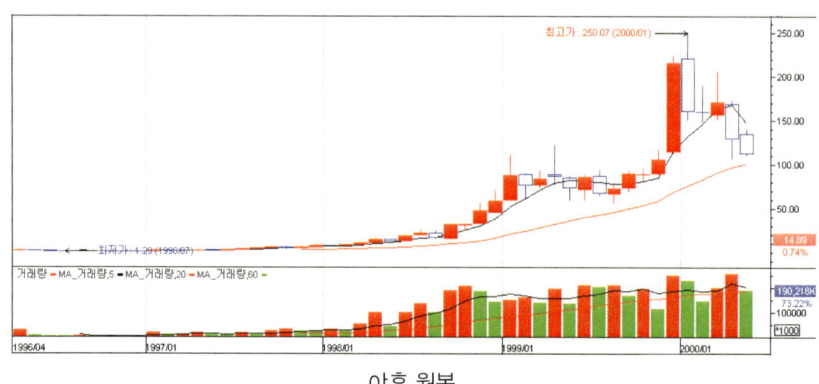

야후 월봉

    제리 양이 창업해서 당시 인터넷 시장을 평정한 회사. 세계 최초로 인터넷에서 정보를 빠르고 편리하게 찾아주는 야후 검색엔진을 개발했다. 또한 이 개발에는 소프트뱅크를 설립한 재일교포 손정의의 도움이 컸다고 한다. 역시 이 기간에는 인터넷주가 제일 많이 올라갔다. 우리나라도 마찬가지였다. 야후는 차트 상으로 200배가 올라갔다.

⑦ 델컴퓨터

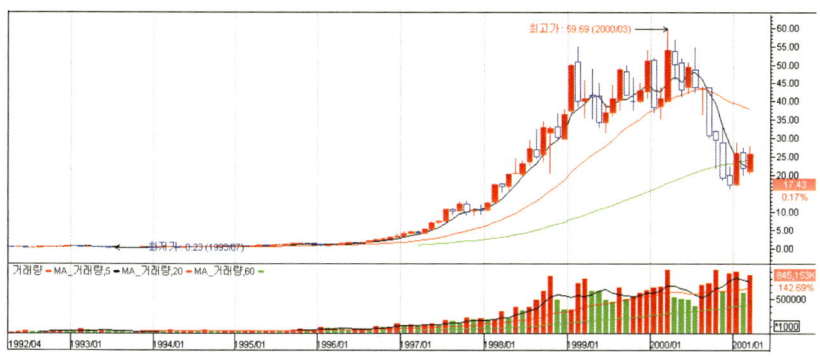

델컴퓨터 월봉

중간 유통단계를 빼고 소비자에게 직접 컴퓨터를 파는 회사. 인터넷이 나오기 전에는 우편으로 주문을 받았다고 한다. 인터넷이 나오자 회사는 폭발적으로 성장한다. 세계적인 기업들의 출발은 역시 단순한 생각이다.

이상 1980년부터 2000년까지 대세 상승한 종목들을 살펴보았다. 이 종목들의 본격적인 상승은 역시 1990년대였다. 금융을 비롯한 코카콜라 같은 소비재에서부터 인터넷, 운영체제, 컴퓨터, 네트워크 등 첨단 제품까지 전 분야의 상품들이 전 세계를 장악한 해였다.

2) 2003년부터 2007년까지의 대세 상승

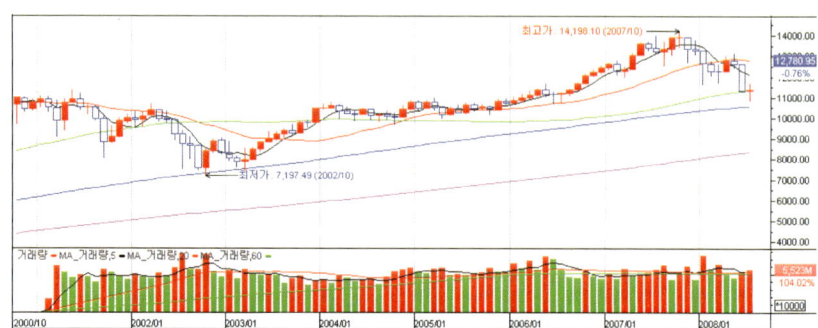

다우존스지수 월봉

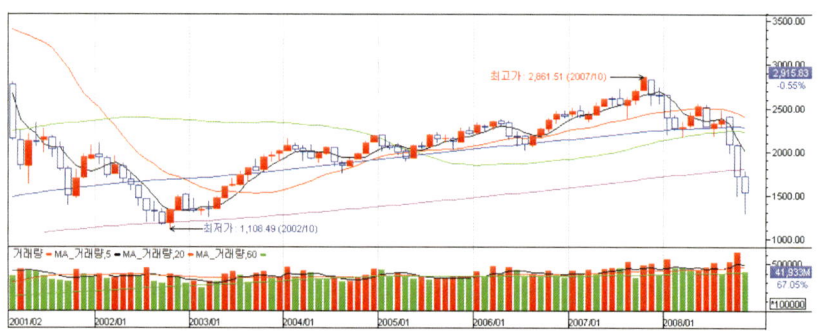

나스닥지수 월봉

　다음은 다우존스지수와 나스닥지수의 2003년부터 2007년까지 대세 상승
이다. 전에 20년 동안 올라서 그런지 지수가 상당히 피곤한 모양이다. 다우
존스지수는 5년 동안 2배만 올랐고, 나스닥 지수는 5년 동안 2.6배 정도 올
라갔다. 2000년에 거품이 빠지면서 너무 내려갔고(고점 대비 5분의 1이다), 2002
년 말부터 2003년에는 잘 올라갔지만, 그 다음 모양은 기면서 겨우겨우 올라

가는 모양이다. 이때 상승은 우리나라 대세 상승 부분에서도 썼듯이, 설비투
자 관련주가 올라가는 시기여서 나스닥에는 설비투자와 관련된 종목이 거의
없는 까닭에 기어서 올라갔다. 우리나라 코스닥과 비교해보자. 비슷하지 않
은가?

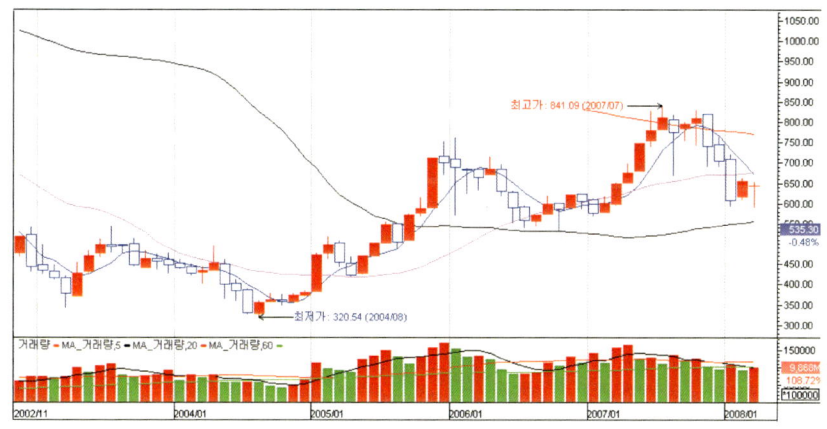

코스닥지수 월봉

나스닥과 마찬가지로 코스닥에는 이 시기에 올라갈 설비투자 관련주가 많
지 않다. 이때 종합주가지수는 2003년에 저점을 찍었다. 코스닥은 2004년에
저점을 찍고 상승률도 좋지 못했다. 이 시기는 전체적인 초점을 구 경제에 맞
춰야 되는 시기였다. 구 경제 시대였다. 이때 미국지수는 1980년대와 1990년
대 같은 상승은 나오지 않았다. 이때 많이 올라간 종목을 살펴보기로 하자.

① **구글**

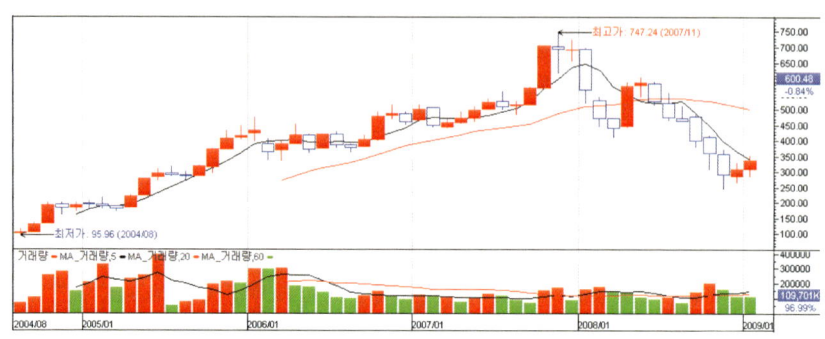

구글 월봉

　이때의 대표적인 종목은 애플과 구글이다. 그런데 신기하게 우리나라에서
도 이같이 올라간 종목이 하나 있는데, 바로 NHN이다. 네이버와 한게임을
합친 인터넷과 인터넷 게임을 합친 회사다. 검색과 블로그, 게임으로 우리나
라 인터넷 1위 기업이 되었다. 다른 인터넷 업체가 못 한 것을 하면서 우리
나라 1위 업체가 되었고, 구글도 다른 인터넷 업체가 생각지도 못한 구글 지
도, 유튜브 등 여러 가지 서비스를 시작하면서 세계 1위 인터넷 업체가 되었
다. 설비투자와 관련된 주식이 올라가는 시기라도 실적이 좋으면 어느 업종
이건 올라간다. 구글은 전 세계 인터넷을 장악했다. 창조적인 생각이 만든
차트. NHN 차트와 비교해보기 바란다.

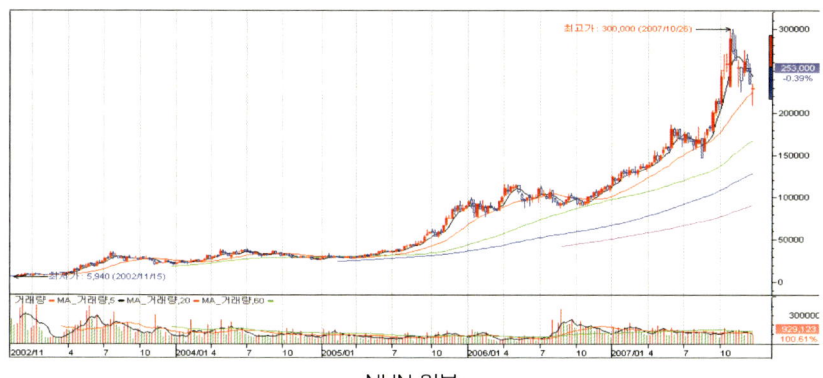

NHN 월봉

구글과 쌍둥이 차트다. 2000년까지는 우후죽순처럼 검증 안 된 인터넷 기업이 나오다가 다 정리되고, 2001년 후부터는 실적이 검증된 인터넷 기업이 나와서 주가가 올라갔다. 5년 동안 50배 상승했다.

② 애플컴퓨터

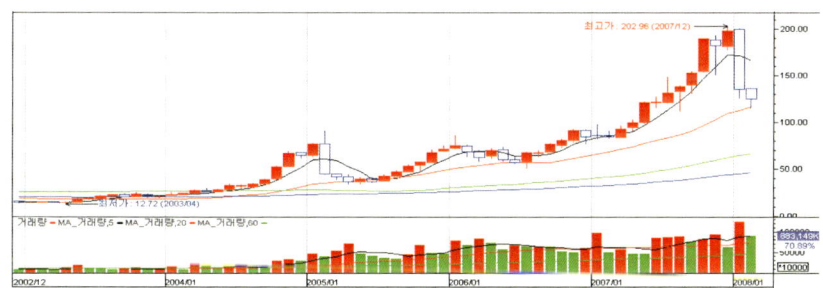

애플컴퓨터 월봉

천재의 전형을 보여준 스티브 잡스. 사람들과 잘 어울리지 못하는 괴팍한 천재였던 '까칠남'. 자신이 만든 회사에서 쫓겨나고, 자신이 창업한 회사가 그의 살아생전에 세계 시가총액 1위라는 엄청난 일을 해낼 정도로 그의 인

생은 롤러코스터였다. 우리가 천재라고 알고 있는 모차르트, 에디슨 같은 부류의 사람이 태어나 컴퓨터를 만든 것이다. 스티브 잡스가 만든 제품은 애플컴퓨터, 맥 운영체제, 마우스, 아이맥, 아이팟, 아이폰, 아이패드 등 정말 많은 제품이 나왔다. 그런데 나오는 제품마다 전 세계 사람들이 줄서서 기다려야 사는 히트 상품이어서, 전 세계 시가총액 1위를 차지했다. 이 시절 애플은 아이팟으로 돌풍을 일으키더니 아이폰으로 쐐기를 박았다. 전 세계 시가총액 1위를 차지하고 얼마 있지 않아서 스티브 잡스는 세상을 떠나고 만다. 죽음에서까지도 천재의 전형을 보여주었다. 스티브 잡스의 죽음 이후에 어느 방송에서 스티브 잡스의 1980년대 프레젠테이션을 보여줬는데 매킨토시 컴퓨터였다. 그런데 이 컴퓨터에서 음성이 나오기 시작했다. 1980년대에 기계에서 음성이 나오는 건 전격 Z작전에서 '키트'라는 자동차 말고는 처음 봤다. 이런 개념조차 없었을 시기였는데 정말 놀라웠다.

스티브 잡스는 일본의 장인 정신과는 좀 다른 형태의 물건을 만들었다. 아이디어 상품이고, 이제까지 한 번도 나온 적이 없는, 그렇다고 신기술이 아니라 여러 가지를 조합해서 완전히 다른 새로운 하나를 만들어내는 조합된 생각의 제품이라고 하면 맞을지 모르겠다. 물리같이 새로운 법칙을 발견하거나 만들어내는 물리적 머리가 아니라, 화학같이 이것저것 넣어서 새로운 걸 만들어내는 화학적 머리가 뛰어난 인물이다. 그리고 이 제품은 너무 멀리 있는 것이 아닌, 바로 다음 시대에 쓸 제품을 미리 10년 정도 당겨서 쓰는 느낌이다. 우리나라가 사회적, 교육적으로 생각해봐야 하는 부분이다. 신문이나 방송을 보면 세계 최초, 세계 최대 규모…, 이런 문구가 너무 많다. 이러한 것이 뭐가 중요한가? 선진국엔 세계에서 제일 높은 건물만 있나? 교육도 이런 식으로 하지 않았나? 어려서부터 잔뜩 공부시켜서 공부 잘하면 유학

보내고, 갔다 오면 우리나라를 구할 것 같은 기대감들. 다른 건 기대하지 마라. 요즘엔 자기 먹고살기 바쁘다. 자기가 잘하는 거 찾아서 하는 사람이 많을수록 이런 사람들 중에 세월이 지나면 지날수록 유명해지고 나중에는 저절로 유명해지는 사람이 많다. 국력이 커지면 더 유명해진다.

다. 영국

영국 지수 월봉

1980-1990년대 영국 차트다. 이 시기는 미국의 신자유주의로 인해서 금융업종이 전 세계로 뻗어나갔다. 미국과 함께 금융이 제일 발달한 영국이 이 기간에 대세 상승하는 건 당연하다. 영국 대처 수상의 강력한 구조조정 효과가 1990년대에 나타나면서 영국은 호황을 맞게 된다. 1980년대 우리나라와 일본같이 1990년대의 미국과 영국은 쌍둥이 차트다.

라. 브릭스 국가의 2003년부터 2007년까지의 대세 상승

브릭스는 브라질(Brazil), 러시아(Russia), 인도(India), 중국(China)의 영문 첫 글자를 딴 것으로서, 이 국가들이 풍부한 자원을 바탕으로 경제성장을 하여 신흥 경제국으로 부상한다는 전망에서 생겨난 말이다. 골드만삭스 그룹이 이것을 처음 발표했다. 여기까지는 많은 사람들이 아는 내용이다. 그러면 브릭스라는 이 국가들을 어떻게 맞췄는지 거꾸로 들어가 보자.

이 시기는 2000년까지 상승 후 거품이 터지면서 주가가 하락하고 금리도 따라서 내리던 시기였다. 그래서 2000년대 초에는 저금리가 되면서 기업이 돈을 빌려 투자하기 좋은 환경이 만들어졌다. 설비투자 관련주가 오를 때가 된 것이다. 여기까지 생각을 마친 사람이라면, 설비투자를 많이 하면 원자재가 많이 필요해지므로 원자재를 많이 생산하는 나라를 찾을 것이다. 그러면 후보로 몇 나라가 나오고, 거기서 자원이 제일 많은 나라 중에 강력한 경제성장 정책을 펼 수 있는 지도자까지 염두에 둬서 브라질, 러시아, 인도, 중국을 선택한 거 같다. 사실 브릭스 국가들은 이 시기가 주가지수가 오를 때이긴 하지만 올라도 너무 많이 올랐다. 보통 주가지수가 6배에서 10배 정도 오른 것이다. 그리고 50년 주기로 쳐서 볼 때도 설비투자 관련주와 관련국들이 오를 때가 되었다(1950-1960년대는 화학, 알루미늄, 철강 주들이 고 성장주였다).

외국인 투자자들과 외국의 대형 증권사 및 투자은행들은 2000년까지는 정보통신 기술주가 오르고 2007년부터는 설비투자 관련주가 오른다는 것을 알았고, 포트폴리오는 2000년 넘어오면서 바뀌기 시작했다. 그렇기 때문에 2000년 넘어서는 정보통신 기술주가 오르지 않았던 것이다. 오를 이유도 없었다.

① 브라질

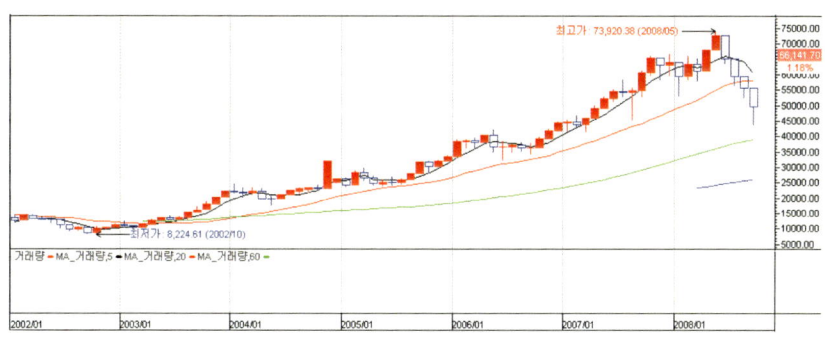

브라질지수 월봉

이 기간의 브라질은 룰라 대통령이 당선되고 강력한 경제성장을 이끈 시기였다. 이 기간에 대단한 성장을 했지만, 성장만 하기에는 브라질이라는 나라의 빈곤문제가 너무도 컸기 때문에 복지정책도 잘해서 빈곤층을 많이 줄였다고 한다. 자원은 파기만 하면 나올 정도로 많기 때문에, 기업체가 가지고 가기보다는 복지에 쓰는 것도 좋은 정책이다. 브라질의 자원은 엄청나게 많다. 웬만한 원자재는 다 있다고 보면 된다. 그 중에 한 가지만 복지에 써도 상관없다. 너무 많아서 그렇다.

룰라 대통령은 누구보다도 브라질을 잘 알고 있어서 정책적으로 맞춤형 성장을 이끌었다. 성장만 추구하거나 복지만 추구하는, 한쪽에만 치우친 정책을 펼 수 없는 나라였다. 또한 마침 이때가 원자재 국가들이 오르는 시기였으니 정말 때를 잘 만났고 그는 때를 잘 활용한 지도자이다. 신문기사를 보면 룰라 대통령이 이런 말을 했다고 한다. "정치는 어머니 마음으로 해야 한다. 아이 하나가 다른 애들보다 약하거나 아프면 어머니는 그 아이에게 더 신경을 쓴다." 정치인을 좋아하게 만드는 말이다.

② 러시아

러시아지수 월봉

　푸틴이 당선되고 나서 러시아는 강력한 경제성장 정책으로 1999년에 지수
가 62에서 2008년에 2500 정도까지 갔으니, 지수가 400배 상승했다. 차트만
보면 급등하는 종목인줄 알겠다. 이 정도 성장이면 러시아는 중산층이 늘고
빈곤층은 줄며, 경기는 호황이고 당연히 많은 문제가 해결된다. 이쯤 되면
지도자는 추앙을 받는다. 자원만으로도 이 정도 성장한 것이다.

③ 중국

중국지수 월봉

  등소평 때부터 공산당 1당 체제를 유지하면서 점진적인 개방정책을 취해온 중국. 이제는 세계의 공장을 넘어 국제무대에서 목소리를 내는 나라로 변신했다. 20년 동안 연평균 10%가 넘는 경제성장률. 우리나라도 그랬듯이 저개발 국가에서 중진국으로 도약하면서 나타나는 현상이다. 그리고 올림픽 때 중진국 정도가 되고 지수는 급등한다.

  중국은 자원도 많고, 이때가 중진국으로 도약하는 시기이기 때문에 건설을 비롯한 설비투자도 엄청나서 지수가 2년 동안 6배나 오른다. 차트만 보면 급등주인 줄 알겠다. 그래서 우리나라에서도 이때 중국펀드 붐이 일었다. 더 이상한 것은 우리나라 1988년 올림픽 때도 1980년대 중반부터 급등했는데, 2008년 베이징 올림픽 때도 중국지수는 2000년대 중반부터 급등하기 시작했다는 사실이다. 역사의 반복 같다.

④ 인도

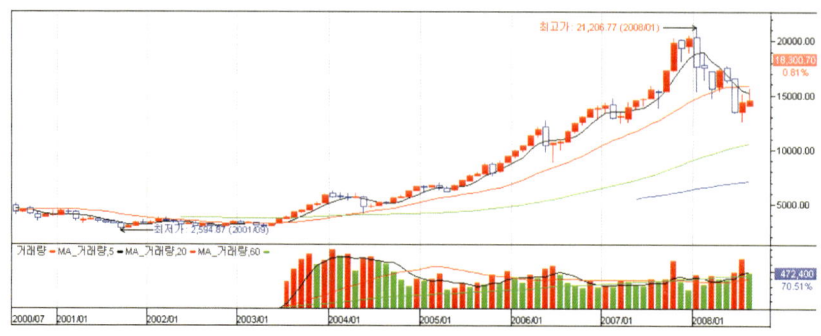

인도지수 월봉

　브릭스 국가들을 보니 저개발 국가에서 중진국으로 도약하는 시기였고, 우리나라도 그랬듯이 강력한 지도자가 필요한 시기였다. 러시아도 푸틴이 집권하고 강력한 러시아를 만들기 위해서 강력한 경제정책을 폈다. 중국 역시 마찬가지로 강력한 경제성장 정책을 편다(우리나라를 많이 연구했다고 한다). 인도는 잘 모르겠지만, 마찬가지일 것으로 생각된다. 원자재에다 강력한 리더십이 더해져서 브릭스 국가들의 약 5년간의 대세 상승 차트가 만들어진다. 이 경제권은 인구도 20-30억 명이고 세계 경제에서 차지하는 비중도 꽤 높다. 이런 국가들이 강력한 경제정책을 폈으니 당연히 주가지수는 불에 기름을 부은 것처럼 더 오르게 된다. 그런데 이걸 골드만삭스에서 보고서를 내놓았고 얄밉게도 시가와 나라까지 너무 정확하게 맞췄다.

　자원부국인데 브릭스에 포함되지 않은 나라가 있어서 소개해본다.

⑤ **인도네시아**

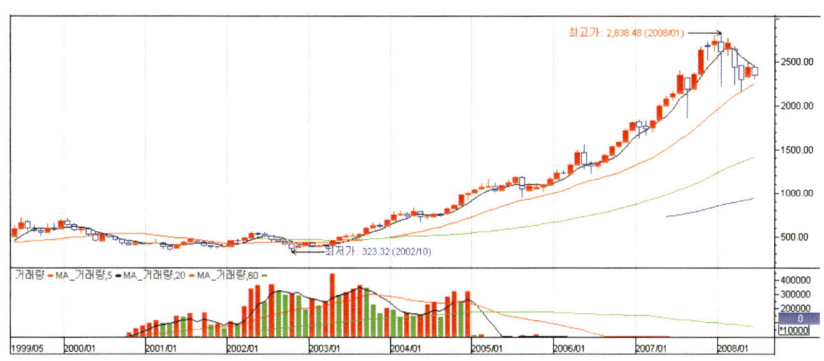

인도네시아지수 월봉

　아시아에서 엄청난 자원을 소유하고 있는 인도네시아. 석유, 석탄, 천연가스뿐만 아니라 금, 동, 니켈, 아연, 주석, 납 등도 엄청난 양이 매장되어 있으며, 농수산 부문에서도 세계 수위를 차지한다. 열대 지방이라서 임업도 상당하다. 이 정도의 자원이면 이 나라는 그냥 둬도 굴러갈 것 같다.

　과거에는 설비투자 관련주가 언제 올라갔는지 살펴보자.

　50년 사이클이라고 했던가? 2차 세계대전이 끝나고 모든 것이 다 파괴되었을 때, 모든 것을 생산할 수 있는 나라는 미국밖에 없었다. 피터린치의 『전설로 떠나는 월가의 영웅』이라는 책을 보면, 화학주나 알루미늄, 플라스틱 업종이 1960년대의 고성장 업종이며 1966년에 미국 주가가 고점을 쳤다고 되어 있다. 그렇게 볼 때 1960년대는 설비투자 관련주가 많이 올라가고, 이 주식들로 다우존스지수가 고점까지 올라갔다는 생각이 든다. 1950년대도 설비투자 관련주가 올라갔을 것이다. 세계대전 후에는 전쟁복구를 해야 하기 때문에 당연히 설비투자 관련주부터 올라갈 것이다. 그래서 1950-1960년대는 설비투자 관련주들이 올라간 시기였다. 지금도 2000년부터 7-8년 동안 설비투자 관련주가 상승했는데, 1950-1960년대는 전쟁 후에 너무 많이 파괴되어 제품이 모자라고, 또 이전과는 다른 새로운 제품이 나와야 할 시기여서 설비투자 관련주들이 1960년대까지 올라간 것 같다. 우리나라 조선업체가 호황이었던 2005-2006년경에 우리나라 조선업체를 소개하는 프로그램을 본 일이 있다. 유럽 조선업체들이 불황으로 부도가 나고, 우리나라 조선업체가 유럽 어느 회사의 도크를 사들었는데, 그때가 1980-1990년대 정도였던 것으로 기억한다. 그렇다면 1960년대까지 설비투자가 호황이었으며, 이때까지 설비투자 관련주들이 올라갔다. 그리고 1970년대부터 다시 설비투자는 더 이상 대규모로 진행되지 않았기 때문에 1980-1990년대까지 세계 조선업체는 불황이라는 결론이 나온다. 그래서 다른 나라 조선업체들은 많이 부도가 나고, 살아남은 우리나라 조선업체들이 세계 1위를 차지한 것이다.

종합해보면, 1950-1960년대에 설비투자 붐이 일었고 2000년도부터 설비투자 붐이 일었던 것으로 봐서, 설비투자는 40-50년 정도의 주기가 아닌가 생각해본다.

대세 하락

*대세 하락의 정의

종합주가지수가 1년 가까이 하락하는 것, 또는 1년 넘게 하락하는 것.

대세 하락의 하락 기간은 1년이 될 수도 있고 10개월이나 1년이 넘을 수도 있다. 이 정도 빠지기 때문에 종합주가지수는 절반이나 떨어진다. 만약 1년이 더 빠진다면 절반도 더 빠질 수 있다. IMF 때가 그랬다. 보통은 절반쯤 빠진다. 대세 하락에 대해 알아야 하는 이유는, 인간의 인내심을 시험할 정도로 정말 끔찍하게 많이 내려가고, 자신이 힘들게 번 돈을 멍하니 쳐다보면서 많이 잃게 되어, 이 시기에는 주식투자를 하지 말아야 할 시기이기 때문이다. 그래서 우리나라 증시에서 꼭 알아야 할 부분이다.

1. 1994년부터 1998년까지의 대세 하락

종합주가지수 월봉

　원래는 연도순으로 1989년부터 1992년까지의 대세 하락을 먼저 넣어야
되지만, 1994년부터 1998년까지의 대세 하락 차트를 먼저 넣었다. 그 이유는
이 차트가 우리나라 대세 하락 중 제일 많이 내려갔고 제일 긴 기간에 걸쳐
서 내려간 대표적인 대세 하락 차트이기 때문이다. 1994년부터 1998년까지
종합주가지수는 4분의 1토막이 나고, 모든 종목들은 엉망이 되었다. 한보그
룹을 필두로 정말 많은 기업들이 부도가 났다. 이 당시 뉴스를 보면 하루가
멀다 하고 기업의 부도 소식이 전해졌다. 삼미, 진로, 기아, 쌍방울, 뉴코아, 해
태, 고려증권 등…. 그래서 나라가 망했다는 얘기가 나왔다. 처음엔 건국 이
래 최대의 위기라는 말이 나왔지만, 조금 지나니 단군 이래 최대의 위기라는
말까지 나왔다. 종합주가지수 280에서 우리나라는 희망이 없어 보였다. 이
때 생각나는 건 광고에서 손기정 선생님이 연로하신 몸을 지팡이 짚고 일으
키는 장면이었다. 그리고 하신 말씀은 "이게 뭐가 힘들어?" 이때를 생각하면

아직도 이 장면이 기억난다. 정말 제일 겁나고 두려운 대세 하락이었다.

이때는 우리나라의 총체적인 문제점이 드러난 시기였다. 우리나라는 다른 나라 제품을 모방해서 값싼 노동력으로 만들어 팔아왔는데, 1980년대까지만 해도 이런 방식이 통했다. 하지만 1990년대가 넘어서는 만 달러까지 갔고 OECD 가입과 선진국을 준비해야 했다. 그런데 남이 하는 것을 따라하고 1980년대식으로 하면 되겠지 하는 생각이 여전히 팽배할 뿐 아니라, 은행에서 대출만 받으면 누구나 할 수 있는 사업을 너무도 많은 기업이 하고 있었다. 진로그룹은 너무 많은 사업을 벌였고, 해태그룹은 전자사업을 했다. 결국 이러한 기업들은 다 부도가 났다. 이 당시 해외로 눈을 돌려 중국이나 러시아, 동남아 개척을 한 기업들과 기술력이 있는 현대차와 삼성전자, 포스코 같은 기업들은 살아남고, 그렇지 않은 기업들은 다 부도가 났다. 대우차, 쌍용차가 부도난 것처럼 말이다. 지금 살아남은 기업들은 미래에 대해서 준비를 한 기업들이다. 이 기업들은 지금까지 차트가 올라가서 가치주가 된다.

그럼 이때의 종목을 살펴보자.

종목을 크게 세 가지로 나누고자 한다. 지수가 내려갈 때 주가가 하락하는 기업(대다수의 기업이다)과 지수가 내려가도 생각보다 크게 하락하지 않는 기업이다. 그리고 그럴 때 오히려 주가가 올라간 기업들도 있다. 크게 하락하지 않는 기업과 올라간 기업들은 후에 가치주가 된다. 위기를 이겨낸 기업들의 공통점이다.

가. 지수가 빠질 때 빠졌던 기업

당연한 말이다. 지수가 조금 빠지면 모를까, 계속 빠지면 대다수의 기업들은 주가가 빠지게 되어 있다. 여기서는 1994년부터 1998년까지 심하게 빠진 기업 몇 개만 소개하겠다.

① 남광토건

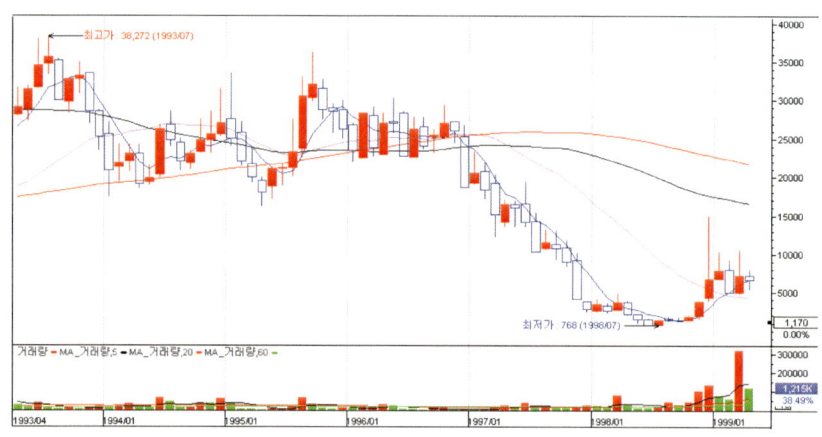

남광토건 월봉

② 외환은행

외환은행 월봉

③ SK증권

SK증권 월봉

④ 한화케미칼

한화케미칼 월봉

이 종목들은 최소 10분의 1에서 몇 십 분의 1까지 빠졌다. 소개만 안 했지 다른 종목들도 마찬가지다. 이때는 정말 처참했다. IMF 때는 어쩔 수 없었다. 이 기업들보다 실적이 더 엉망인 기업들은 부도나서 상장 폐지되거나 법정관리에 들어갔다.

나. 지수보다 덜 빠졌던 기업

① 삼성전자

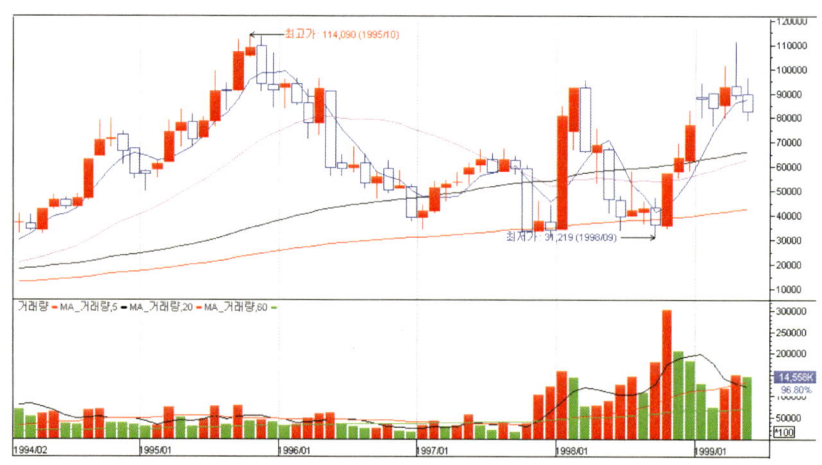

삼성전자 월봉

이 종목은 1995년에 11만 4천 원으로 고점을 찍고, 1998년에 3만 원 정도에서 저점을 찍었다. 지수가 4분의 1이 빠졌는데, 이 시기에 어느 종목이 4분의 1도 빠지지 않았다는 건 대단히 좋은 종목이라는 뜻이다. 이 정도 종합주가지수가 빠지면 종목은 보통 10분의 1, 20분의 1 토막이 난다. 종합주가지수는 1994년 11월이 고점인 데 반해, 삼성전자는 1995년 10월이 고점인 것으로 보더라도 실적이 그만큼 좋았다는 것을 알 수 있다. 이것밖에 빠지지 않은 이유는 이 당시가 전 세계적으로 닷컴 열풍이 불기 시작하고 컴퓨터가 인터넷으로 인해 엄청난 속도로 팔리고 있을 때라 D램 산업이 호황이었기 때문이다. 우리나라만 이렇게 빠졌지, 다우존스나 나스닥 지수는 1990년대 내내 올라가고 있었다. 이렇게 올라가는 정보통신 기술 관련 사업을 하고 있었기 때문에 이 정도 빠진 것이다. D램 사업을 하지 않았다면 정말 힘들었을 것이다. 차트 모양이 올라갔다가 조정 받았다는 정도이지, 대세 하락기 때의 차트 같지 않다.

② 현대차

현대차 월봉

이 종목은 1995년에 3만 1천 원으로 고점을 찍고, 1998년에 8천 원 정도에서 저점을 찍었다. 마찬가지로 대단히 좋은 종목이다. 정확한 저점은 7920원. 고점에서 4분의 1 정도가 빠졌다. 이 정도만 빠져도 대단히 좋은 종목이다. 웬만한 실적을 내지 않고는 그렇게 지수가 빠지는데 이 정도에서 멈추기 힘들다. 이 정도 수준이니까 외환위기를 잘 넘기고 다가오는 2000년을 준비할 수 있었던 것이다. 이때 현대차는 자동차 엔진은 국산화를 했고, 라인업이 돼서 웬만한 자동차는 다 만들 수 있는 능력이 되었다. 품질을 높여서 수출하는 일만 남은 상태였다. 그 당시에 자동차 엔진이 국산화가 안 된 기업이나 자동차 라인업이 안 되어 다양한 자동차를 못 만드는 회사들은 외환위기를 넘기지 못했다. 삼성전자와 마찬가지로 하락이 아니라 조정 받는 느낌이다.

③ **POSCO**

POSCO 월봉

이 종목은 1994년에 8만 5천 원으로 고점을 찍고, 1996년에 3만 3천 원 정도에서 저점을 찍었다. 1998년이 아니라 1996년에 저점을 찍었다. 고점 대비 3분의 1도 아니고 절반 조금 더 내려가고 지수가 4분의 1이 빠졌는데, 하락폭이 이 정도면 이건 가치투자 종목이다. 정말 너무 뛰어난 종목이다. 그래서 워렌 버핏이 샀나 보다. 차트 모양이 외환위기 때 나온 차트라고 볼 수 없을 정도다. 이건 대세 상승에서 나타나는 차트 모양이다. 이 당시가 세계 철강업계에서 순위가 점점 올라가 1위를 차지할 때여서 실적이 점점 좋아져 외환위기를 무사히 넘어갔다. 역시 믿을 건 실적이다. 실적이 좋으면 이 시기에 하락도 조정도 아닌 횡보를 할 수 있다는 것을 보여준 종목이다.

다. 주가가 올라간 기업들

① 남양유업

남양유업 월봉

우유, 두유, 분유 등 유제품을 만드는 회사로 필수 소비재에 속한다. 차트를 보면 1989년부터 1992년 대세 하락기에 다른 종목 다 빠질 때 빠졌지만, 빠졌다고 보기 힘들 정도의 하락률이다. 빠졌다기보다는 조정을 조금 받았다는 말이 더 어울린다. 그리고 1994년부터 1998년에는 오히려 박스권이지만 고점은 조금씩 높여가고 있다. 다른 종목 다 빠질 때 오히려 올라갔다고 봐도 될 정도다. 가치주로서 대세 상승을 탄 종목들은 위기에도 강하다. IMF가 왔을 때 자동차는 안 사도 우유와 분유, 두유는 사먹지 않을 수 없기 때문에 실적이 유지되었다고 본다. 필수 소비재는 인구가 늘고 경제가 성장할수록 가치주가 되는 경향이 있다. 이 회사도 마찬가지로 1980년부터 2006년까지는 가치주 차트가 된다.

② **농심**

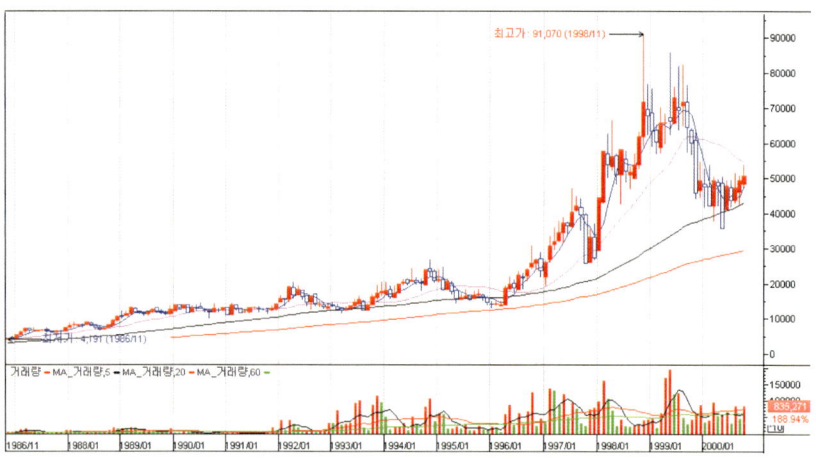

농심 월봉

우리나라 라면 시장 점유율 부동의 1위 회사. 가치주로서의 대세 상승을
탄 상태에서 대세 하락기는 별 소용이 없는 듯이 보인다. 1989년부터 1992년
대세 하락기에서는 옆으로 횡보했고, 1994년부터 1998년 대세 하락기에서는
오히려 주가가 오르는 기현상이 발생했다. IMF 때 힘들어서 라면만 먹어서
그런 건지, 아무튼 이 당시에 상승한다는 것은 쉽지 않은 일이었다. 남양유
업과 마찬가지로 이 종목도 필수 소비재로서, 인구가 늘고 경제가 성장할수
록 주가는 올라간다. 2005년까지 가치주 차트가 만들어진다.

③ 롯데제과

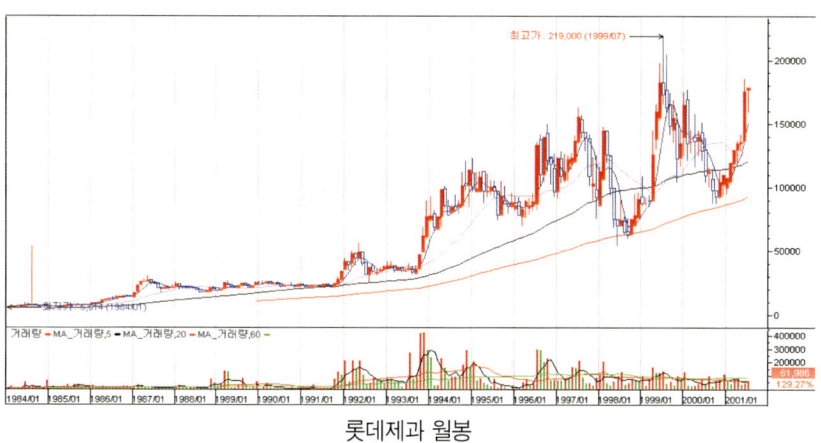

롯데제과 월봉

어렸을 때 이 회사 제품을 한 번씩은 먹어본 경험이 있을 것 같다. 롯데껌,
가나 초콜릿, 월드콘 등 히트 제품이 많다 보니 안정적인 성장이 가능하다.
남양유업이나 농심 같은 경우로서, 인구가 늘고 경제성장이 뒷받침될수록
가치주가 되는 회사다. 마찬가지로 1989년부터 1992년 대세 하락기에 횡보
를 하고, 이후 1994년부터 1998년까지 기복은 있지만 박스권에서 왔다 갔다

한 정도다. 제과 업종은 IMF 때 다른 업종보다는 영향을 덜 받는 업종이라서 이러한 차트가 나온 것 같다. 제과 업종은 이 당시만 해도 롯데와 해태로 양분되어 있었지만, 해태제과는 부도가 나고 이 시기를 무사히 넘긴 롯데제과와 롯데칠성, 롯데삼강은 후에 가치주가 된다. 롯데 삼총사 중에서는 롯데제과가 IMF 때 차트 모양이 제일 좋다.

2. 1989년부터 1992년까지의 대세 하락

종합주가지수 월봉

이때는 학생이어서 주식에 대해 별다른 생각이 없었다. 딱 하나 기억나는 건 어머니가 나라는 망해도 은행은 망하지 않는다며, 동화은행인가 하는 주식을 조금 샀다고 했던 일이다. 이 얘기를 선배한테 했더니 어머님 고향이 혹시 북쪽이냐고 물어서 6.25 때 개성에서 내려오셨다고 답했다. 지금 기억이 가물가물한데, 고향이 북한인 사람들이 동화은행을 만들어서 그 주식을 북에서 내려오신 분들이 많이 샀다고 들었다.

이때는 트로이카라고 해서 증권, 은행, 건설주가 많이 올랐다. 이 종목들 중에서 건설, 증권주가 대세 하락기에 어떻게 빠졌는지 살펴보기로 하자.

① 현대건설

현대건설 월봉

대세 하락기 때 지수가 절반 내려왔는데도 4분의 1 정도 조정이면 양호한 수준이고 당연한 하락폭이다. 아직까지는 나라에서 건설이 차지하는 비중이 큰 데다 1990년대는 과잉 설비투자 시대였기 때문에 일감이 많았다. 대세 하락기가 끝날 때쯤인 1992년 넘어서는 너도나도 건설업을 했다. 너무나 많은 설비투자는 많은 사람들로 하여금 건설업을 창업하게 만들었는데, 이때의 설비투자는 과잉 투자였다. 그래서 1990년대 중반에는 대학교 입시에서 건축학과가 정말 높았고(절정기 때는 치의대와 입학점수가 비슷한 건축학과도 있었다),

친척 중 한 명은 건설업을 창업했다는 얘기가 들릴 정도였다. 이때의 건설업
은 낭떠러지로 떨어지기 직전의 꼭대기로 가고 있는 중이었다.

② **동양증권**

동양증권 월봉

대세 하락기에는 그냥 빠진다. 이유가 없다. 대세 하락기니까 빠지는 거다.
종합주가지수는 1000 정도에서 450 정도까지 절반 조금 더 내려왔는데, 3분
의 1 조정이면 양호하다.

3. 2000년의 대세 하락

종합주가지수 주봉

방송에서 '바이코리아 펀드'라고 애국심에 호소하는 펀드가 있었다. 1999년부터는 그만큼 주식에 눈을 돌릴 여유가 생겼다. 지수가 올라가기 시작해서, 지수 600-700 정도부터는 우리나라 개인과 기관이 주식을 사기 시작했다. 밀레니엄이라는 말이 유행하고 사회는 IMF를 벗어날 수 있다는 국민들의 자신감이 있었고 종합주가지수는 1000이 되었다. 모든 것이 잘될 것만 같은 2000년이었다. 그러나 이것이 고점이었고, 내려오기 시작했다. 그때 이유 없이 올라갔던 종목들은 거의 다 상장 폐지되었다. 지금 있는 종목도 있지만, 시장에서는 지금도 주목 받지 못한다. 고점 대비 보통 10분의 1, 20분의 1 빠지는 것이 보통이었다. 이때는 통신주, 인터넷주가 주도주였고, 대세 하락기 때 거품 꺼지듯이 빠졌다.

종목들을 한번 살펴보자.

① SK텔레콤

SK텔레콤 월봉

　시장 점유율이 50%였던 통신회사다. 실적이 좋아서 빠진 폭은 다른 인터넷 기업보다는 크지 않다. 이때는 핸드폰 번호가 5개 있었다. SK텔레콤이 011, KTF가 016, 신세기 통신이 017, 한솔텔레콤이 018, LG텔레콤이 019였다. 사람들이 모이면 이 번호 얘기하는 것도 얼마나 신기하고 재미있었던지…. 벌써 10년도 지난 일이 되어버렸다.

② KT

최고가 : 199,000 (1999/12)

최저가 : 39,200 (2001/09)

거래량 ━ MA_거래량,5 ━ MA_거래량,20 ━ MA_거래량,60 ━

KT 월봉

　　KT는 한국전기통신공사이다. KT는 KTF, 즉 한국통신 프리텔이라는 이동통신 업체를 합병하고 2002년에 민영화되었지만 여전히 공기업 성격이 강하다. 우리나라 공기업이나 공기업 성격이 강한 기업들은 기업 이름을 우리나라 말로 지으면 좋겠다. LH공사, SH공사, KEPCO… 무슨 기업 같은가? 순서대로 한국토지주택공사, 서울시에서 하는 건설공사, 한국전력공사다. 자국의 공기업 이름을 왜 영어로 붙이는지 정말 이해가 안 된다. 이 기업들은 해외 나가서 돈을 벌어오는 기업도 아니고, 혹시 벌어오더라도 우리나라 말로 된 기업 이름을 써야 한다. 이렇게 영어로 쓴다고 그 기업이 경쟁력 있고 세계화된다는 말도 안 되는 얘기는 이제 그만 할 때가 됐다. 대세 하락기 때 많이 빠졌지만, 이때는 미국 통신기업도 마찬가지였다.

③ 다음

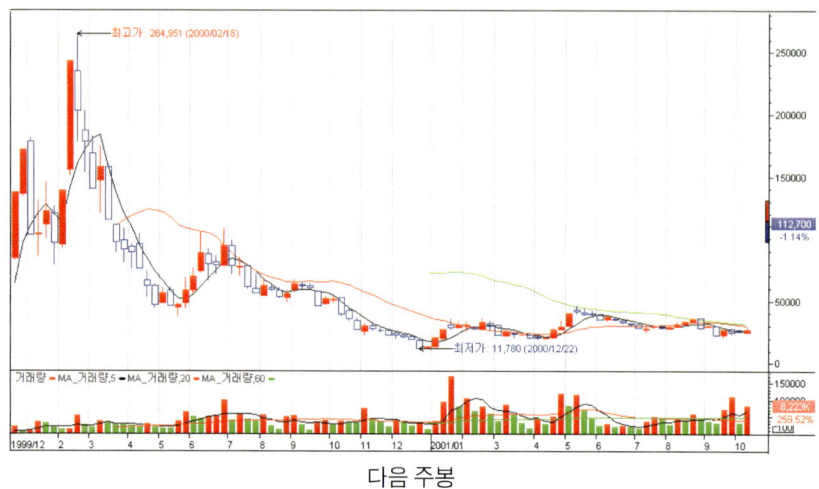

다음 주봉

   우리나라 최초로 '한메일'이라는 인터넷 메일 서비스를 시작하고, 다음 카페를 만들어 인터넷 동호회를 폭발적으로 활성화시킨 기업이다. 이 회사의 기업 소개를 보니까, 기업 이름인 '다음'에는 '다양한 소리'라는 뜻도 있고, 또 다른 여러 가지 뜻도 포함되어 있다. 한자이지만 우리나라 말로 표현된 '다음'의 영문 표기는 DAUM이다. 기업 이름은 소리 나는 대로 영어로 표현하면 되는 것이다. 이때는 인터넷 기업이 거품이 제일 많이 끼었기 때문에 제일 많이 빠졌다. 미국 인터넷주들도 마찬가지였다.

④ 솔본(구 새롬기술)

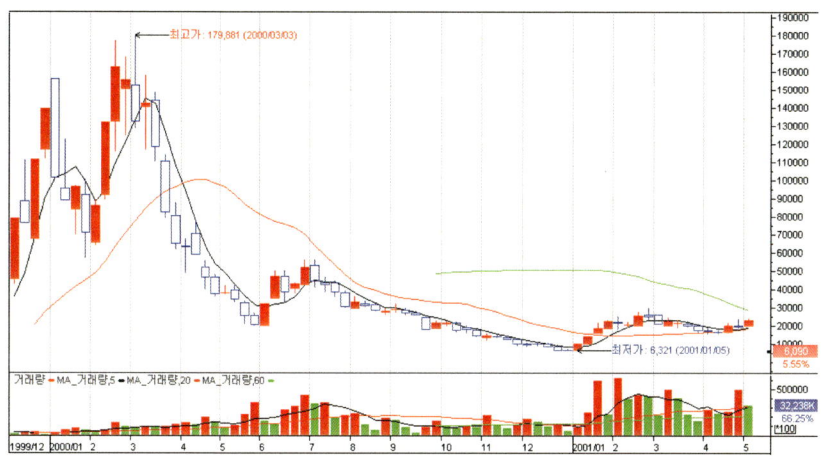

솔본 주봉

⑤ 한글과 컴퓨터

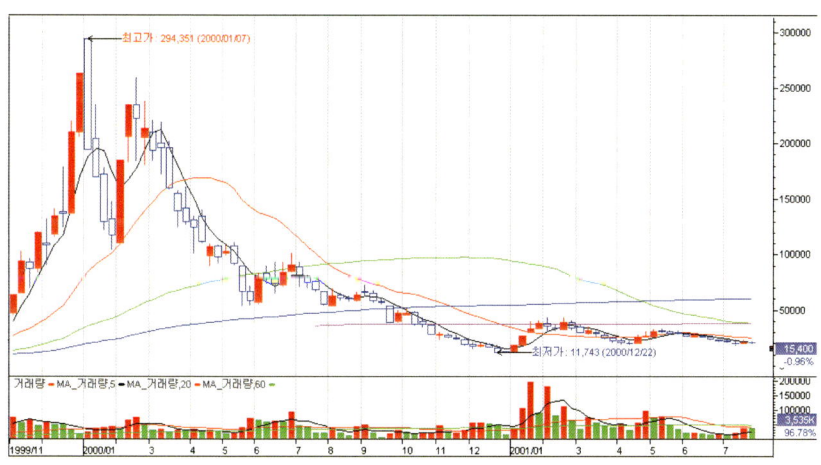

한글과 컴퓨터 주봉

1990년대에 컴퓨터를 쓴 분들이라면 다 아는 회사. 토종 소프트웨어 '한글'을 만들어서 유명해진 회사다. 이 시기에는 코스닥에 등록된 회사라면 업종, 실적 가리지 않고 다 올랐다. 그리고 대세 하락기에는 거품 빠지듯이 빠졌다. 보통 20분의 1, 30분의 1, 이런 식으로 빠졌다.

위 종목들은 2000년까지 전 세계적인 닷컴 열풍이 불었을 때 올라간 종목들이다. 하지만 주식 거품이 꺼지는 대세 하락기에는 어쩔 수 없이 빠진다. 이미 미래를 반영했기 때문에 실적이 뒷받침되어도 이런 식으로 올라가 버리면 빠지게 되어 있다. SK텔레콤이야 1989년도부터 올랐지만, 다른 종목들은 1999년도에 본격적으로 올랐다. 차트 상으로 다음도 많이 올라갔지만 솔본(구 새롬기술)은 5개월 만에 100배가 넘게 올라갔다. 이렇게 올라갔으니 하락폭도 그만큼 크다. 세계적으로 거품이 끼었기 때문에 빠지는 폭도 그만큼 컸다. 그러니 대세 하락기에는 주식투자를 1원도 하면 안 된다.

4. 2002년부터 2003년까지의 대세 하락

종합주가지수 주봉

이때는 정말 뒤숭숭한 해였다. 미국이 이라크를 침공하려 하는데 언제인지는 모르고 모든 것이 불확실한 해였다. 이때 신난 건 우리나라가 월드컵 4강에 갔다는 것!

그런데 전쟁이 나니까 우리나라도 그렇고 전 세계 증시가 오르기 시작했다. 1, 2차 세계대전 때도 마찬가지로 전쟁이 터지니까 올라갔다고 한다. 불확실한 것이 제거되면 주가는 오르게 되어 있다. 그래서 9.11 테러 때도 올라갔다.

이 대세 하락기에는 보통 2분의 1, 3분의 1 정도 빠졌다. 절반도 안 빠진 종목도 있다. 그리고 차트를 보면 대세 하락이 오기 전 대세 상승이 6개월밖에 올라가지 않았기 때문에 빠지는 폭이 크지 않았다. 특징적인 종목이 없기 때문에 종목 소개는 하지 않고 넘어가겠다.

5. 2007년부터 2008년까지의 대세 하락

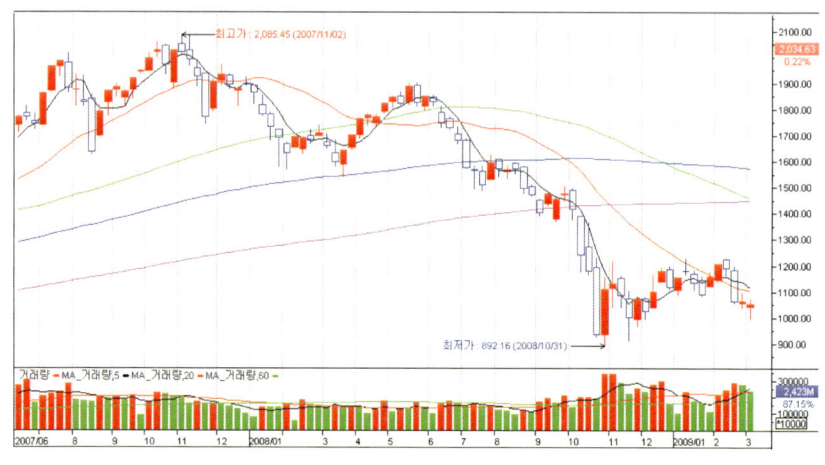

종합주가지수 주봉

우리나라에서는 2006년부터 외국인이 엄청난 매도를 한다. 2006년에 11
조 원을 매도했는데도 지수는 빠지지 않고 오히려 올랐다. 이 정도 매도를
했으면 당연히 빠져야 하는 게 정상이었다. 다들 그렇게 생각했다. 외국인이
대량으로 매도하면 우리나라 증시는 이제까지는 속절없이 빠졌다. 경험상
여태까지 그랬기 때문에 빠진다고 생각할 수밖에 없었다. 마침 이때는 펀드
열풍이 불어서 자금도 넉넉할 때였다. 2007년에는 27조 원을 매도했다. 그런
데도 빠지지 않고 올라서 지수와 함께 자신감은 더욱 상승했다. '외국인이 대
량으로 매도해도 우리나라 증시는 오를 수 있다.' 이런 생각이 주식하는 사
람들한테 공통적으로 있었다. 그리고 종합주가지수는 드디어 2000을 넘었
다. 이 정도면 한번 생각해봐야 할 시기인데도 우리나라 기관과 개인은 더
많이 샀다. 모 증권사에서는 펀드에 자기 돈 넣어달라고 사람들이 너무 몰

려서, 1-2시간 기다리고 2-3달에 몇 조 원이 이 증권사로 들어갔다. 말도 안 되는 일이 벌진 것이다. 그런데 이때가 고점이었다. 이러한 현상은 1980년대에 객장에 애기 업은 애 엄마 나오면 고점이라고 알라고 했는데, 그와 똑같은 것 아닌가?

그리고 이때 중국에서 워렌 버핏은 페트로 차이나를 2007년에 계속 매도했다. 이때는 우리나라 종합주가지수의 꼭짓점이었고, 종목들도 다 올라갈 대로 올라서 내려가는 일만 남은 시기였다. 워렌 버핏은 너무나도 정확하게 지수 꼭대기에서 주가가 제일 비쌀 때 판 것이다. 그럼 이 사람은 주가의 저점과 고점을 안다는 얘기다. 정말 워렌 버핏이다.

지금 생각해보면 외국인은 2006년, 2007년 몇 십 조 원을 매도할 때, 그때는 그렇게 팔아도 내려가지 않을 거라는 것을 알고 있었다. 외국인은 1998-1999년부터 우리나라 주식을 중간에 사고팔고 했겠지만, 지수 280에서 샀는데 2000까지 갔으니 우선 어느 정도는 이익실현을 할 것이고, 그 후에 주가지수 500에서 샀어도 마찬가지로 이익실현을 할 것이다. 매도해야 할 주식이 너무 많기 때문에 한꺼번에 팔 수는 없고, 우리나라 증권사에 자금이 많이 들어오기를 기다렸다가 팔기 시작한 것이다. 이때는 마침 적립식 펀드 열풍이 불어서 너도나도 펀드를 할 때였다. 본격적으로 2004-2005년부터 펀드에 불이 붙기 시작해서 엄청난 돈이 해마다 증권사로 들어와 매도를 받아줄 주체가 생겼다. 그러니 이때를 기다렸다가 외국인은 팔기 시작한 것이다. 이렇게 팔아도 올라간다고 생각한 외국인들이 놀랍기만 하다.

외국인이 한 일은 싸게 사서 비싸게 판 일밖에 없는데, 왜 우리는 외국인에게 놀아났다고 생각하는가? 우리도 저점일 때 사서 고점일 때 팔면 되는데 말이다. 모든 걸 다 알아서 주식을 마음대로 가지고 놀 수 있는 외국인들이 부러울 뿐이었다. 꼭 우리 머릿속에 있다가 나온 외계인들 같았다. 2년 동안 줄기차게 팔아 주가지수는 2007년 11월부터 내리기 시작하고 2008년에는 34조 원을 팔아서 매도의 절정을 이루어 종합주가지수 892를 찍는다. 바로 이때 미국 금융위기 서브프라임 모기지가 터졌다. 9.11 테러 이후에 지수가 그렇게 빠지는 건 처음 봤다. 우리나라는 10%를 몇 번씩 대수롭지 않게 빠지고, 미국도 5%는 보통이고 6-7% 빠질 때도 있었다. 그러니 우리나라는 하루에 지수가 100이 빠지고, 다음날 아침에 방송을 보면 미국은 다우지수가 500-800, 나스닥은 100-200씩 빠지니 우리나라 지수는 또 100이 빠졌다. 이 당시 주가지수 100이면 10%였다. 10%가 하루에 빠지는 것이다. 우리나라 환율은 하루에 100원이 올라가고, 100원이 빠지니 나라가 정신없이 돌아가고 경제는 공황 상태였다. 이 모든 일이 2008년 10월에 일어났다. 한 달간 전 세계가 공황 상태였다.

② **코스닥지수**

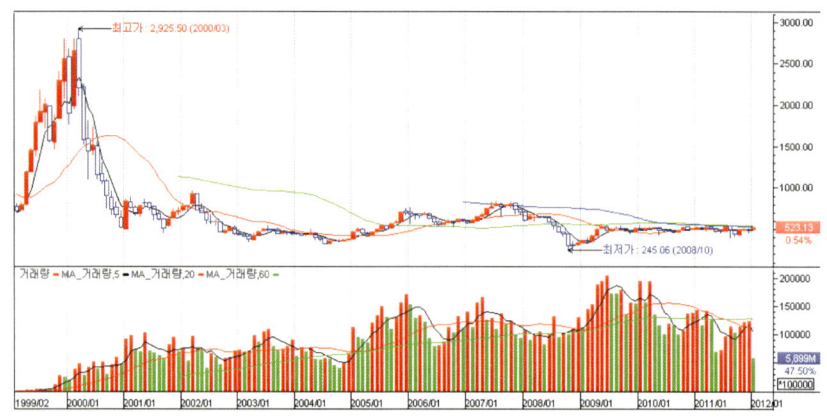

코스닥지수 월봉

우리나라 벤처기업과 첨단기술주가 모인 코스닥 지수다. 거품이 잔뜩 낀 2000년까지 오르고 아직까지 2000년대의 고점을 넘어서지 못하고 있다. 종합주가지수는 2003년이 저점인데, 코스닥 지수는 2004년에 저점 찍고 올라갔지만 박스권에 갇힌 상황이다. 하지만 이제는 소비재가 올라가고 코스닥에 정말 많이 등록된 중소형주들이 올라가는 시기이기 때문에 대세 하락이 끝난 후에는 코스닥도 정말 많이 오를 것 같다.

그럼 이 시기에 하락한 종목들을 살펴보자.

① 현대중공업

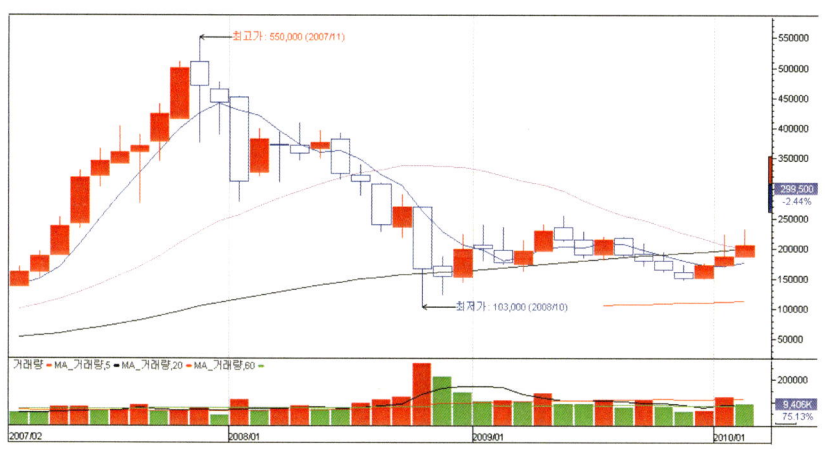

현대중공업 월봉

말이 필요 없는 세계 1위 조선업체. 2007년이 지나자 2008년에는 거짓말 같이 불황이 오고, 조선업체가 수주를 하지 못했다. 대기업만 빼놓고 중소 조선사들은 2006-2007년에 엄청난 설비투자를 한 까닭에 많은 업체가 부도

나기에 이르렀다. 2006년부터 조선업체들의 과잉 설비투자를 경고했었는데, 잘만 생각했으면 무사히 넘겼을 것이다. 영원히 조선업체가 잘될 순 없지 않은가?

② **대한해운**

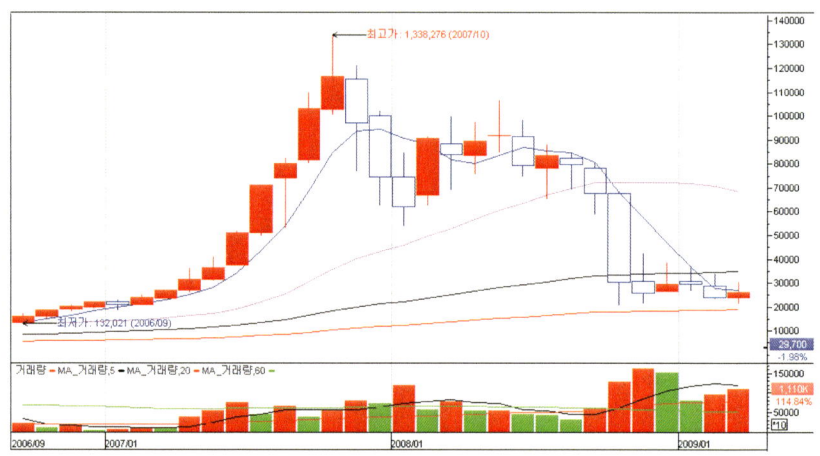

대한해운 월봉

2000년대에 2007년까지 100배가 넘게 올라간 종목. 해운업체들의 설비투자는 배를 사는 것이다. 마찬가지로 2006년부터 경고를 했었는데, 몇 십 년만의 호황이라서 들뜬 기분에 너무 많은 배를 사버린 업체가 많았다. 그래서 해운업체도 조선업체처럼 부도난 곳이 많았다.

③ POSCO

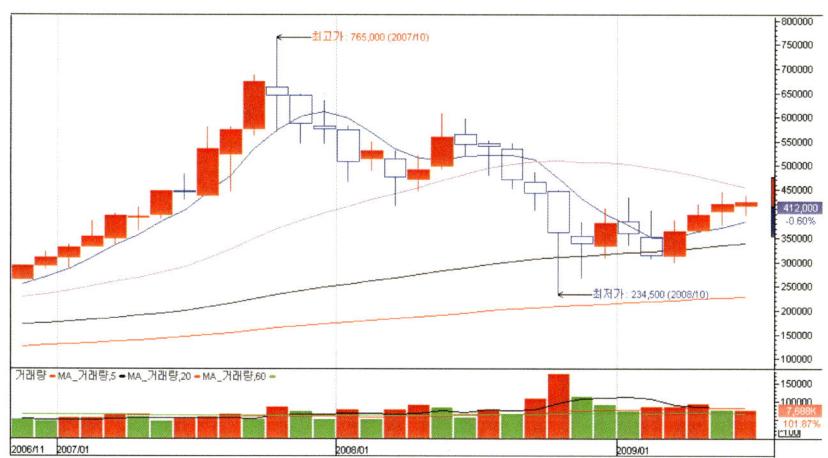

POSCO 월봉

　워렌 버핏이 극찬한 우리나라 철강회사. 설비투자와 건설 경기가 뒷받침
돼서 올라갔지만, 이제부터는 우리나라에서 부동산 가격이 올라갈 일이 없
고 설비투자도 예전만큼 할 수 없기 때문에, 놀라운 상승률을 보여주려면
다음 주기가 올 때까지 한참을 기다려야 한다.

④ 대우건설

대우건설 월봉

2006년부터 3년간 시공능력 1위. 건설업체들은 부동산 경기와 설비투자가 절대적이지만, 부동산 경기는 절대적으로 하강만 남았고 설비투자는 예전만 못하다. 그러므로 건설주가 올라가려면 정말 많이 기다려야 할 것이다. 앞으로 우리나라가 선진국이 되면 건설주는 지금보다도 더 GDP에서 비중이 줄어든다.

이 종목들은 2003년부터 2007년까지 올라간 종목들 중에서 대표적인 종목들이다. 이 기간에 실적이 너무 좋아서 올라갔지만, 2007년도 대세 하락기에는 화려한 날은 뒤로 하고 이런 식으로 떨어진다. 공교롭게도 대세 하락기에는 실적도 나빠서 주가가 떨어지는 이유가 되기도 한다. '닭이 먼저냐 달

같이 먼저냐'인데, 실적이 나빠서 주가가 빠지는 건지, 많이 올랐기 때문에 주가가 빠지는 건지…. 그런데 대세 하락기에는 많이 올랐기 때문에 빠지다가 실적이 나빠서 빠지는 경우가 대부분이다.

6. 다른 나라의 대세 하락

대세 하락이라는 것은 우리나라만 있는 것이 아니라 다른 나라에도 있다. 한번 살펴보자.

가. 일본

일본 닛케이225지수 월봉

일본 차트다. 1989년도에 고점 지수 38000을 찍고 2003년까지 빠지다 3-4년 올라갔지만, 다시 하락해서 저점을 만들 것 같은 모양이다. 그러면 대세 하락이 20년도 넘는다는 얘기다. 중간에 많이 빠져서 올라간 것은 있지만, 고점을 넘어서지 못했기 때문에 계속 흘러내리고 있다. 이런 식으로 내려가다가는 7000도 많이 깨고 내려갈 것 같다. 나라 전체가 힘이 없는 모양이다. 그래도 대단하다는 생각이 드는 건, 보통 한 나라의 주가지수가 이런 식으로 빠지면 웬만한 나라는 해체되었을 것이다. 1980년대까지의 고도 성장기 때 엄청난 돈을 번 것이 그나마 다행이다. 일본은 전통에 대한 자부심이 대단해서 변화가 쉽지 않은 나라다. 있는 것만 잘 지켜도 괜찮게 돌아가니까 모험보다는 안전을 택할 가능성이 높다. 그래도 2008년부터 2011년까지 너무 올라가지 않아서 다음번엔 어디까지 빠질지 가늠이 안 된다. 차트를 보면 2008년부터 2011년까지 우리나라 주가지수는 많이 올라갔는데, 그에 반해 일본은 2009년만 올라가고 2010-2011년은 내려오는 모양이다. 이것으로 봐서도 주가지수를 끌고 갈 업종들이 일본에는 없는 것으로 보인다. 스마트폰은 거의 없고, 기존 사업 중에서 대표적인 부분인 전자 부분은 후발 주자인 우리나라에 많이 잠식되었다. 다른 부분도 후발 주자에게 잠식되어 주가지수를 끌고 갈 힘이 없어 보인다. 메이지 유신 때부터 1990년 초까지 전성기를 구가한 나라다. 이 나라가 올라가려면 다시 한 번 메이지 유신 같은 변화가 필요할 것 같다. 료마가 또 나타나야 되나?

나. 미국

1) 다우존스지수

① 2000년의 대세 하락

다우존스지수 주봉

② 2007년의 대세 하락

다우존스지수 주봉

차트를 보면, 같은 대세 하락이라도 2000년의 대세 하락은 2000년 고점 11000에서 2002년 저점 7100을 찍었고, 2007년의 대세 하락은 14000에서 6400까지 내려왔다. 2000년의 대세 하락은 거의 3년 동안 내려왔지만, 2007년의 대세 하락은 1년 5개월 내려왔다. 이렇게 다른 이유는, 2000년의 대세 하락은 이전의 주된 상승 종목이 정보통신 기술주였기 때문이다. 이러한 종목들은 나스닥에 많이 있고, 다우존스는 구 경제를 대표하는 굴뚝산업이 많아서 나스닥보다는 거품이 덜 끼었기 때문에 하락폭도 나스닥보다는 작았다. 3년 동안 절반도 내려오지 않았다면, 그건 거의 기어서 내려온 것이나 마찬가지다. 아마 실적 좋은 종목들은 지수와는 반대로 올라갔을 것이고, 이 정도 하락이면 다우존스 종목들은 실적이 그만큼 뛰어나다는 얘기가 된다. 2000년 이후를 준비하는 차트 모양이다. 하지만 2007년의 대세 하락은 1년 만에 절반도 더 빠졌다. 2000년의 대세 하락과 비교해볼 때 하락폭이 훨씬 크다. 상승 종목들이 구 경제를 대표하는 설비투자와 관련된 종목들이었기 때문에 당연히 거품도 어느 정도 끼어서 많이 내려온 것이며, 미국에서 서브프라임 모기지가 지수 하락을 더 부추겼다. 대세 하락이라고 다 같은 대세 하락이 아니다. 대세 하락도 다 다르다.

2) 나스닥지수

① 2000년의 대세 하락

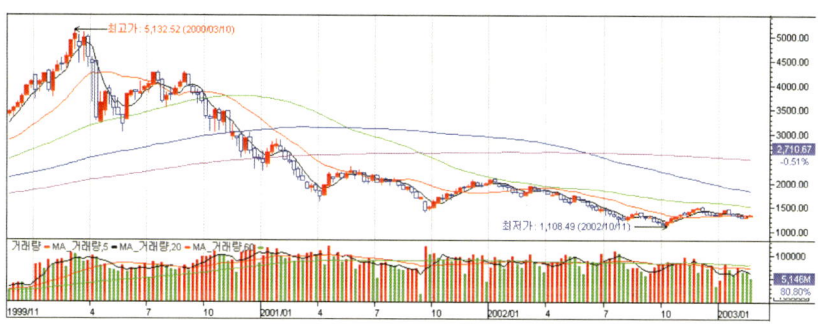

나스닥지수 주봉

② 2007년의 대세 하락

나스닥지수 주봉

이 두 차트를 봐도 2000년의 대세 하락은 2007년보다 기간도 길고 하락폭도 훨씬 크다. 2000년의 대세 하락은 5100에서 1100까지 내려왔으니 5분의

1이 내려왔고 기간은 거의 3년. 2007년의 대세 하락은 2800에서 1200까지 절반 조금 더 빠졌고 하락 기간은 1년. 이것도 마찬가지로 2000년의 대세 하락은 이전에 상승한 종목들이 정보통신 기술주였기 때문에 거품이 빠지면서 정말 많이 내려왔으며, 2007년의 대세 하락은 상승한 종목들이 설비투자와 관련된 종목들이 올라갔는데, 나스닥에서는 이런 종목들이 다우존스보다 많지 않기 때문에 2000년 같은 상승은 나오지 않아서 하락폭이 2000년보다는 작을 수밖에 없다.

1999년 12월 당시 나스닥의 PER는 151배가 되어서 너무 높은 PER를 기록했다. 이러한 것으로 봐서도 내려갈 것이라고 생각할 수가 있었다. 존 템플턴은 이때 거품이 많이 끼어 있는 기술주들을 '공매도'해서 많은 수익을 올렸다. 정말 놀라운 혜안이다.

이렇게 미국과 일본의 대세 하락 차트를 살펴보았다. 지금 살펴보니 신기하게도 일본이 시가총액 세계 1위를 차지한 후에(1989년이다) 부동산 고점이 형성되었고(1991년이다), 미국도 세계 1위를 차지한 후(2000년이다) 몇 년 지나서 부동산 고점이 형성되었다(2006년이다). 그 후 일본과 미국이 똑같이 겪은 것은 부동산 폭락이었고, 그 다음 일본은 제로 금리였는데, 미국도 이를 따라가고 있다. 제로 금리라는 것은 부동산 거품이 꺼지면서(대출 때문에 어쩔 수 없다) 나타나는 어쩔 수 없는 현상이지만, 여기까지는 너무 똑같아서 무슨 공식 같다. 그리고 일본은 주가와 부동산이 10년 넘게 조정을 받았고 나라도 힘을 많이 잃었다. 그러나 미국의 경우는 일본과는 달리 산업을 주도하는 기업도 많아 주가가 일본같이 빠지지는 않는다. 하지만 대세 하락기 때는 다른 나라보다 더 빠져서 박스권에서 10년 이상 움직일 것 같으며, 부동산은 일본과 마찬가지로 많이 빠질 것 같다. 미국도 지금부터 10년 지나면 일본과 마찬가지로 예전 같지 않게 힘을 많이 잃게 될 것 같다.

다. 중국

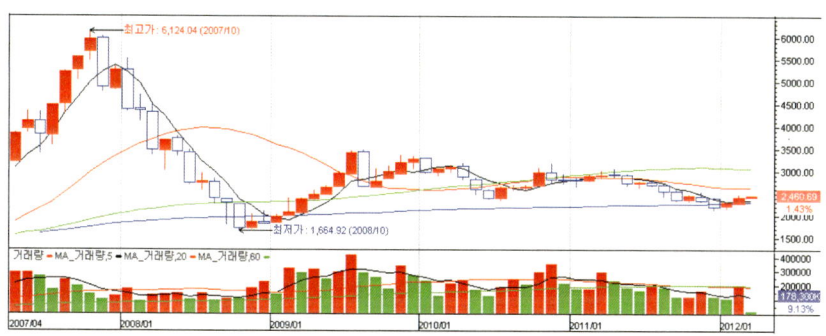

중국 상해종합지수 월봉

다음 차트는 중국 상해종합지수다. 2007년 6100에서 2008년 1660까지 주가는 4분의 1 가까이 내려왔다. 아직까지도 저점을 잡지 못하는 것을 보면, 이전 상승의 후유증이 아직도 남아 있는 것 같다. 한 나라의 증시가 1년 만에 4분의 1이 빠지면 버티기가 힘들다. 우리나라도 IMF 때 4분의 1이 내려갔다. 이 차트를 대세 상승까지 이어서 보면 한 나라의 증시가 아니라, 급등주가 급등했다가 거품이 빠지면서 폭락하는 모양 같다. 이 정도면 속은 곪을 대로 곪아 있는 상태다. 그래서 중국은 아직 제도와 시스템이 잘 갖춰지지 않아 투자하기에 불안한 나라이다. 아시아에서 문제가 일어나면 중국에서 발생할 가능성이 크다. 더 내려가야 저점을 잡을 것 같다. 우리나라 88올림픽 뒤의 상황과 비슷하지 않을까 싶다. 10년 동안 박스권에서 기다가 280까지 빠지다 IMF 당하고 올라갔듯이, 더 빠져서 거품이 다 꺼지고 나야 올라갈 것 같다. 우리나라는 2008년부터 2011년까지 그럴 듯한 대세 상승기였지만, 중국은 2008년부터 2011년까지 박스권이어서 다음번에 어디까지 빠질지 모르겠다. 올라간 해는 2009년뿐이다. 이때의 차트는 일본과 비슷하다.

라. 대만

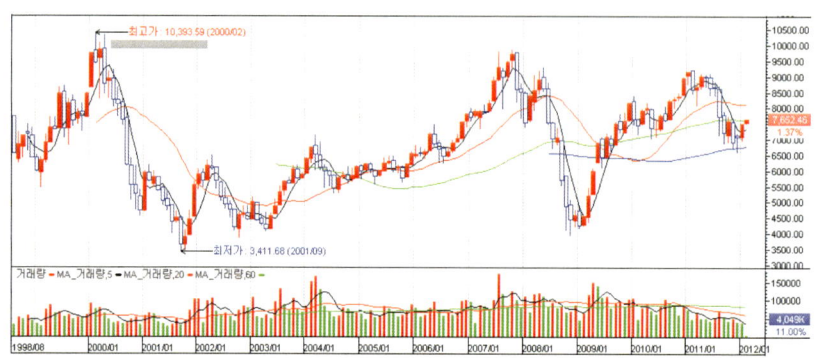

대만지수 월봉

대세 하락 편이지만 대만 차트가 우리나라 1990년대 차트와 비슷해서 올려본다. 2000년 넘어 대만은 두 번의 대세 하락이 있었다. 2000년과 2007년이다. 그런데 2007년 고점이 2000년의 고점을 넘지 못하고 다시 내려와서 모양이 박스권이 나왔다. 1988년 올림픽을 치르고 난 뒤 15년 정도를 기었던 우리나라 차트와 너무 흡사하다. 나라가 이렇게 박스권에 갇혀 있으면 정말 곤란한 상황이 벌어진다. 성장률은 더디고 경제 성장률, 국민소득은 늘지 않아서 나라가 혼란스러워진다. 다음은 우리나라가 1980년대 후반부터 15년 동안 박스권에 갇힌 차트다.

종합주가지수 월봉

　우리나라 종합주가지수가 500-1000 박스권을 탈출하는 데는 15년이 걸렸다. 대만도 십 몇 년째 기는데도 박스권을 탈출하지 못하고 있다. 저점은 아직 잡지 못한 것 같고, 한 번 더 빠져서 저점 찍고 올라갈 때 주가지수가 고점을 뚫어서 박스권을 탈출해야 한다. 그렇지 않으면 다시 새로운 저점을 찍어야 할지도 모른다. 박스권을 뚫으려면 우리나라같이 기존 구 경제권의 기업이 더 성장해서 지수를 끌고 올라갈 만한 경쟁력을 갖추든지(우리나라로 치면 현대중공업이나 POSCO가 되겠다), 새로운 기술을 주도하거나 신사업이 나와서 지수를 끌고 올라가야 하는데(우리나라로 치면 삼성전자의 스마트폰이 되겠다) 아직은 그렇지 못하다. 섬나라의 한계 같다.

　대세 하락이 나타나는 이유는 주가가 많이 올라갔기 때문이다. 달도 차면 기울듯이 많이 올라가니까 빠지는 것일 뿐 별다른 이유는 없다. 그런데 현실에서는 대세 하락에 이유를 만들기 시작한다. 어차피 빠져야 될 시기에 나쁜 소식은 지수를 더 가파르게 하락으로 이끈다. 기업을 없애거나 전쟁이 나서 다 없어지지 않는 한 주식 시장은 열리기 마련이다. 그러므로 하락한다고 해서 겁먹을 필요는 없다. 기업이 이익이 많이 나면 올라가듯이 종합주가지수도 마찬가지다. 많은 기업들이 이익을 많이 내면 올라가고, 이익이 나지 않으면 떨어진다. 공을 튀기면 올라갔다가 떨어지듯이 똑같은 원리다. 복잡한 수학 방정식이 있는 것도 아니다.

가치투자

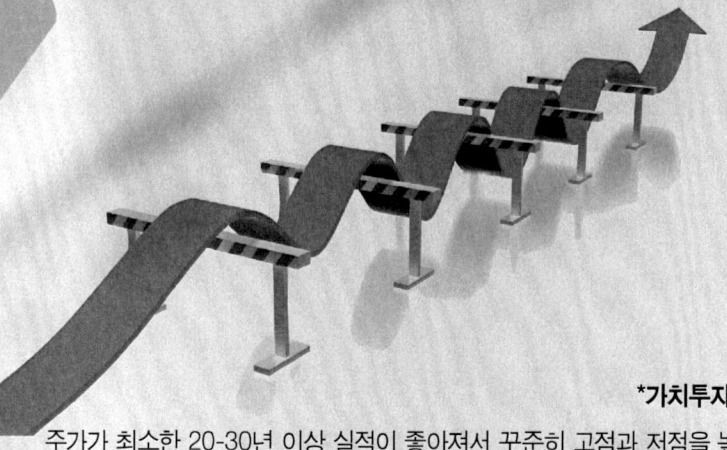

*가치투자의 정의

주가가 최소한 20-30년 이상 실적이 좋아져서 꾸준히 고점과 저점을 높이면서

올라가는 종목에 투자하는 투자법.

1. 우리나라의 가치투자 종목들

주식투자에서 가장 좋은 건 가치투자다. 사놓은 종목이 몇 십 년 동안 올라서 몇 십 배 몇 백 배가 되면, 그보다 좋은 투자가 어디 있겠는가? 워렌 버핏이 주식투자만으로 세계 1-2위를 다투는 부호가 되어 더욱 유명해진 말이 가치투자다. 워렌 버핏이 하던 방법이고 실제로 가치투자로 엄청난 부를 일궜으니 의문을 달 필요가 없다.

워렌 버핏이 가치투자를 했다면 어느 나라 종목을 가지고 가치투자를 하겠는가? 당연히 미국 사람이니까 미국 지수에 상장되어 있는 종목을 가지고 한다. 그럼 우리나라 사람은? 당연히 우리나라 종목을 가지고 가치투자를 하는 것이다. 워렌 버핏이 가치투자 한 종목이 미국 회사라서 미국 회사만 가치투자 할 수 있다고 생각하거나, 미국 주식만을 꼭 사야 된다거나, 심지어 가치투자 하는 데 영어를 꼭 써야 한다거나 하는, 말도 안 되는 생각들을 가지고 너무도 당당히 말하는 사람들이 있다. 이제 그런 행동들은 그만했으면 좋겠다. 주식까지 사대주의로 가지는 말자. 그동안 우리는 외국 것을 너무 선망해서 외국 것이면 다 좋다고 생각하여 우리 것이 얼마나 좋은지 쳐다보지도 않고 살아왔다. 여기 소개하는 기업들은 워렌 버핏이 봐도 살 만한 종목들이고, 30년 동안 계속 고점을 높이면서 올라간 종목들이다. 미국 회사도 아니며, 영어를 많이 쓰지 않던 시절부터 올라갔다. 다른 종목도 있겠지만 우리나라를 대표하는 종목이어서 많이 접해봤고 이해하기 쉬운 종목들로 골랐다.

그렇다면 다른 기준은 다 버리고 우리나라에서 실제로 20-30년 동안 올라간 종목을 살펴보기로 하자. 여기 소개한 종목들은 실적이 20-30년 동안 계속 늘었다.

① 삼성전자

삼성전자 월봉

우리나라를 대표하는 회사, 대한민국 시가총액 1위의 회사다. 차트를 보면 30년 동안 정말 많이 올라갔다. 1980년대의 대세 상승기에 한 번 도약을 하고, 1990년대에 들어서 우리나라 종합주가지수는 박스권에 갇혀 있었는데 삼성전자는 계속 올라가 10만 원 대의 주식이 된다. 1980년대의 상승은 대외환경도 우호적이고 수출이 잘되어서 다른 많은 종목도 올라갔지만, 1990년대의 상승은 다르다. 자신만의 실력으로 오른 실력 상승이었다(1990년대에 실적이 좋지 않은 기업들은 제자리걸음이었고, 1989년도 고점을 넘지 못하는 종목들도 많았다). 1980년대에 고 이병철 회장은 반도체 사업을 하기 전에 엄청난 고심을 했다고 한다. 나라도 그렇고 삼성도 그렇고, 한 단계 도약하려면 신사업을 해야 했다. 그래서 찾은 것이 반도체였다. 그런데 우리나라에서는 반도체를 아는 사람이 없어서 인맥을 총 동원하여 일본의 아는 사람을 통해서 반도체에 대해 기술자, 학자, 사업가 등 각계각층 사람을 만나고 의견을 들었다. 그 결과 제일 많이 쓰는 D램을 생산하기로 결정했다. 당시는 일본 반도체가 세계를 휩쓸었기 때문에 기술자를 일본에 파견해서 배우게 했다. 기술자가 탄 비행기가 떨어지면 기술자 다 죽는다고, 기술자를 따로따로 보낼 정도로 반도체 사업에 대한 애착이 대단했다고 한다. 그런데 반도체를 생산하기 전에 회사에서는 엄청난 반대가 있었다. 사업비가 너무 많이 들고, 삼성이 잘못될 수도 있으며, 삼성이 잘못되면 나라 경제가 엉망이 된다는 것이었다. 하지만 그 많은 반대를 물리치고 엄청난 자금을 들여 공장을 짓고 반도체 D램을 1984년부터 생산하기 시작했다.

삼성에서는 그룹이 위험해질 정도로 엄청난 자금이 들었다고 한다. 그때 고 이병철 회장의 연세가 70세가 넘으셨는데, 이 정도면 회장 자리를 물려주고 뒤로 물러나야 할 시기이다. 그런데 어느 누가 자신이 평생 이룩한 기업의 모든 것을 쏟아 부어 새로운 사업을 하겠는가? 지금도 70세 넘은 분이 모험을 하진 않는다(『이병철 경영대전』 참고). 그 결과 1989년까지 주가가 상승했다. 1990년대 기억나는 신문기사가 있는데, 삼성에서 256M D램을 세계 최초로 개발했다는 기사다. 이때 컴퓨터는 운영 체제가 도스에서 윈도우로 바뀌는 시기였고, 자연스레 고 용량의 램이 필요하게 되었다. 1990년대에는 인터넷과 네트워크로 인해 미국뿐만 아니라 전 세계적으로 컴퓨터 수요가 폭발적으로 늘어났다. 그 때문에 거기에 필요한 D램 산업도 팽창하게 되었다. 다음은 1990년대 필라델피아 반도체 지수다.

필라델피아 반도체지수 월봉

　지수 자체가 이러한 급등이면 D램 수요는 엄청나게 늘었다는 얘기다. 1993년부터 '다 바꿔라'는 이건희 회장의 화두로 인해 2000년대 이후를 준비한 삼성은 핸드폰과 LCD에서 경쟁력을 가지면서 핸드폰 세계 2위, LCD 세계 1위, 메모리 반도체 세계 1위 기업이 되었다. 이러한 경쟁력을 가지면서 주가는 1980년대에 몇 천 원짜리였던 것이 2000년대에는 몇 십만 원이 된다. 그리고 2010년대에는 모바일 기기로 드디어 100만 원을 돌파하기에 이른다. 1500원대에서 시작한 주가가 지금은 120만 원대에 이른다. 30년 만에 800배 상승했다. 배당까지 합치면 1000배일지도 모른다. 그리고 앞으로 더 오를 주식이다. 이것이 가치투자다.

　이 정도의 상승률을 보인 기업도 찾기 쉽지 않다. 가치투자 한다고 외국 기업만 분석할 것이 아니다. 우리나라에도 좋은 기업은 얼마든지 있다. 삼성은 기업의 다음 먹거리 10년을 준비했다. 1980년대의 D램으로 1990년대까지 올라갔고, 1990년대의 핸드폰과 LCD, 이걸로 2000년대 주가 상승을 이끌었다. 그리고 지금은 스마트 기기와 비메모리 반도체(지금 비메모리 반도체는 삼성 전체 매출에서 차지하는 비중이 적지만, 모바일 기기 때문에 앞으로 엄청난 수요가 예상됨),

이걸로 2010년대의 주가 상승을 이끌 것으로 판단된다.

　삼성전자 초창기 때부터 지금까지 삼성전자 주식을 보유하고 있는 분이 있다. 신문에 나온 기사를 봤는데, 전 모 부총리의 아들에 관한 기사다. 지금 공무원으로 있는 그는 아버지가 삼성전자 주식을 사서 물려주어서 돈이 있을 때마다 삼성전자 주식을 샀다고 한다. 이 기사 나온 때가 2000년대 중반 같은데(정확한 기억은 나지 않는다), 이때 본인이 보유한 삼성전자 주식이 100억이라고 했다. 그 당시 삼성전자 주식을 산다는 것은 정말 위험한 일이고, 중간에 IMF가 있었는데도 팔지 않았다는 것은 정말 대단한 주식투자다. 재무제표가 아니라 사람 하나 믿고 주식을 산 결과다. 우리나라에도 가치투자하는 분이 있다. 1980년대 저가 1595원 대비 고가 120만 원이라고 가정하면, 약 750배의 상승이다.

② 현대차

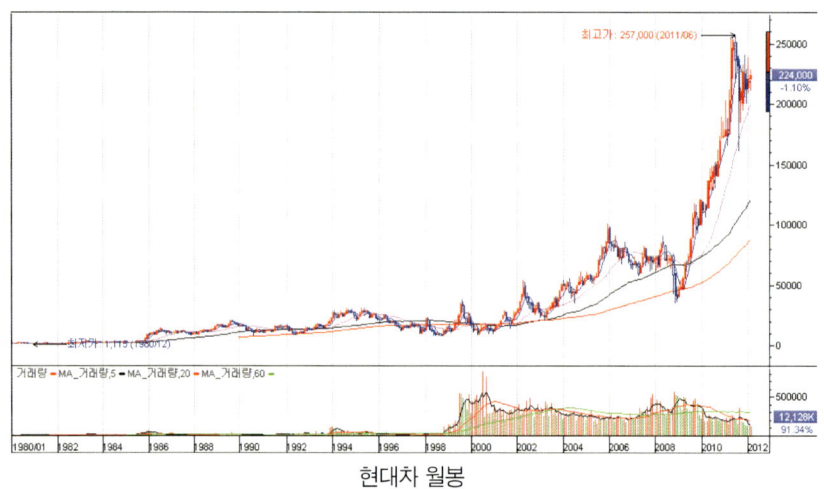

현대차 월봉

우리나라를 대표하는 자동차 회사. 아무것도 없는 나라에서 차를 만든다는 것도 믿기지 않던 시절에 현대차가 만든 자동차는 지금 세계를 누비고 있다. 현대차가 글로벌 기업이 되었다는 얘기다. 우리나라에는 대표적인 자동차 업체가 4개 있었다. 현대차, 대우차, 쌍용차, 기아차가 그것이다. 현대차, 대우차, 기아차는 승용차를 만들었지만, 쌍용차는 유독 지프만 만들었다. IMF 전까지 기억나는 자동차를 열거해보면, 현대차는 쏘나타II, 그랜저 초기 모델, 티뷰론, 스쿠프, 대우차는 티코, 르망, 프린스, 기아차는 프라이드, 봉고, 세피아, 스포티지, 쌍용차는 뉴 코란도, 무쏘 등이다. 현대차는 그동안 대우차에 밀려 있던 중형차 부문에서 쏘나타II로 역전을 했고, 그랜저 초기 모델은 드라마 '모래시계'에서 조폭들이 타고 다니던 차인데, '모래시계' 시청률이 60%가 넘는 바람에 중고차 시장에서 다시 많이 팔리는 일이 벌어졌다. 조폭들이 타고 다녀서 일명 '각그랜저'라고 불리게 되었다. 티뷰론은 지금 봐도 다시 이런 차를 디자인할 수 있을까 싶을 정도로 스타일이 살아 있는 스포츠카로서 디자인만 봐도 사고 싶은 차였다. 스쿠프는 우리나라 최초의 스포츠카여서 화제가 되었었다. 대우차는 참 아까운 회사이다. 르망과 프린스는 정말 잘 팔렸고 디자인도 좋았다. 이것을 기반으로 자체 기술력으로 한 단계씩 밟아 나갔으면 더 좋은 자동차가 나왔을 것이다. 그러나 대형차도 밀리고 지프도 없으니 한 단계 올라가기가 어려웠다.

그 와중에 국민 경차 티코가 나와서 국민들을 유머로 즐겁게 해주었다. 티코가 껌 밟으면 안 간다는 등 티코에 관한 여러 가지 유머가 있었다. 기아차는 국민차 프라이드와 기아차를 살린 신화 봉고(승합차가 꼭 필요한 시기에 처음 나왔고, 사람을 꼭 실어 날라야 되는 차가 필요했었다. 트럭에 태울 순 없지 않는가?) 세피아는 광고도 당시로서는 세련되고 멋있었고 디자인도 정말 세련된 매끈한 자동차였다. 우리나라에서 나온 세계 최초의 SUV가 스포티지였는데, 1991년도에 발표되었다. 시대를 너무 빨리 만난 비운의 자동차였다. 이후로 외국에서는 SUV가 나오기 시작했다. 선진국이 우리나라 것 베낀 사례다. 쌍용차는 지프만 만드는 회사였다. 뉴 코란도와 무쏘라는 작품을 내놨는데 이 두 지프의 디자인은 그 어떤 외제차보다 훨씬 낫다. 특히 뉴 코란도의 컴팩트(compact)한 지프 디자인은 다른 나라에는 없는, 다시 나오지 못할 디자인이다. 추억 속의 자동차들이다.

1980년대를 거쳐서 1990년대까지 우리나라 자동차 시장이 재미있었던 것은 현대차, 기아차, 대우차의 각 차종마다 라이벌이 있었다는 점이다. 즉 어느 회사가 신제품을 내놓으면 다른 회사가 신제품을 내놓고 대결 구도로 가서, 그것을 지켜보는 재미도 있었다. 말하자면 자동차 배틀(battle)이었다.

1980년대의 마이카 시대. 이때가 현대차를 비롯하여 우리나라 자동차 업체의 한 단계 도약기였다. 경제 성장과 더불어 너도나도 차 한 대씩은 샀던 시대. 이 당시는 우리나라보다 대만이 조금 더 잘살았다. 그래서 대만은 부품에 강점이 있는 회사들이 많은데, 부품을 생산하면 나라 잘되는 줄 알고 자동차는 포기하고 부품만 만들라는, 말도 안 되는 정책을 펴려 했던 적도 있었다. 그리고 전두환 집권 시에 어느 자동차 업체는 화물차만 만들고, 어느 업체는 승용차만 만드는, 말도 안 되는 정책을 펴서 자동차 업체를 괴롭게 만들었다. 이런 짓만 하지 않았어도 한 업체 정도는 지금 해외로 넘어가지 않았을 것이다. 그 후 자동차가 필수품이 된 1990년대는 초중반만 좋았을 뿐이다. IMF 때를 전후하여 기아차는 부도가 나서 현대차가 인수하고, 쌍용차는 대우가 인수했다. 하지만 대우가 부도나는 바람에 외국 업체가 인수해서 우리나라 자동차는 현대차, 기아차만 남게 되었다. 이 시기는 그저 그런 자동차가 아니라, 품질이 뒷받침되어 다른 나라 소비자들의 지갑을 열게 할 수 있는 수준의 자동차를 몇 년만 있으면 만들 수 있을 즈음이었다. 국내에서는 1999년부터 대우차, 쌍용차가 없어졌으니 현대 기아차의 독무대가 되었고, 품질경영을 강조해서 자동차의 품질이 1990년대보다 월등히 좋아져서 내수와 수출이 잘되니 주가가 오를 수밖에 없었다. 2000년대 초반 미국에서 JD파워는 현대차의 품질을 인정하기 시작했고, 컨슈머 리포트에서도 좋은 기사가 많이 나왔다. 여러 가지 소비자 혜택으로 인해 점차 다른 나라에서도 점유율을 높일 수 있는 계기를 마련했다.

차트를 보면, 삼성전자와 마찬가지로 1980년대에 몇 천 원짜리에서 시작한 주가는 힘든 1990년대를 거쳐 2000년대에 10만 원까지 갔다. 2010년대에는 25만 원까지 갔으며, 빠지더라도 앞으로 더 올라갈 주식이다. 30년 동안 저가 1110원, 고가 257,000원, 약 230배 상승이다. 현대모비스는 현대차의 부품 업체이기 때문에 현대차와 같이 올라간다. 차트는 현대차와 비슷하다고 보면 된다.

③ 오리온

오리온 월봉

  우리나라 사람이라면 다 아는 초코파이를 만든 회사. 1990년대 광고에서 러시아 군인이 파이를 먹고 웃는 장면이 나왔는데, 그 파이가 초코파이였다. 그 당시로서는 이해가 안 되는 광고였다. 초코파이를 외국에서 먹나? 당시는 그냥 넘어갔지만, 주식을 하게 되면서 차트를 보니 이해가 됐다. 1990년대부터 중국, 러시아에 진출하고 있었던 것이다. 처음에는 우리나라에 온 보따리 상들이 사가는 걸 보고 중국, 러시아에서도 되겠다 싶어 진출했다고 한다. 당시 중국은 개혁, 개방 정책을 쓰기 시작하고 국민소득은 1000달러도 안 되었을 때, 즉 애들이 사먹는 간식거리가 그다지 좋지 않았을 때에 진출했으니 성공할 가능성이 높았다. 여러 가지 시행착오는 있었지만 중국 진출은 성공했다. 이어서 러시아도 성공하여 우리나라 식료품 회사로서는 드물게 30년 넘게 올라가는 차트가 만들어졌다. 워렌 버핏이 매수한 코카콜라도 이런 종류의 회사 아닌가? 이 회사도 워렌 버핏이 좋아할 만한 회사 같다. 그래도 코카콜라같이 큰 히트 상품 한 개로 주가가 올라가기에는 정말 힘들다. 이 회사는 여러 가지 제품이 있어서 안정적으로 성장이 가능하다.

군대 가본 남자라면 오리온이라는 회사의 차트가 왜 올라가는지 알 수 있다. 군대라는 안정적인 매출처가 있다(지금 생각해보면 군대에서 왜 초코파이를 먹는지 모르겠지만, 군대에서 초코파이 먹는 건 우리나라 전통이 돼버렸다). 군대 갔다 왔으면 오리온을 사볼까 하는 생각은 해봤어야 했다. 그런데 군인이나 제대한 사람이나 오리온 샀다는 얘기는 못 들어봤다. 내수를 넘어서 수출로 인해 2000원짜리 주식이 74만 원이 되었다. 30년 동안 370배 상승이다.

④ **POSCO**

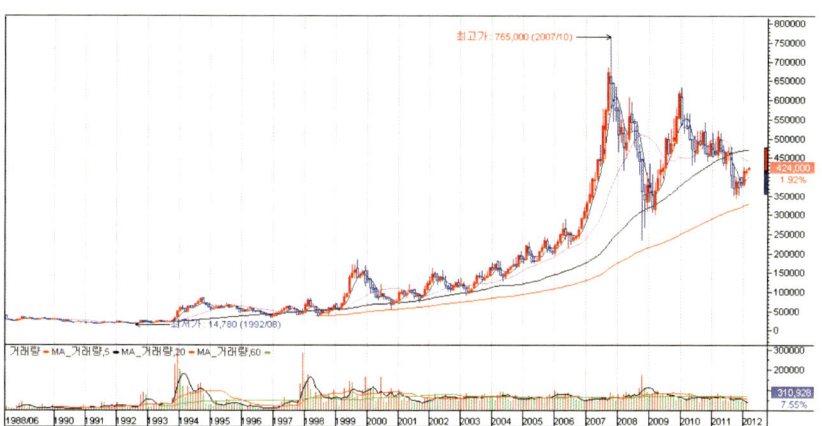

POSCO 월봉

고 박태준 회장 아니었으면 절대 만들지 못했을 회사. 1973년부터 쇠를 생산하기 시작해서 1998-1999년에는 세계 1위를 차지했다. 25년 만에 해당 분야에서 세계 1위를 차지한 회사는 거의 없을 것 같다. 그것도 신기술이나 2000년같이 정보통신 기술주의 말도 안 되는 거품도 아니고, 더욱이 자본재에서는 자본이 많이 들어가는 특성상 나오기 힘든 기록이다. 이 당시는 나라에 돈이 없어서 다른 나라에서 대출 받기도 힘들었다. 더욱이 우리나라 1960년대 말 1970년대 초는 아무것도 내세울 것이 없었다. 무슨 사업을 해도 다른 나라에서는 아무 관심도 없고 믿지도 않았다. 그래서 '대일 청구권 자금'을 받아서 포항제철소를 짓기 시작했다. 정말 우리나라 선조들의 피와 땀으로 지어진 제철소였다. 이 회사를 만들지 않았다면 어떻게 되었을까? 그것도 사기업이 아닌 공기업으로 만들었기 때문에 값싼 철로 그 많은 자동차, 조선 등 많은 산업이 일어나고 포항제철도 같이 성장할 수 있었다. 그 많은 철을 수입해서 썼다가는 비싸지기 때문에 다른 산업들이 단가 상승으로 경쟁력이 없어지게 마련이다. 우리나라에 철을 공급하는 것뿐만 아니라 수출도 염두에 둬서 바다가 접해 있는 포항이라는 곳에 지었다고 한다. 만약 내륙에 제철소를 만들었으면 항구까지 운송하는 데 시간도 돈도 많이 들었을 것이고, 그러면 단가 상승으로 인해서 경쟁력이 없으니 그 제철소는 성장하기 힘들다. 이런 이유로 선진국의 제철소들이 경쟁력을 잃었다고 한다.

회사에서 벌어오는 수익은 포항공과 대학교를 만들고 여러 가지 교육기관, 공공사업으로 쓰였다. 나라에서 한번 생각해볼 만한 모델이다. 공기업으로 만든 회사가 여러 가지 공공사업을 하는 형태. 그리고 이 모든 것을 만든 박태준 회장은 자신을 위해서 아무것도 취하지도 않고, 모든 것을 나라와 국민에게 다 주고 떠났다. 포항제철은 애국심으로 지어진 회사다. 그리고 지금도 고 박태준 회장의 유전자가 흐르고 있다.

1980년대 초의 가격은 모르지만 차트 상으로 보면 1992년 저점 대비 15년 동안 약 50배 상승이다.

⑤ 롯데칠성, 롯데제과, 롯데삼강

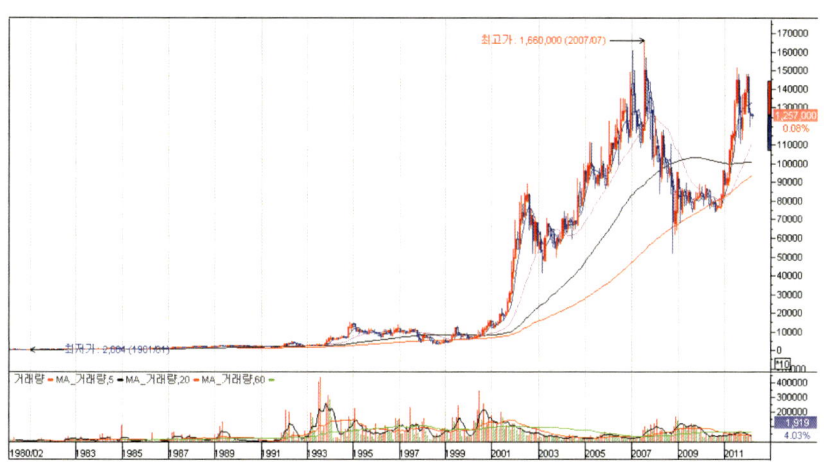

롯데칠성 월봉

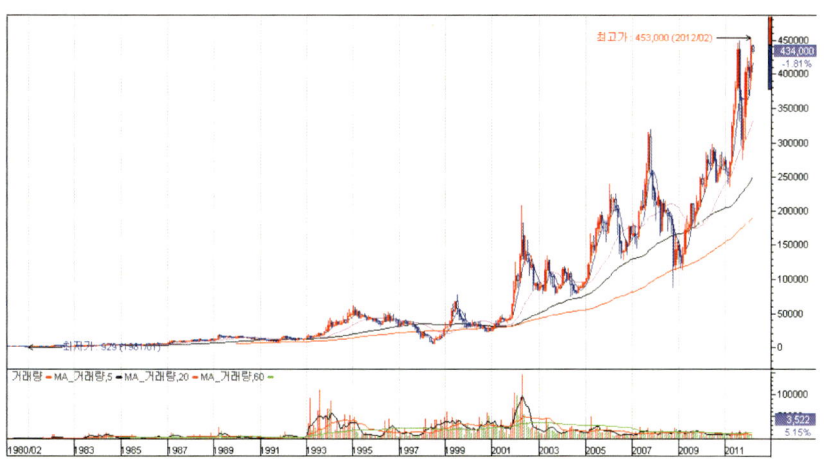

롯데삼강 월봉

롯데칠성, 롯데제과, 롯데삼강. 주식 시장에서는 소위 롯데 3인방이라고 불리는 주식들이다. 우리나라에서 가치투자 할 때 많이 언급되는 종목이다. 롯데는 우리나라뿐만 아니라 일본에도 있는 회사다. 1960년대 일본은 국내 총생산(GDP)이 세계 2-3위였다. 한국과 일본은 산업구조도 똑같고, 사람 자체도 별반 다르지 않다. 음식은 다르다고 생각하겠지만 다른 나라보다는 상당히 비슷한 점이 많다. 밥, 국, 반찬 형태로 식사하는 것, 국물 문화 등. 오히려 중국과 비슷하지 않은가 하고 생각하겠지만, 우리나라와 중국 음식은 완전히 다르다. 1970년대, 1980년대, 1990년대 넘어갈수록 국민소득이 증가하면서 많은 분석이 나온다. '이때쯤이면 이게 나올 때쯤 됐고…' 이런 식으로 일본에서 경험한 것을 가지고 그보다 발전이 덜 되고 국민소득도 낮은 우리나라에서 사업을 하니 성공할 가능성은 높았다. 아마 다 보일 것이다. 문화도 비슷하고 음식이나 입맛도 비슷하니, 음식료 업종은 더 말할 것도 없다. 음식료 업종 같은 경우는 입맛도 다르고 문화도 다르기 때문에 동양 것을 서양에 가서 성공하긴 힘들다. 같은 문화권 아니면 성공하기 힘들다. 그래도 기업을 이 정도 키운다는 것은 어려운 일이다.

또 하나의 성공 요인은 걱정 없는 유통망이다. 우리나라 사람 모이는 곳에 롯데 없는 곳이 없다. 그러니 제품만 잘 만들면 판매는 걱정이 없다. 그러므로 위와 같이 가치주 차트가 나온다. 음식료 업종은 인구가 늘고 국민소득이 증가할수록 매출이 늘 수밖에 없다. 첨단 업종같이 대규모의 연구개발도 필요 없고, 자동차 업종같이 대규모의 설비투자도 필요 없기 때문에 안정적인 성장이 가능하며 어떤 제품이 실패하더라도 큰 타격은 없다(자동차 업종은 그럴 때 타격이 크다). 여기다 내수를 넘어 수출이 늘면 그 회사 주식은 가치주가 되는 것이다. 매수하기에 충분한 조건이다. 이러한 이유로 워렌 버핏이 코카콜라를 매수했는지도 모른다. 아무튼 롯데 3인방은 위와 같은 이유로 가치주가 됐다. 롯데칠성은 1980년대 저점 대비 623배가 올랐고, 롯데제과는 저점 대비 578배가 올랐으며, 롯데삼강은 저점 대비 490배가 올랐다. 1980년대로 간다면 어느 주식을 사겠는가?

⑥ 유한양행

유한양행 월봉

우리나라 가치투자를 얘기하면서 절대 빼놓을 수 없는 종목이다. 고 유일한 박사님이 일제 강점기 때 약이 없어서 고생하는 우리나라 국민을 걱정해서 만든 회사다. 방송에서 유일한 박사를 소개하는 프로그램을 본 적이 있다. 정확한 기억은 나지 않지만, 당시가 일제 강점기였기 때문에 우리나라를 독립시키기 위해서 군사훈련까지 받았다고 한다. 유학 후에 국민들이 약이 없어 고생하는 것을 보고 제약회사를 만들고, 1960년대에 상장시키고, 자신이 번 돈으로 학교를 하나도 아니고 여러 개 만들었다. 그리고 돌아가실 때는 자신의 주식을 전부 사회에 환원했다. 모든 것을 다 주고 떠난 분이다. 투명경영, 노사갈등이 전혀 없는 이상적인 회사. 이렇게 경영해도 가치주가 될 수 있다는 것을 보여준 회사. 유한양행에는 아직도 고 유일한 박사의 유전자가 흐르고 있다. 30년 동안 265배 올랐다.

이상으로 우리나라 가치투자 종목을 몇 개 살펴보았다. 앞으로도 더 상승할 주식들이다. 재무제표는 참고 자료로만 보면 된다. 배당을 빼서 그렇지 배당까지 합치면 이보다 더 상승률이 높을 것이다. 이 종목들을 연구해서 왜 올라갔는지 알면 다른 가치투자 종목도 찾을 수 있을 것이다.

2. 가치주와 기업 지배구조

삼성전자부터 유한양행까지 가치주가 된 여러 기업들을 살펴보았다. 이 중에는 경영주가 직접 경영을 하는 기업도 있고, POSCO나 유한양행같이 전문 경영인이 경영하는 기업도 있다. 그런데 어떻게 경영을 하건 간에 차트를 보면 20-30년 동안 상승한 가치주들이다. 꼭 어떠한 식으로 해야 기업이 성장한다는 말도 안 되는 소리를 하는 사람들이 있다. 기업 지배구조가 좋아야지 성장한다는 얘기는 앞뒤가 바뀐 말이다. 성장하는 기업이 지배구조가 좋은 것이다. 어떠한 분야든 문화가 다양하듯이 기업도 문화가 다양하다. 그것을 한 가지로 이런 기업 지배구조만 좋다고 하는 것은 기업문화의 다양성을 부정하는 행위이다. 기업문화가 다양해지지 않으면 여러 업종의 다양한 기업들이 나올 수 없다. 그렇게 되면 그 나라의 주가지수는 올라갈 수가 없다.

대규모 투자를 하는 업종들은 오히려 오너(owner) 경영이 적합하다. 일본의 전자업체들이 우리나라한테 밀려난 이유는 전문 경영인은 모험을 하기 힘들기 때문이다. 서류상으로 자기 임기 때 실적만 나면 그뿐이고, 책임감은 오너보다 좋을 수 없다. 기업 오너는 기업을 모험을 하고서라도 성장시키려 하지 안전하게 경영하지 않는다. 대규모 투자를 해서 기업이 몇 년 뒤에 성장하면 위험하더라도 대규모 투자를 한다. 전문 경영인은 이러기가 쉽지 않다. 피터린치의 책 『전설로 떠나는 월가의 영웅』 개정판에도 나와 있는 내용이다. 오너 경영 기업이 수익률이 더 좋다는 걸로 나와있다. 세계를 주름잡던 일본 전자업체들이 왜 이렇게 되었을까? 다른 건 몰라도 예전에 D램 사업도, LCD 사업도 왜 대규모 투자를 안 했는지 이해가 되지 않는 부분이다. 전문 경영인 체제의 한계를 일본 기업이 여실히 보여줬다.

우리나라의 기업문화는 우리나라만의 독특한 문화이며 단점도 있지만 장점이 많은 문화이다. 선진국이 이렇다고 선진국 예를 들면서 '이런 게 좋다'고 하지 마라. 우리나라가 선진국이 되면 우리나라 기업문화를 외국에서는 좋다고 할 것이다. 우리나라는 예로부터 부모가 자식에게 재산을 물려준다. 세습이라고 비난하지만 자신의 부모가 자기에게 재산을 물려주지 않고 다 사회 환원하는 것을 좋아하는 사람은 별로 없을 것이다. 잘못된 것을 하나하나 고쳐나가면 되지, 잘못된 부분 하나 때문에 전체를 망가뜨리는 건 더 바보 같은 짓이다. 지배구조가 좋은 기업이 성장하는 것이 아니라, 성장하는 기업이 지배구조가 좋은 기업이다. 정답은 차트가 말해줬다.

가치투자라는 것을 너무 어렵게 생각하지 말고 1980년대 차트, 1990년대 차트, 2000년대 차트를 이어 붙여서, 상승하는 차트가 나오면 가치투자가 되는 것이다. 다음은 삼성전자의 차트를 시대별로 합쳐보았다.

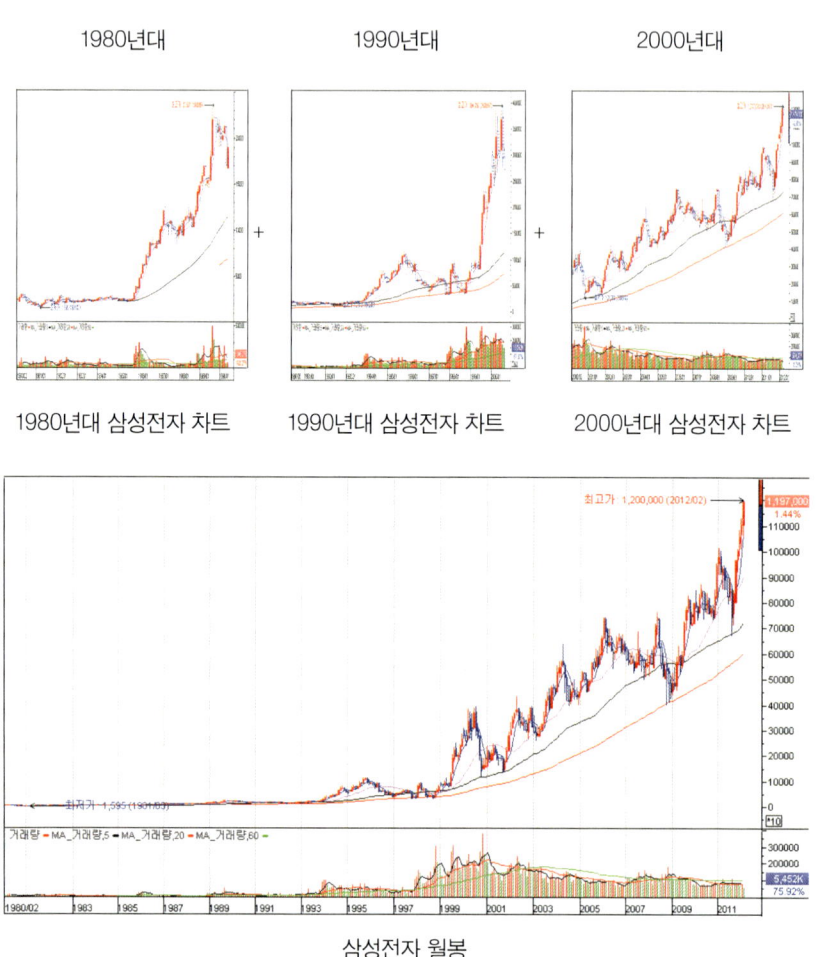

| 1980년대 | 1990년대 | 2000년대 |

1980년대 삼성전자 차트   1990년대 삼성전자 차트   2000년대 삼성전자 차트

삼성전자 월봉

그렇다면 10년 동안 올라가는 것도 1년 뒤의 실적이 전년보다 좋아지고, 이것이 10년 동안 반복되면 10년 동안 실적이 좋아져서 10년 동안 올라가는 차트가 만들어진다. 생각하는 범위가 1년 단위에서 10년 단위로 되고, 이 생

각이 이어지면 몇 십 년 올라가는 가치주를 찾을 수 있는 것이다. 그렇다면 올해의 실적 분석을 먼저 하고, 그 다음에 내년의 실적 분석을 하는 것이 첫 걸음이다. 비슷한 예를 만화책에서 본 적 있다. 무술 만화책이었는데 제목은 기억이 안 난다. 무술영화에서 보면 저 멀리 있는 적을 느낌으로 알아채는 방법이 있다. 멀리 있는 적은 보이지 않기 때문에 처음에는 가까운 거리에서 눈을 가리고 상대방과 공격과 방어를 하고, 이것이 익숙해지면 조금 먼 거리에서, 이것도 익숙해지면 더 먼 거리에서, 이것도 익숙해지면 꽤 먼 거리에서 훈련을 해서 적의 움직임을 알아채는 방법이다. 이 만화책에 그것을 설명해 놓았다. 주식도 마찬가지다. 가치주 찾는 방법도 처음엔 그해 실적이 좋은지 나쁜지를 보고 매수할 것인지 하지 않을 것인지를 결정한다. 그리고 다음해 실적도 좋으면 매수한 주식을 가져가는 것이고, 나빠도 다음해만 나쁘면 가지고 가고, 다음해뿐만 아니라 그 다음해도 나쁘거나 업황 전체가 나쁘면 그 주식은 포기를 해야 한다. 이렇게 몇 년을 하다 보면 생각의 범위가 1년 단위에서 10년 단위로 넓어지고, 몇 십 년 올라가는 주식을 찾을 수 있다. 글로는 쉽게 썼지만, 이런 주식을 찾기란 정말 어려운 일이다. 가치주를 찾으려면 우선 생각의 범위를 넓혀야 한다.

3. 현실적인 가치투자란?

그러나 우리나라 증시에서는 대세 하락기에 주가가 너무 많이 빠지기 때문에 이때 주식을 팔지 않고 가지고 가는 사람은 많지 않을 것이다. 그래서 보통 일반인들은 가치투자 하기가 쉽지 않다. 많이 안다고 생각하는 사람도 들고 가기가 쉽지 않다. 2000년의 대세 하락기와 2007년의 대세 하락기에 가지고 있는 종목이 5분의 1, 10분의 1이 되는데 가지고 갈 사람이 몇 사람이나 되겠는가? 그리고 다음 상승기에 올라가지 않는다면? 이러한 심리적 요인 때문에라도 가치투자를 하는 건 너무 어려운 일이다.

　다음은 대세 하락기 때의 삼성전자 차트다.

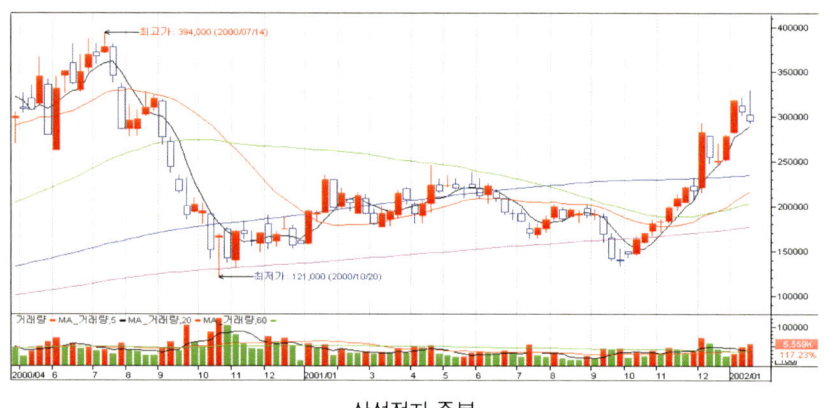

삼성전자 주봉

　2000년에 40만 원 정도까지 상승하고, 2000년과 2001년에 12-13만 원대에 왔다. 이렇게 되면 거의 대부분이 두려움 때문에 팔 것이다. 이 종목을 1998년에 3만 원에 샀다고 가정하면, 2000년도에 40만 원 정도 왔으면 누구라도 팔 것이다. 30만 원만 와도 당연히 팔 것이다. 10배가 올라갔는데 누가 안 팔겠는가? 10배가 아니라도 2-3배만 수익이 나도 팔 것이다. 그리고 빠질 때 삼성전자만 보더라도 3분의 1, 4분의 1이 되는데, 가지고 가는 것보다는 파는 것도 좋은 방법이다. 그렇다면 대세 상승기 때 한번 주식을 정리해주는 것이 좋은 방법 아닐까? 가치투자 하는 종목이라도 대세 상승기 때 고점 정도에서는 팔고, 대세 하락기 때는 1년 정도 기다렸다가 사는 것이 좋은 방법같다. 회사가 어떻게 될 것인지, 이상한 사업은 안 하는지, 경영자의 비전이 달라지지 않았는지 살펴보고 투자하는 것도 좋은 방법이다. 다른 종목도 마찬가지다. 거의 다 삼성전자보다 더 빠지면 빠졌지 덜 빠지진 않는다. 그래서 조심해야 한다.

04

주도주 투자

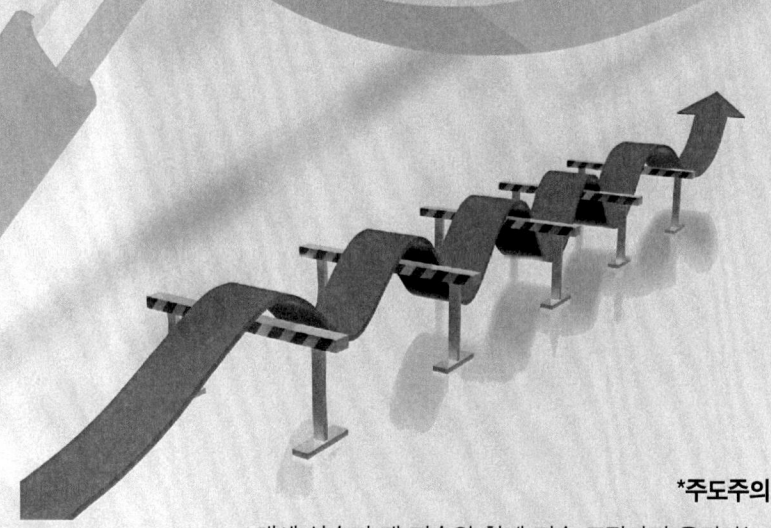

*주도주의 정의
대세 상승기 때 지수와 함께 지수 고점까지 올라가는 종목.

대세 상승기 때 종합주가지수는 누가 뭐래도 나 홀로 올라간다. 이때 나오는 악재는 휴식이 되고, 한번 쉬고 나서는 쉼 없이 지겹게도 올라간다. 그런데 이때 지수와 함께 같이 올라가는 종목들이 있다. 이 종목들은 너무 강력해서 꼭 지수를 끌고 올라가는 것처럼 보인다. 이 주도주를 판별하는 방법은, 지수가 올라갈 때 끝까지 같이 올라가는 종목은 주도주이고, 끝까지 올라가지 못하고 중간에 꺾이는 종목은 주도주가 아니다. 그럼 시대 별로 주도주를 판별해보자.

1980년대는 다 같이 올라가서 웬만한 종목이 다 주도주였다. 따라서 판별하기가 어렵고 1992년부터 1994년까지 대세 상승은 저 PER주의 시기였고 실적이 좋은 종목이 올라갔다. 하지만 주도주의 특징인 종류별로 종목군들이 나타나지 않았고, 시대가 주도주를 논하기에는 IMF가 있었다. 또 정보통신 기술주가 올라야 하는 시기인데도 저평가된 실적주들이 올라서, 딱히 주도주라고 보기 힘들다. 그래서 1998년부터 나타난 대세 상승부터 시작하겠다. 이때부터 주도주와 주도주가 아닌 종목들이 확연히 구별되었다.

1. 1998년부터 2000년까지의 주도주

가) 주도주 종목들

① 종합주가지수

종합주가지수 주봉

② 삼성전자

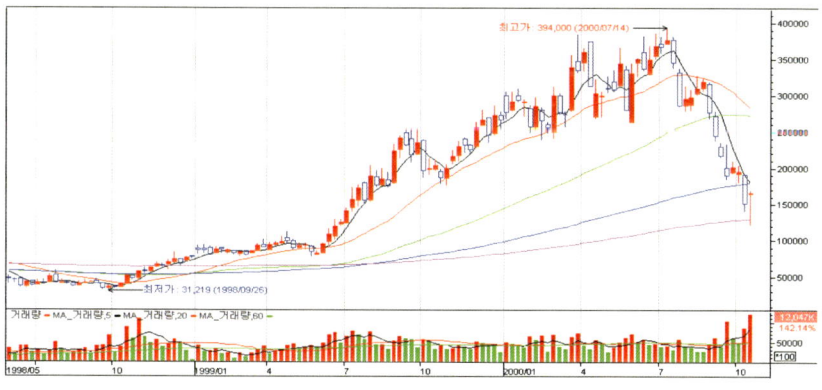

삼성전자 주봉

③ SK텔레콤

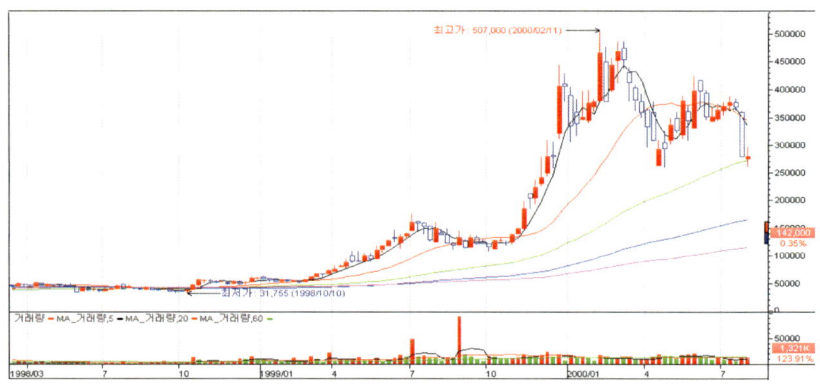

SK텔레콤 주봉

④ 솔본 (구 새롬기술)

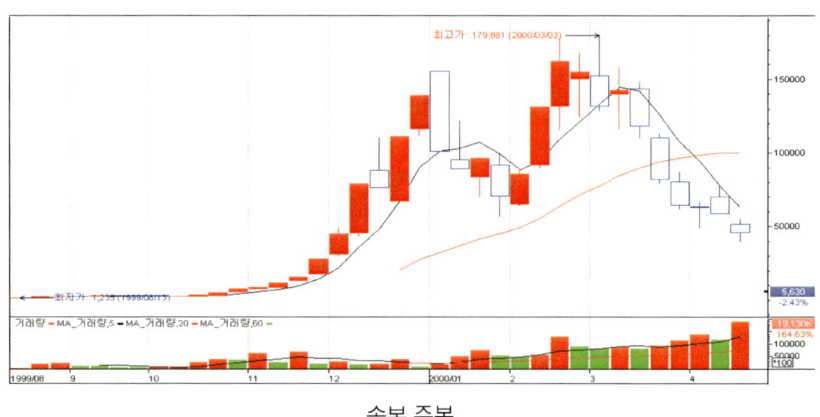

솔본 주봉

위 종목들은 1998년부터 2000년까지의 대세 상승 기간에서의 주도주들이
다. 1998년 가을부터 시작한 대세 상승에서 종합주가지수 고점은 2000년 1

월 첫 거래일에 1066으로 형성되었다. 삼성전자, SK텔레콤, 솔본은 이 기간 동안 지수와 함께 끝까지 올라간 주도주이다. 지수 고점은 2000년 1월인 데 반해, 세 종목은 더 후에 고점이 형성될 정도로 지수를 넘어선 강력한 종목이었다. 이때는 정보통신 기술주들의 세상이었으며, 이런 종목들만이 주도주로서 끝까지 올라갔다.

그럼 주도주가 아닌 종목들을 살펴보자.

나) 주도주가 아닌 종목들

① POSCO

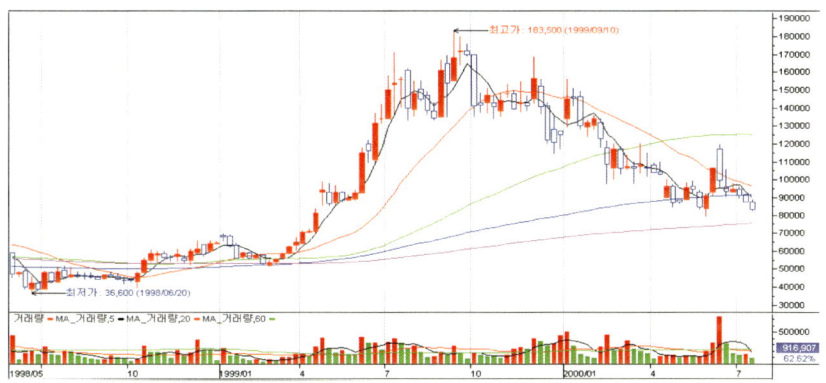

POSCO 주봉

② 대한해운

대한해운 주봉

　여기에 있는 POSCO와 대한해운은 2003년부터 2007년 대세 상승 때의 주도주들이다. 그런데 차트를 보면 2000년 초까지 올라가지 않고 POSCO는 1999년 9월, 대한해운은 1999년 7월에 고점을 만들고 지수는 2000년까지 계속 올라가는데, 이 종목들은 이때부터 떨어지기 시작했다. 같은 해인데 왜 이 종목들만 떨어질까? 갑자기 다음 달부터 실적이 나빠서 떨어질까? 아니다. 주도주가 아니라서 그렇다. 이때는 이런 종목들을 매수하는 사람이 없었다. 정보통신주의 폭등은 사람들을 코스닥으로 데려갔다. 주도주를 알면 위와 같은 종목들은 피하고 정보통신 기술주들을 샀을 것이다. 누가 지수가 올라가도 오르지 않는 종목을 사겠는가?
　2000년 이후 대세 상승기에 주도주와 아닌 것을 보고 판단해보자.

2. 2003년부터 2007년까지의 주도주

가) 주도주 종목들

① 종합주가지수

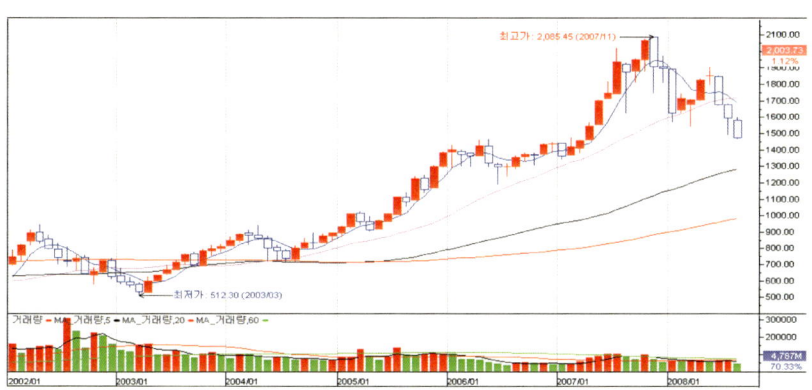

종합주가지수 월봉

② 대우조선해양

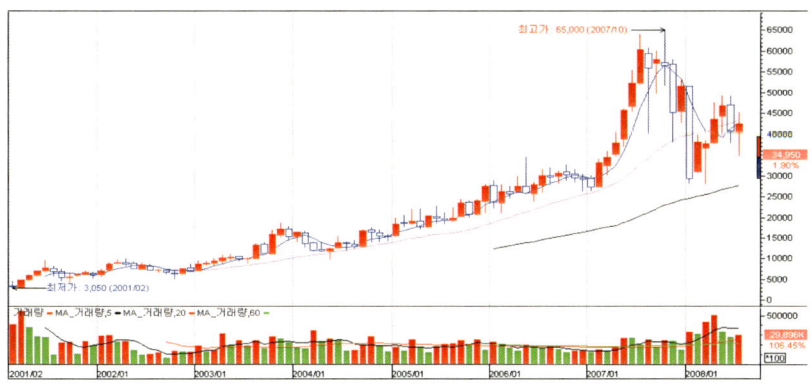

대우조선해양 월봉

③ 동국제강

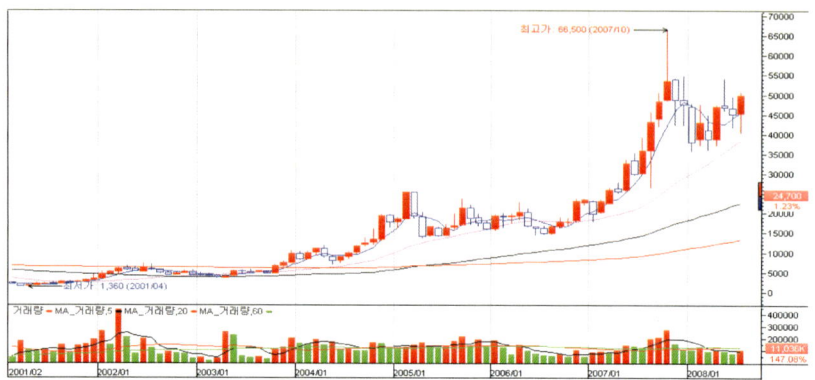

동국제강 월봉

④ 두산중공업

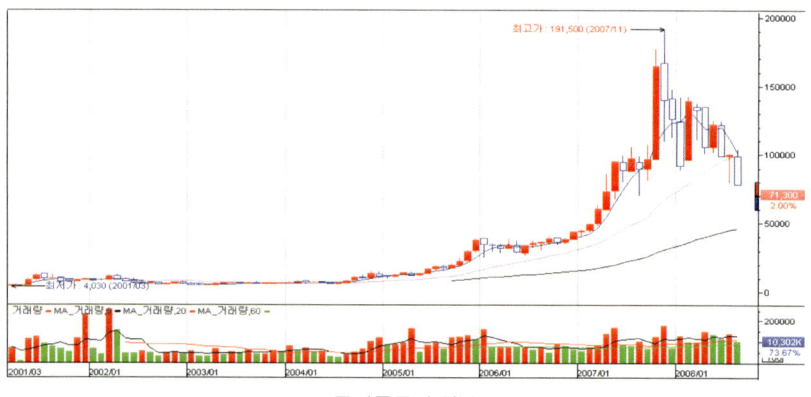

두산중공업 월봉

위 종목들은 2003년부터 2007년까지의 대세 상승 기간에서의 주도주들이다. '대세 상승' 편에서도 소개했듯이, 이 기간은 설비투자 관련주들이 지수와 같이 올라간 시기이다. 하지만 설비투자 관련주들이 너무 많아서(조선, 해운, 기계, 철강, 건설 등) 지수를 끌고 올라간 느낌이다. 이 기간에는 거의 대부분

이 지수 고점과 비슷하게 움직였다. 주도주는 이처럼 종합주가지수와 같이
끝까지 움직인다. 이 기간에 주도주가 아닌 종목을 살펴보기로 하자.

나) 주도주가 아닌 종목들

① 삼성전자

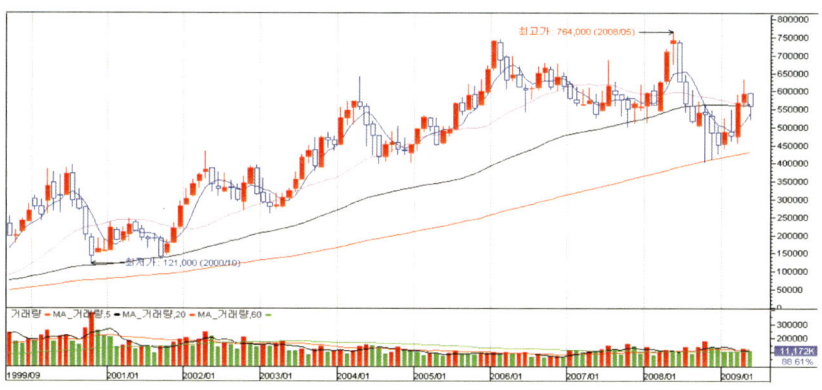

삼성전자 월봉

② 현대차

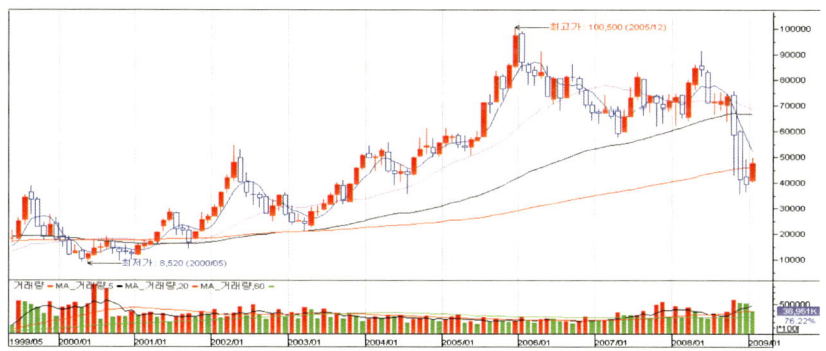

현대차 월봉

삼성전자와 현대차는 다음번 대세 상승기인 2008년부터 2011년까지 올라간 주도주들이다. 그러나 2003년부터 2007년까지의 대세 상승에서는 두 종목 다 2005년까지 올라가고 2006년, 2007년은 올라가지 않았다. 이때는 당연히 설비투자 관련주가 올라가는 시기였기 때문에(전 세계적인 현상이었다), 삼성전자와 현대차는 어느 정도까지만 올라갈 뿐 지수와 함께 끝까지 오르진 못했다. 설비투자 관련주가 주도주였지, 삼성전자와 현대차는 주도주가 아니기 때문에 끝까지 오르지 못했던 것이다. 이상하게도 이 시기는 일본 엔화가 약세를 띠는 바람에 삼성전자와 현대차가 상당히 고전했다. 일본 업체들은 환율로 사상 최고의 이익을 내는 시기였다. 이 시기는 설비투자 관련주가 오를 수밖에 없는 환경이 만들어져서 올랐다. 이같이 완성품을 만드는 회사는 어차피 설비투자가 된 다음에 오르기 때문에 이때는 실적이 설비투자 관련주만큼 좋을 수가 없다. 그래서 주도주가 안 된 것이다. 주가는 이런 식으로 예측할 수 있다. 차트를 보면 삼성전자와 현대차는 2005년까지 올랐지만, 나머지 설비투자 관련주들은 2007년까지 더 올랐다. 그렇다면 2년이 더 오른 것인데, 설비투자 관련주 차트를 보면 이 2년 동안 2003년부터 2005년까지 오른 것만큼 올랐거나 더 오른 종목도 많다. 그러니 주도주를 알면 주도주를 사고 끝까지 가지고 가지, 누가 다른 종목을 사겠는가?

3. 2008년부터 2011년까지의 주도주

가) 주도주 종목들

① 종합주가지수

종합주가지수 월봉

② 현대차

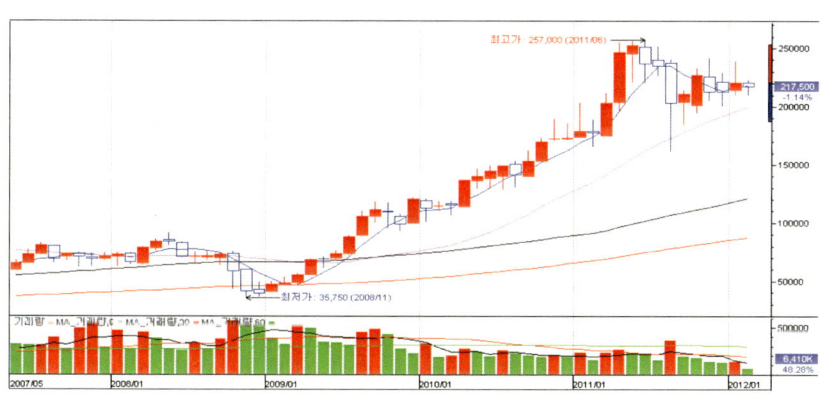

현대차 월봉

③ 한화케미칼

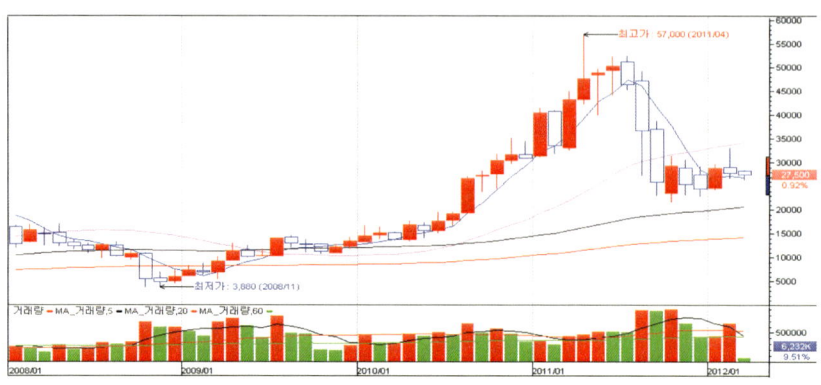

한화케미칼 월봉

④ GS

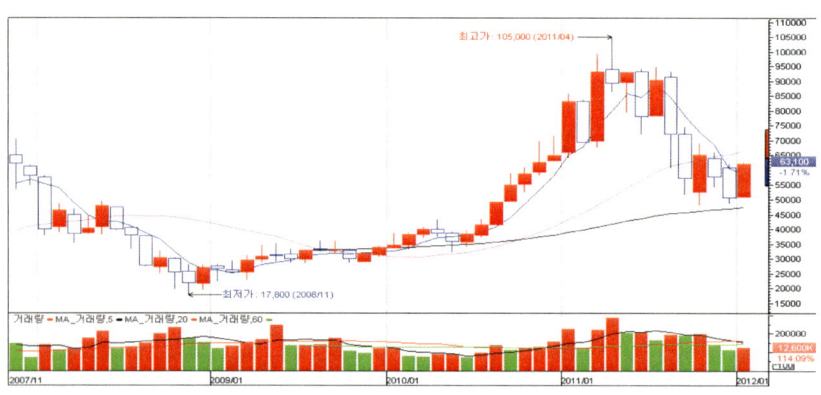

GS 월봉

이 종목들이 2008년부터 2011년까지의 대세 상승에서 '차화정'이라고 불리는 주도주들이다(자동차주, 화학주, 정유주가 많이 올라 앞 글자를 따서 '차화정'이라고 불렀다). 이외에도 화장품, 의류, 엔터 주들이 있다. '대세 상승' 편에서도 썼듯이, 다른 종목들도 많이 오르고 삼성전자도 많이 올랐다. 이 종목들도 마찬가지로 주도주여서 지수와 같이 끝까지 올라갔다. 그래서 주도주다. 주도주는 이와 같이 종합주가지수만큼 올라가거나 종합주가지수보다 강하게 올라가는 주식들이다. 이런 주식들을 사면 수익이 훨씬 좋아진다.

나) 주도주가 아닌 종목들

① POSCO

POSCO 월봉

② 삼성중공업

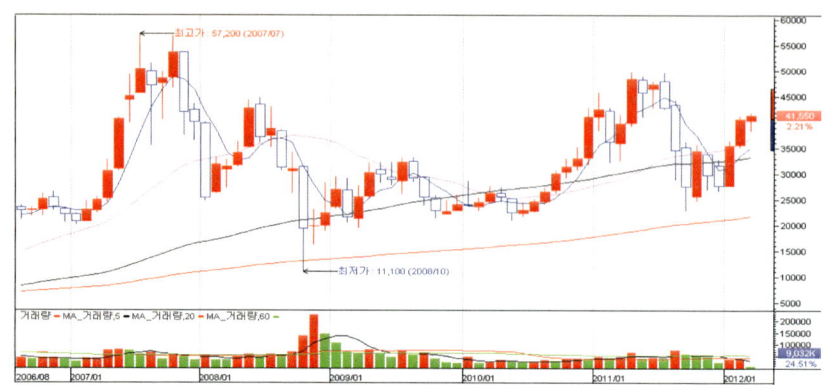

삼성중공업 월봉

　POSCO와 삼성중공업은 2003년부터 2007년까지의 대세 상승 기간에 올라간 대표적인 설비투자 관련주이다. 그러나 시대가 변해서 2008년부터 2011년까지의 대세 상승에서는 주도주가 아니라 철저히 소외되었다. 이 종목뿐만 아니라 설비투자 관련주(조선, 기계, 철강, 해운, 건설) 전부가 차트 모양이 이런 식으로 좋지 않다. 실적도 마찬가지로 그다지 좋지 않다. 그리고 앞으로도 설비투자 관련주들이 올라가는 주기가 올 때까지 이런 종목들은 올라가기가 쉽지 않다.

　주도주와 주도주가 아닌 종목들을 살펴보았다. 주도주는 당연히 실적이 해가 지날수록 월등히 좋아지고 고성장 업종에 해당하기 때문에 재무제표는 확인만 하면 된다. 호재가 계속 나오면서 해마다 예상치를 뛰어넘는 실적을 발표해서 주가는 엄청나게 오른다. 주도주가 아닌 종목은 실적이 좋은 종목들도 어느 정도까지는 상승하지만, 그 이상은 뛰어넘지 못하고 대세 하락이 오기 전까지 하락한다. 대세 하락 때도 하락폭이 꽤 크다. 그리고 호재보다는 악재가 많이 나온다.

4. 가치투자의 함정

롯데칠성의 차트를 보자.

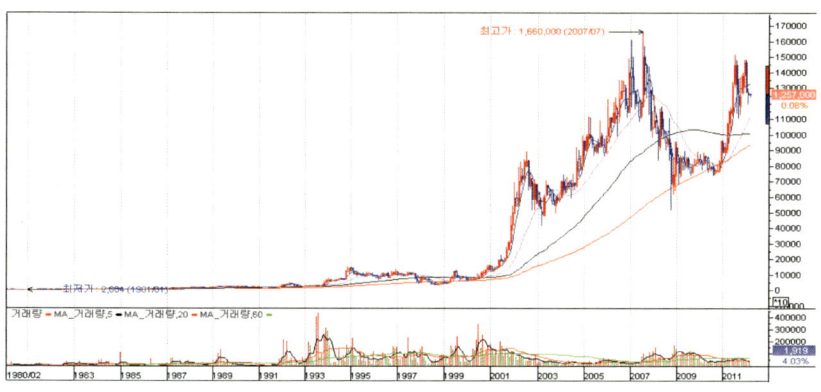

롯데칠성 월봉

가치투자를 한다고 가정할 경우 롯데칠성은 한번 시세를 준 2002년에 80만 원 정도가 고점이고, 2007년에 166만 원이 고점이어서 2배 정도 상승했다. 그리고 지금까지 그 고점을 넘어서지 못하고 있다. 그리고 어느 종목이라도 80만 원 정도면 파는 것도 괜찮다. 이렇게 비싼 가격의 주식은 올라가도 상승률이 좋지 않다. 2007년이 어떤 해인가? 설비투자 관련주들이 2001년부터 몇 십 배 상승하던 시기였다. 게다가 2008년부터 2011년에는 '차화정'이 주도주가 되어서 10배도 넘게 올라갔다. 그렇다면 수익률로 보면 2002년 정도에 매도하고 2003년부터는 설비투자 관련주를 사서 2007년에 팔고,

2008년에 '차화정'을 사고 2011년에 팔았다면, 이것이 더 좋은 투자방법 아닐까? 롯데칠성은 2002년부터 지금까지 고점 상으로 2배만 상승했지 더는 아무것도 없다. 저점이나 1980년대나 1990년대에 사지 않았다면 지금 사기에는 부담스러운 가격대다. 10년 동안 두 배 상승한 것보다는 2003년과 2008년 주도주를 사서 더 많은 이익을 내는 것이 정말 좋은 투자법이다. 이것이 가치투자의 함정이다.

다음 종목을 보자.

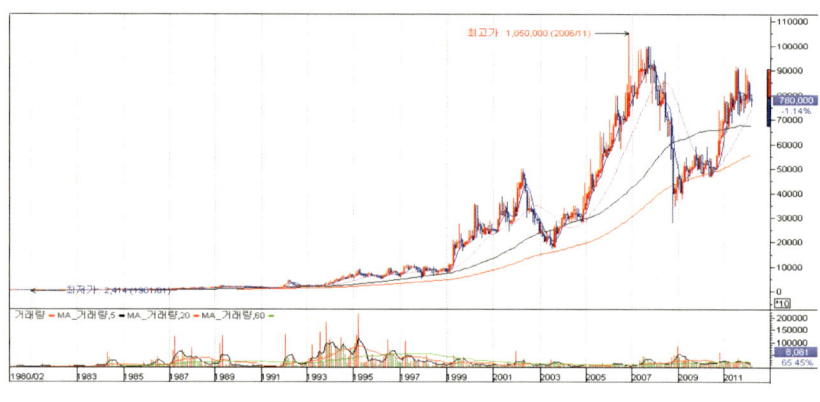

남양유업 월봉

남양유업의 차트다. 마찬가지로 롯데칠성과 비슷하고 가치주의 전형을 보여준다. 30년 동안 올랐고 저가 2천 4백 원에서 고가 백만 원까지 400배가 오른 종목이다. 그 후에는 백만 원의 고점을 넘어서지 못하고 있다. 2002년에 50만 원까지 상승했고 2006년에 백만 원까지 상승했지만, 이후에는 이렇다 할 상승률을 보여주지 못하고 있다. 롯데칠성과 마찬가지로 2002년부터 지금까지 고점 상 2배 상승했을 뿐이다. 그렇다면 2002년에 한 번 팔고 기다렸다가 2003년부터 올라간 설비투자 관련주를 사는 것이 더 좋은 수익률을 줄 것이다. 이 주식을 가지고 있다고 가정하면 2002년 고점에서부터 2006년 고점까지 2배 상승했을 뿐이다. 가치투자를 하면 기분은 좋다. 연예인이 입은 옷과 액세서리를 똑같이 사는 것처럼, 아니면 똑같은 명품을 사는 것처럼, 가치투자를 하면 왠지 워렌 버핏이 된 것 같은 착각에 빠지고 일종의 자부심 같은 것이 생긴다. 그러나 주식투자는 자부심을 느끼려고 하는 것이 아니라 돈을 벌기 위해서 하는 것이다. 가치투자를 해서 2배 수익을 낼 것인가? 아니면 그 시기에 맞는 주도주를 사서 10배 이상의 수익을 낼 것인가?

지금까지 1998년부터 2011년까지의 대세 상승을 살펴보았다. 3차례의 대세 상승이지만 종목별로는 엄청난 상승이 있었다. 재미로 수익률을 계산해 보면 1998년부터 2000년까지 대세 상승에서 처음엔 증권, 은행, 건설주가 많이 올랐으니 여기서 5-6배 정도, 그리고 나서 1999년 가을부터 시작된 정보통신 기술주들의 폭등으로 20-30배 정도, 그 후 2001년도에 시작해서 2007년까지의 대세 상승에서 올라간 설비투자 관련주에서 20배 정도, 그리고 2008년부터 2011년까지의 대세 상승에서 올라간 '차화정'에서 10배 정도만 계속 수익률을 냈으면, 적게 잡아도 100배×20배×10배=20000배 정도가 나온다. 1998년부터 2000년까지를 10배 잡아도 2000배가 나온다. 이렇게 잘하는 사람은 없을 것 같다. 이렇게 다 대세 상승기마다 수익률을 냈다면 우리나라 재벌 랭킹이 바뀌고 우리나라에서 워렌 버핏이 나왔을 것이다. 인생이 바뀌는 수익률이다. 1998년부터 2000년의 대세 상승기만 짧았지, 나머지 2개의 대세 상승기는 5년과 3년으로 길었다. 이 정도 기간에 자신이 보유한 종목이 10-20배 올라가면, 가치투자를 하지 않아도 주도주 투자법만으로도 버핏이 될 수 있다. 물론 정말 어려운 일이다.

불가(佛家)에서 얘기하는, 변하지 않는 것은 아무것도 없다. 정말 맞는 얘기다. 1980년대의 주도주, 1990년대의 주도주, 2001년부터 2007년까지의 주도주는 다 다르다. 1980년대에 올라간 종목이 1990년대에 오르지 않고, 1990년대 상승한 종목이 2000년대부터 오르지 않는다. 상승 종목도 시대에 따라 다 변한다. 올라간 종목들을 보면 약 10년 정도 시대를 풍미하는 것 같다. 마치 연예인이 인기를 얻어 10년을 풍미하는 것처럼 말이다. 주식으로 돈 벌려면 앞으로 10년을 풍미하는 인기 주식을 사면 된다. 당연히 인기를 얻기 전에 사야 한다. 그래서 주식을 너무 어렵게 생각하지 말고, 앞으로 인기 얻을 연예인을 찾는다고 생각하면 된다.

그리고 나서 고점에서는 팔고 나와야 한다. 주도주들은 상승이 끝나고 나면 하락폭이 크기 때문에 고점 정도에서는 무조건 매도해야 한다. 하지만 이때 상승장에 취하기 때문에 팔고 나오지를 못하는데, 고점에서 주식에 취하지 마라. 깨어나면 손실이 너무 크다.

주가와 PER의 관계

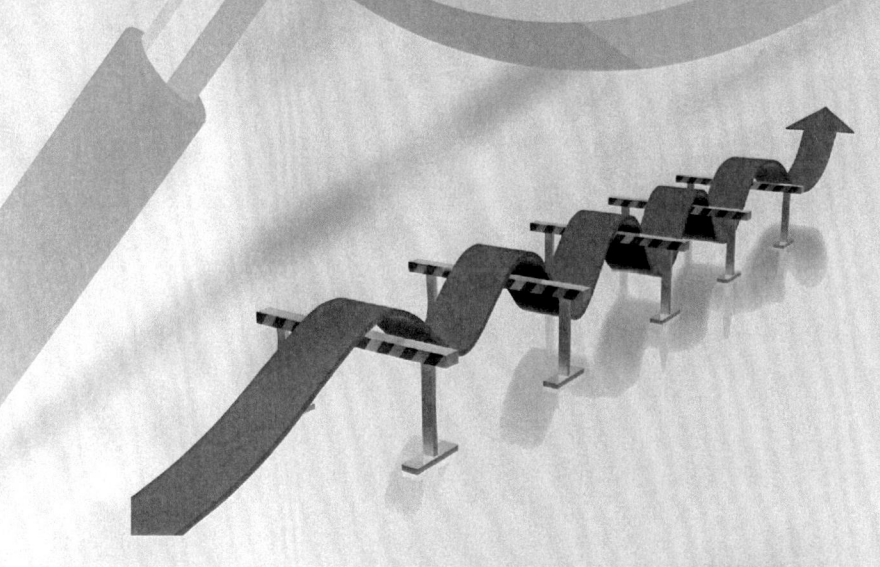

대세 상승기간에 실적이 변하면 PER가 어떻게 변하는지, PER가 변하면 주가가 어떻게 변하는지 살펴보자.

PER는 주가수익 비율로서 주가를 주당 순이익 EPS로 나눈 값이다. EPS는 주당 순이익으로서 당기 순이익을 주식 수로 나눈 값이다.

PER=주가/EPS

PER는 위와 같이 표시할 수 있다. 그런데 이것보다는

PER×EPS=주가

이것이 더 외우기에 편하다. 자기가 쉬운 방법대로 알아두면 되겠다.

EPS=당기 순이익/상장주식 수

그래서

PER×당기 순이익/상장주식 수=주가

이렇게 되고 다시 상장주식 수/당기 순이익으로 양 변을 곱해주면

PER=주가×상장주식 수/당기 순이익이 되므로 주가×상장주식 수는 시가총액이 된다.

그러므로

PER=시가총액/당기 순이익이 된다.

주식을 하는 데 있어서 꼭 알아두어야 할 공식이다.

PER의 의미는 주가가 이익의 몇 배에 거래되고 있는가를 나타내는 것이다. PER가 높으면 고평가 되었다고 하고, PER가 낮으면 저평가되어 있다고 한다. 그렇다면 대세 하락기가 끝나고 대세 상승기로 돌아설 때와 돌아서고 나서 PER가 어떻게 변하는지 살펴보자.

공식에서도 알 수 있듯이, 주가가 높거나 당기 순이익이 적어지면 PER가 높게 형성된다. PER가 높게 형성되는 경우는 내년 실적이 좋아질 것이라는 기대감이나 성장성 때문에 주가가 올라가는 경우와 기업 이익이 줄어드는 경우가 있다. 이때 나누는 값이 줄어들기 때문에 PER는 높아지게 된다. 이런 예를 보더라도 기대감이나 성장성 때문에 주가가 올라가서 고 PER 주가 되면 PER가 낮아질 때까지 조정을 받게 되고, 기업 이익이 줄어서 PER가 높아지면 이런 기업은 당연히 주가가 올라가기 힘들다. 그리고 반대의 경우는 기업 실적은 가만히 있는데 외적인 영향으로 갑자기 주가가 빠지면 저 PER 주가 되어, 이러한 주식은 올라갈 수밖에 없다. 기업 이익이 예상보다 많이 늘어나면 PER가 낮아지고, 이러한 경우는 꾸준히 올라가는 경우가 많다.

1. 기대감이나 성장성 때문에 올라가는 경우

① 컴투스

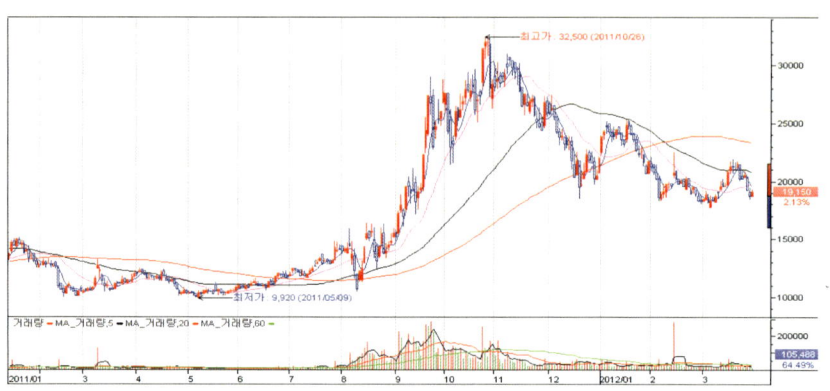

컴투스 일봉

같은 기간의 종합주가지수 일봉

컴투스라는 모바일 게임회사의 주가 차트와 이때의 종합주가지수다. 종합
주가지수는 2011년 4월에 고점을 찍고 내려오는데, 컴투스의 주가는 반대로
오르기 시작했다. 이 당시는 컴투스 뿐만 아니라 게임빌, 에스엠, 한글과 컴
퓨터 등 실적이 수반되는 소프트웨어 관련 주식들이 분위기를 타고 동반 상
승하기 시작했다. 내년 실적이 좋아질 것이라는 기대감과 앞으로 모바일 게
임 시장이 커질 것이라는 성장성 때문에 불과 몇 개월 동안 3배가 넘는 상
승률을 보였다. 하지만 이때의 재무제표를 보면 2011년까지는 실적이 그렇게
좋지 않았다. 실적은 2012년부터 좋아지기 시작했는데, 2011년에 기대감과
성장성 때문에 주가가 상승해서 PER가 75배라는 경이적인 고 PER 주가 된
다. 그 후 조정을 받고 PER가 30-40배가 되지만 여전히 PER는 높다. 벤처기
업이나 코스닥에서 성장주나 신경제를 주도하는 업종 등에서 PER가 높아도
올라가는 일이 종종 생긴다. 하지만 이렇게 올라간 주가는 반드시 내려오게
되어 있고, 아무리 실적이 좋아도 가격 조정이든 기간 조정이든 거치게 되어
있다. 이 기간에 같이 올라간 게임빌, 에스엠 차트를 보면 알 수 있다. 그러
고 나서 실적이 수반되어야만 올라갈 수 있다. 종합주가지수가 조정 받는 기
간에 오히려 올라간 경우다. 재무제표를 확인해보고 비교해보기 바란다.

2. 기업실적은 가만히 있는데 외적인 영향으로
갑자기 주가가 빠지는 경우

① 유진테크

유진테크 일봉

이러한 경우가 수익내기에는 제일 좋다. 유진테크라는 반도체 장비 업체의 2011-2012년 차트다. 이 회사는 삼성전자의 반도체 투자가 늘면 늘수록 실적이 좋아질 수밖에 없는 회사다. 2008년부터 지금까지 많이 올라왔지만, 앞으로도 더 상승할 회사다. 종합주가지수는 컴투스와 같은 기간의 차트이기 때문에 컴투스 편의 종합주가지수를 참고하면 되겠다. 실적이 좋아서 계속 상승하다가, 2011년 4월 고점을 찍고 종합주가지수가 2200대에서 1600대까지 내려올 때 이 종목도 20000원에서 11000원까지 하락했다. 그렇다면 이 회사가 이 기간, 즉 2011년 4월부터 10월 정도까지 실적이 나빴을까? 아니다. 실적은 계속 좋아지는데 종합주가지수의 하락으로 인해서 내려온, 실적은 그대로인데 외풍에 의해서 빠지는 경우다. 사실 실적이 아무리 좋아도 종합주가지수가 빠지면 다 빠지게 되어 있다. 아닌 경우를 찾기란 정말 힘들다.

2011년 주가가 21000원일 때 PER를 계산해보면 11배에서 12배 정도가 나온다. 그리고 절반인 11000원까지 빠졌으므로 고점에서 절반인 5-6배 정도가 나온다. 이 정도면 저평가되어 있고 실적은 좋은데 외풍에 의해서 빠진 경우이기 때문에 하락은 여기까지이며, 종합주가지수가 하락을 멈추고 박스권에서 상승으로 바뀌는 시점이기 때문에 주가도 더 이상 빠지지 않고 상승하게 된다. 그래서 연말에는 하락 분을 만회해서 20000원 근처까지 가고, 다시 해가 바뀌면서 실적은 더 좋아져서 많이 상승했지만 PER는 10배 정도에 머무르게 된다. 역시 믿을 건 실적뿐이다. 재무제표를 확인해보고 비교해보기 바란다.

② 금호석유

금호석유 일봉

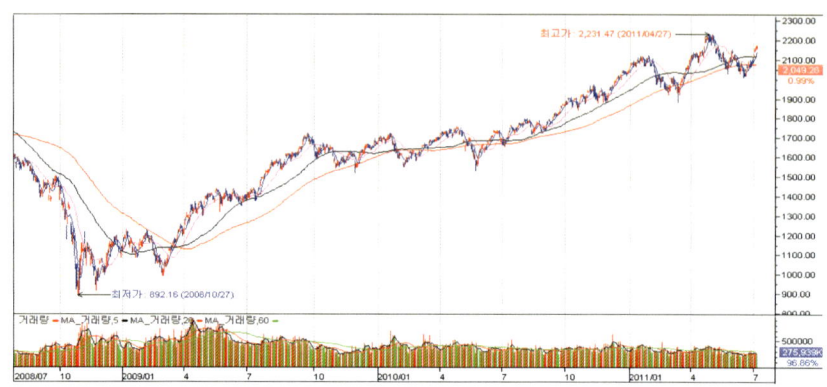

같은 기간의 종합주가지수 일봉

　유진테크와 마찬가지로 실적은 늘어나는데 외풍에 의해서 주가가 올라가지 못하는 경우다. 금호석유는 합성고무를 만드는 회사다. 금호그룹의 무리한 대우건설 인수로 인해서 금호그룹 전체가 유동성 위기에 휩싸이게 되고, 금호석유도 2009년까지는 당기 순이익이 마이너스가 되어서 주가가 오르지 못했다. 그러나 문제가 해결된 이후 2010년부터는 모든 지표가 플러스로 돌아섰고, 너무 저평가되어 있어서 주가는 오르기 시작했다. 이 회사가 얼마나 저평가되어 있었느냐 하면, 2010년 주가가 EPS보다 낮은, PER가 1도 안 되는 상황이 벌어진 것이었다. 이 기간은 '차화정'이 올라가는 대세 상승 기간이었고 화학주들은 실적이 계속 좋아지는 기간이었기 때문에 절호의 매수 기회였다. 금호석유 주가가 올라도 PER가 너무 낮았기 때문에 2010년 말에 9만 원 정도 갔지만, 그래도 PER가 4-4.5배 밖에 안 되었기 때문에 더 상승할 여력이 있었다. 이 정도 PER면 실적이 올해 정도 되거나 조금만 좋아져서 EPS가 비슷해도 화학주는 보통 PER가 12-13배까지는 올라가기 때문에 금호석유는 2011년에도 상승해서 25만 원까지 올랐고 이때의 PER는 11배 정도가 됐다. 재무제표를 확인해보고 비교해보기 바란다.

　이러한 경우를 조금 더 크게 생각하면, 기술력도 있고 근면 성실한 나라가 어떠한 이유로 종합주가지수가 폭락했다면, 그 나라 지수는 다시 일어설 것이다. 제 2차 세계대전을 치른 일본과 독일. 이 두 나라의 무기만 봐도, 세계대전을 치른 것만 봐도 기술력이 무시무시한 나라라는 것을 알 수 있다. 패망 후 이러한 기술력이 있으니 금방 일어설 수가 있었다. 머리에 있는 것까지는 없앨 수가 없지 않은가? 그렇다면 패망 후가 이 두 나라의 바닥이었던 것이다. 저 PER국이었던 것이다. 그 상태에서 독일은 전성기 때는 세계 2위, 일본은 세계 1위까지 갔으니, 주가가 얼마나 올라갔겠는가? 더군다나 우리나라 IMF 때가 이러한 경험을 치른 외국인들한테는 얼마나 좋은 매수 기회였겠는가? 독일 경제부흥을 보고 라인 강의 기적이라고 한다. 독일은 세계대전을 두 번이나 치렀고 머릿속에 기술이 있기 때문에 이러한 경우를 기적이라고 하기는 어렵다. 자본만 대주면 할 수 있는 일이다. 우리나라는 기술도 자본도 없는 상태에서 경제성장을 이뤘기 때문에 한강의 기적이라는 말이 맞다. 그래서 IMF 후에 우리나라가 일어난다는 확신이 있었기 때문에 외국인이 믿고 대량의 순매수를 펼친 것이다. 여기서는 종목이기 때문에 저 PER주라는 단어를 썼지만, 이런 경우가 어느 나라에서 벌어지면 종목이 아닌 나라라고 생각을 해서 저 PER국에 투자해라. 고 PER국이 될 때까지!

3. 기업 이익이 예상보다 많이 늘어나는 경우

① 기아차

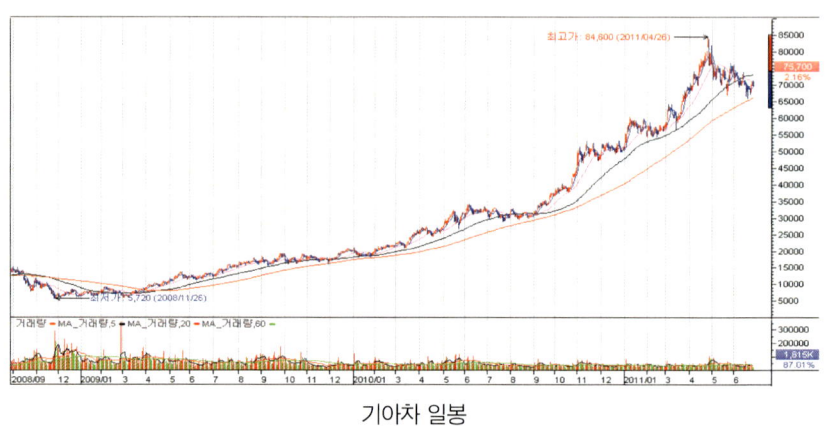

기아차 일봉

2008년부터 2011년까지의 기아차 차트다. 종합주가지수는 금호석유 편을 참고하기 바란다. 기아차 주가는 정말 깔끔하게 올라간 대표적인 차트 미인주다. 대세 하락 막바지인 2008년의 실적은 괜찮았지만 그다지 좋지는 않았다. 주가가 6000원을 깨서 5700원까지 내려갔지만, 하락이 이 부근에서 멈추는 바람에 PER가 20이 되었다. 성장성이 있다고 생각되는 경우에 나타나는 현상이다. 상당히 고평가된 주식이지만 대세 하락 막바지에 나타나는 현상이다. 너무 빠져서 저 PER주가 되는 경우도 있지만 생각보다 덜 빠져서 고 PER주가 되는 경우가 있기 때문에, PER만 가지고 매매를 하면 당연히 기아차는 살 주식이 못 된다. 하지만 대세를 보면 이때부터 올라야 할 시기이고, 실적이 좋으면 다음해 PER가 낮아지기 때문에(PER=주가/EPS이기 때문에 실적이 좋으면 이익이 좋아져서 분모가 커지므로 PER는 낮아진다) 주가는 올라간다. 올해 실적은 올해까지만 반영이 되고, 내년 실적은 내년부터 반영되므로 재무제표를 보면 2009년 EPS가 2664원이었다(참고로 2008년 EPS는 328원이었다). 2009년 3월의 주가가 6000원 정도이기 때문에 PER는 2.3배가 나온다. 이 정도면 저평가되어 있기 때문에 오를 수밖에 없고, 2009년에 20000원 정도까지 상승하게 된다. 이때 PER도 계산해보면 8배가 좀 덜 나온다. 그렇다면 내년 실적이 더 좋아지면 다음해에도 들고 가도 된다는 얘기다. 그리고 PER가 이 정도면 바닥에서 3-4배 상승했지만 PER가 높지 않기 때문에 가격 조정보다는 옆으로 횡보하는 기간 조정을 받을 가능성이 크다. 그러므로 많이 상승했어도 걱정하지 않고 들고 가면 된다. 그리고 2010년에도 실적이 좋아서 EPS가 6724원이 나오고 주가는 계속 올라가서 5만 원 정도까지 상승하지만, 실적이 너무 좋기 때문에 PER는 7.5배가 나온다. 이 정도면 PER가 높지 않기 때문에 주식을 들고 가도 된다. 아무런 부담이 없는 PER다.

그리고 2011년에도 실적이 좋아서 EPS가 8556원이 나온다. 하지만 이때 주가는 2011년 4월 86,400원까지 상승하고, 대세 상승이 끝났기 때문에 하락으로 방향을 바꿨다. 그래도 이 정도 주가면 PER는 10배 정도가 나온다. 그러므로 PER가 높은 것은 아니기 때문에 대세 상승이 계속되었다면 더 올라갈 주식이다. PER가 몇 년 동안 7-8배로 안정적으로 유지되어도 이런 상승률이 나온다. 높아 봤자 10배 정도다. 물론 대세 하락기에 저평가되었을 때 사야 한다. 2008년까지는 그렇다 할 자동차를 내놓지 못했지만, K 시리즈라는 깔끔한 디자인의 자동차를 내놓고 패밀리 룩을 완성한 결과가 차트로 나타난 것이다. 대세 상승기간에 주도주들은 항상 예상보다 더 좋은 실적이 나오기 때문에 PER는 계속 높지 않은 수준을 유지하면서 상승한다. 재무제표를 확인해보고 비교해보기 바란다. 워런 버핏은 EPS가 강력하게 상승하는 회사 중에서 매수할 종목을 고른다고 했다. 워렌 버핏은 벤처 투자자가 아니다. 창업하고 성장하기까지는 변수가 많기 때문에, 위기를 극복하고 앞으로도 안정적으로 성장할 수 있는 회사의 주식을 매수하는 기준을 제시한 것이다. 엔젤 투자자가 아니라 주식 투자자이기 때문이다.

② **에스엠**

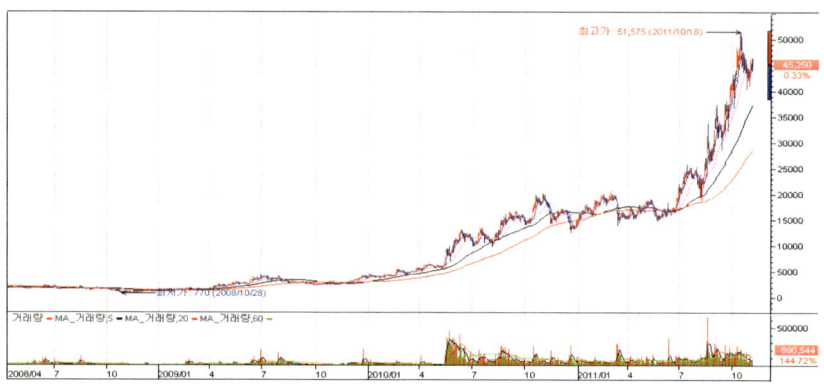

에스엠 일봉

같은 기간의 종합주가지수 일봉

우리나라 사람이라면 다 알고 있는 '소녀시대'가 속해 있는 에스엠이라는 회사다. 한류 열풍의 최전선에 있고 많은 나라에서 인기를 얻고 있는 다수의 그룹을 보유하고 있다. 기아차와 마찬가지로 해가 지날수록 PER가 어떻게 변하는지 살펴보기로 하자. 2008년도 영업 이익이 마이너스였고, 한류 열풍으로 해외에서 많이 알려졌지만 성공할 것이라는 얘기는 별로 없었기 때문에 주가는 2008년도에 770원까지 하락한다. 2008년도 EPS가 260원 정도, 그러면 PER가 3배라고 보면 되겠다. 2009년부터는 실적이 대폭 좋아져서 EPS가 280원 정도이지만, 이때는 한류 열풍이 불고 성장성이 담보되어 있는 상태였기 때문에 주가는 계속 상승하여 4500원까지 오른다. 이때 PER는 16배. 많이 올라와서 한번 조정을 2400원까지 받았지만, 2010년 실적이 아주 좋아질 거라는 예상으로 다시 상승 전환. 2010년에 20000원까지 상승한다. 2010년에는 실적이 대폭 좋아져서 EPS가 1342원이 됐고, PER는 15배로 적정 PER이며, 이러한 경우도 PER가 높지 않기 때문에 다음해 실적만 좋다면 더 상승할 수도 있다. 하지만 저점에서 2년 동안 27배가 올라왔기 때문에 조정을 12000원까지 받고 7개월을 횡보하면서 에너지를 비축하게 된다. 이 횡보 기간 동안 해가 바뀌어서 2011년이 되었지만, 빠지지 않고 5월부터 올라가서 10월에 5만 원까지 상승하게 된다. 그런데 이 기간은 종합주가지수가 2011년 4월에 고점을 찍고 1600대까지 내려와서 저점을 잡고 횡보하던 시기이다. 그러나 에스엠은 주가지수와는 별개로 '나 홀로 상승'을 했다. 2011년 실적을 보면 매출은 늘었지만 영업 이익과 당기 순이익은 줄어서 EPS가 전년도보다 줄었다. 하지만 다음해 실적이 너무 좋을 것이라는 기대감 때문에 올라서 PER가 57배까지 나오는 현상이 벌어지고, 이내 조정으로 들어가게 된다(위에서 살펴본 컴투스와 비슷한 경우다). 2011년은 PER가 너무 높았다. PER가 15-16배 정도만 유지되어도 이 정도의 상승률을 보인다. 물론 기아차와 마찬가지로 대세 하락기에 저평가되었을 때 사야 한다.

2011년부터 종합주가지수는 빠졌지만 에스엠은 상승하는 강력한 주도주이다. 재무제표를 확인해보고 비교해보기 바란다.

그리고 종합주가지수는 종목과 비교하라는 뜻에서 넣었다. 종합주가지수가 올라갈 때와 빠질 때도 올라가는 종목이 있으니, 주도주가 어떻게 움직이는지 비교해서 보기 바란다.

예로 든 기아차와 에스엠은 2008년부터 2011년까지 대세 상승기간에 주도주였고, 마찬가지로 2007년까지의 대세 상승기간에 올라간 설비투자 관련주와 2000년까지 올라간 정보통신 기술주, 이러한 주식들은 이 기간에 주도주인 것으로 봐서, 대세 상승기간에 주도주는 기업 이익이 예상보다 많이 늘어나 PER가 항상 일정하게 유지되고 주가는 계속 오르는 현상이 일어난다.

06

살 만한 주식들

이제까지 여러 기간과 종목들을 살펴보았다. 그렇다면 살 만한 주식들은 어떤 게 있는지 살펴보자.

살 만한 주식들의 기준은 해마다 매출액과 영업 이익이 늘어나야 한다는 것이다. 그래야 안정적으로 PER가 유지되면서 주가는 올라간다. 너무나 당연한 얘기다. 그러나 기업 입장에서는 그렇게 되기가 정말 쉽지 않다. 해마다 매출액과 영업 이익이 늘어나야 한다는 요건을 충족시키는 기업은 우선 대기업들일 것이다. 제품 개발 능력, 안정적인 유통망 정도는 갖추고 있어야 가능할 것이다. 하지만 지금은 코스닥과 인터넷이 있기 때문에 중소기업 중에서도 이런 기업이 나올 수 있다. 그러므로 대기업만 되고 중소기업은 안된다는 생각은 버리고, 매출액과 영업 이익이 꾸준히 늘어나는 기업을 찾으면 된다.

주식에는 여러 종류가 있다. 산업 군으로 자동차주, 해운주, 통신주 등이 있고, 시가총액으로 대형주, 중형주, 소형주로 나눌 수 있다. 또 테마주, 재료주 등 여러 가지 이름을 붙여서 나눌 수 있다. 여기서는 5년 이상 상승해서 큰 수익을 안겨주는 주식에 대해서만 소개하기로 하겠다. 그러한 주식들을 찾아보니 3가지로 압축된다. 주도주, 가치 성장주, 설비투자 관련주(경기변동주)가 그것이다. 이 정도면 사놓고도 마음 졸이지 않고 자기 일에 충실하면서, 올라가기만을 기다려도 되는 투자할 만한 주식들이다.

1. 살 만한 주식들

① 가치 성장주

말할 필요도 없는 주식이다. 사놓고 몇 십 년 동안 올라서 몇 십 배나 몇 백 배가 된다면, 누가 이런 주식을 사지 않겠는가? 사놓고 걱정 없이 오랜 기간 올라서 오랜 기간 엄청난 수익을 주는 주식은 꿈의 주식이라고 할 수 있다. 시대에 연연하지 않으며, 시대를 초월한 주식이다. 하지만 가치주라고 해서 천천히 올라가는 주식 말고, 가치주라서 많이 올라갔지만 그래도 상승률이 꽤 좋게 올라가는, 5-6년 동안에 최소 4-5배는 올라가는 주식을 가치 성장주라고 정의했다.

가치주를 찾으려면 워렌 버핏으로 돌아가서 생각해보는 수밖에 없다. 경제적 해자가 높고(진입 장벽이 높다는 뜻), 시장 점유율이 높으며, 그래서 가격 결정력이 있는 기업, 그리고 한가지 더 PER가 5~10년 동안 10~15배를 유지하는 기업. 하지만 그런 기업은 정말 별로 없을 거라는 생각이 든다. PER가 5~10년 동안 10~15배를 유지하는 기업은 어떤 외적인 상황으로 인해서 PER가 변동할 수도 있기 때문에 해마다 매출과 영업 이익이 꾸준히 늘어나는 기업이라고 이해해도 된다. 가끔 증권사에서 PER가 5~10년 동안 10~15배를 유지하는 기업을 찾는 기사가 뜨는데, 이런 기업은 거의 없다. 개인이 찾으려고 애쓸 필요도 없다. 꼭 이렇지 않아도 이 기간에 계속 실적이 좋아서 상승한 종목이라고 이해하면 되겠다. PER는 어떠한 이유로 갑자기 내려갈 수 있다. 9.11테러나 금융위기 같은 경우에 갑자기 PER가 내려갈 수 있기 때문에, 위의 조건에 들어맞지 않아도 그다지 상관없다. 책 보고 똑같이 따라하다가는 좋은 종목을 다 놓치게 된다. 그만큼 주식 시장은 변화가 심하다.

실적이 좋아도 PER가 꾸준히 유지되기란 정말 어려운 일이다. 10배나 그 이하라도 꾸준히 유지한다는 것은 매출액과 영업 이익이 계속 늘어난다는 것이다. 만약 매출액과 영업 이익이 고정되어 있다고 가정하자. 그러면 PER는 주가에 따라서 움직인다. 주가가 갑자기 올라가면 고 PER 주가 되고, 그러면 고평가되어 있기 때문에 다시 내려오고, 내년에도 실적이 변함없으면 한참 조정을 받다가, 처 PER 주가 되면 저평가되어 있어서 올라간다. 이러한 주식은 박스권에서 롤러코스터 타는 주식이다. 그래서 주가가 올라가려면 PER가 꾸준히 유지되는 수밖에 없다. 다음은 LG생활건강 차트이다.

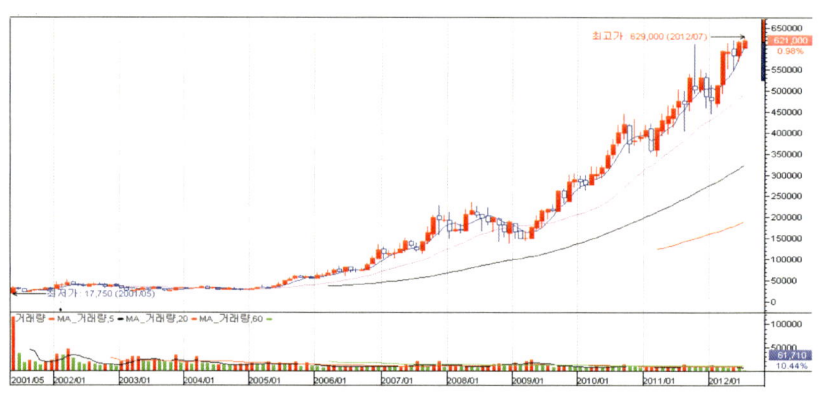

LG생활건강 월봉

사업 부문이 크게 생활용품, 화장품, 음료로 나뉘어져 있다. 음료 부문은 한국 코카콜라가 있고 해태음료를 인수했다. 화장품은 고가 브랜드도 있고, 더 페이스샵을 인수했다. 이것으로만 봐도 주가는 상승할 수밖에 없는 구조가 되어 있다. 거기다 생활용품까지 더하니, 대기업 유통망에다 황금 사업구조를 가지고 있기 때문에 2000년대 초반에 사지 못한 걸 아쉬워할 수밖에 없다. 2000년대 초반 넘어 이러한 기업들은 비싸서 사지 못했지만, 이 기업은 1~2만원대였기 때문에 충분한 매수 가격이었다. 지금은 60만 원대지만 앞으로도 가치주로서 올라갈 가능성이 확실한 종목이라 하겠다.

지금은 가치주라고 하면 우리나라 종목들도 너무 올라가서 매수하기가 쉽지 않다. 100만 원이나 50만 원 넘는 종목이 대부분이다. 하지만 10만 원대가 있어서 소개한다. 앞으로 가치성장주로서 100만 원은 넘을 가능성이 크고, 지금 가격대로도 사기엔 다른 종목들보다 부담이 없다. 바로 빙그레다.

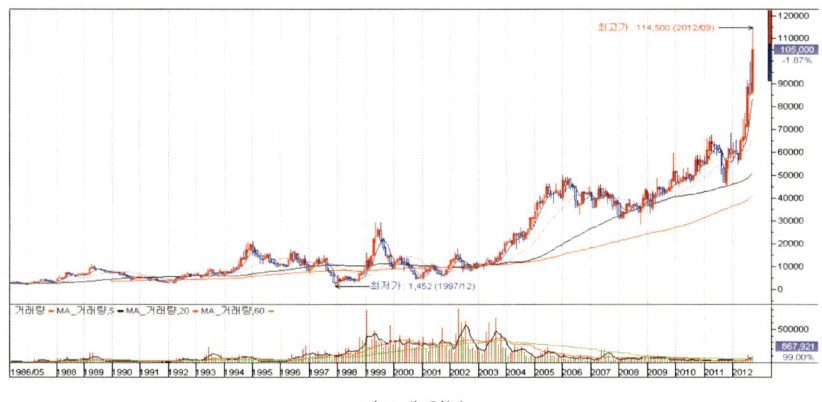

빙그레 월봉

'투게더'로 우리나라에서는 잘 알려진 회사다. 하지만 몇 년 전부터 아이스크림 '메로나'가 해외에서 많이 팔린다는 소식이 들려오고, '바나나 우유'의 중국 수출이 많이 늘어났다는 소식이 들려온다. 또 다른 제품들도 전년 대비 실적이 늘어나서, 이런 식으로 가면 아마도 롯데 주식들이나 오리온처럼 될 가능성이 크다. 한류 영향 때문이기도 하지만, 한편 중국에서는 자국 유제품에 대한 불신이 커서, 그것이 빙그레의 '바나나 우유' 수출에 한 몫 한 것 같다. 어렸을 때 맛있어서 누구나 먹었던 '바나나 우유'다. 어린 시절 감기에 걸리면 열이 나서 다른 건 못 먹기 때문에 어머니가 '바나나 우유'를 사다주신 기억이 나고 외할머니가 다른 아이스크림은 안 드시고 '비비빅'만 드시던 기억도 난다.

그리고 한 종목 더. 우리나라 사람이라면 다 아는 '미원'이라는 조미료를 만드는 대상이 있다. 지금은 청정원 브랜드로 종합식품회사가 되어 있는데, 롯데 주식들이나 오리온같이 가치주가 될 가능성이 높은 주식이다. 차트를 한번 살펴보기 바란다.

우리나라에서 이러한 주식을 찾자면 워렌 버핏이 매수한 종목들인 코카콜라, 질레트 같은 종목들도 있겠지만, 미국은 2차 세계대전이 끝나고 지금까지 세계 1위가 된 나라이고, 우리나라는 전란 후 아무것도 없는 데서 출발해서 지금도 앞으로 달려 나가야 할 나라이다. 그렇기 때문에 미국에서는 가치주가 아닌 종목들이 우리나라에서는 가치주가 될 수 있다. 자동차나 IT 업종같이 우리나라의 삼성전자, 현대차, 현대모비스는 지금까지도 가치주였지만 앞으로도 가치주가 될 가능성이 높은 기업들이다. 그 외 롯데칠성, 롯데제과, 롯데삼강, 오리온 등도 지금까지 가치주였지만 앞으로도 가치주가 될 기업들이다. 찾아보면 이것 말고도 더 있을 것이다. 차트와 종목은 '3. 가치투자' 편의 '1) 우리나라의 가치투자 종목들'을 참고하기 바란다.

② 주도주

주도주라는 것은 대세 상승기간에 지수와 함께 끝까지 올라가는 종목이다. 또한 지수를 끝까지 끌고 올라가는 종목이기도 하다. 주도주 중에서는 가치주가 될 수 있는 주식도 있지만, 주도주라고 해서 꼭 가치주가 되는 것은 아니다. 그래서 주도주로서의 역할이 끝나면 팔고 나와야 한다. 다음 차트는 SK텔레콤이다.

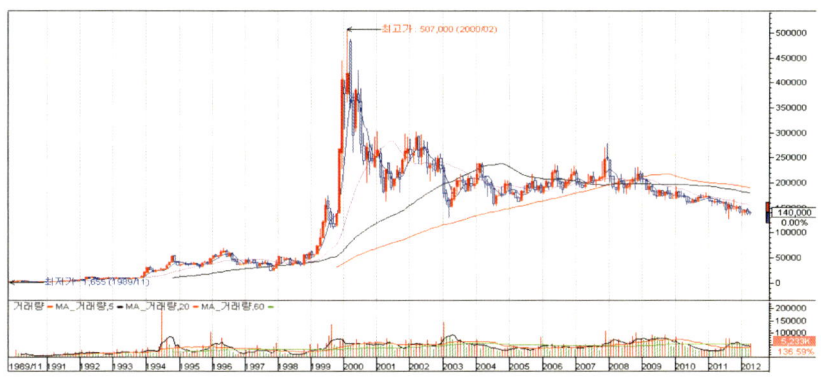

SK텔레콤 월봉

정보통신 기술주들의 세상이 펼쳐진 2000년까지의 상승을 뒤로 하고, 2000년을 지나서 지금까지 상승다운 상승을 한 번도 하지 못했다. 미국의 정보통신 기술주들 대부분이 2000년까지 상승하고 SK텔레콤과 같은 차트가 되어버렸다. 주도주라는 것이 이런 것이다. 그 시대만 올라가는 주식이기 때문에, 시대가 변하면 팔고 나와서 다시는 쳐다보지도 말아야 할 주식이다. '대세 상승' 편에서 시대별로 소개해 놨지만 한 번 더 정리하면, 1980년대에는 건설, 은행, 증권주, 그리고 이 시기에는 주가지수가 100-1000까지 올라갔기 때문에 웬만한 종목들은 거의 다 올라갔다. 1990년대에 들어 1992년부터 1994년까지 저 PER주인 태광산업, 롯데 주들과 저 PBR주인 만호제강, 성창기업 그리고 삼성전자, 1998년부터 2000년까지는 통신주와 인터넷주인 SK텔레콤과 다음, 솔본(구 새롬기술), 2000년 넘어서부터 2007년까지는 설비투자 관련주인 현대중공업, POSCO, 현대상선, 2008년부터 2011년까지는 유무형의 완제품을 만드는 회사들 '차화정', 에스엠과 의류업체들, 화장품 업체들 등, 이런 주식들이 주도주들이었다. 이 주도주들은 2000년까지 많이 올라간 정보통신 기술주들 말고는 실적이 뒷받침되는 주식들이고, 마치 물 만난 물고기처럼 주도주들의 주가가 신나게 올랐다.

　사람으로 치면 같은 직업이라도 사람마다 뜨는 때가 다른 것처럼, 연기자라도 1990년대 초반까지는 교과서적인 연기를 드라마나 영화에서 필요로 했고 사회 분위기도 그러했다. 모범생 분위기 같은 이미지를 추구했다. 하지만 1990년대 초반부터는 개성 있는 가수들이 등장하기 시작하여 2000년까지 과도기였고, 2000년 넘어서는 확실하게 개성 있는 연기자들이 드라마나 영화에 많이 나오기 시작했다. 같은 연기자라도 교과서적인 연기를 하는 사람들은 1990년대 초반부터 2000년 전까지는 화면에서 많이 볼 수 있었지만, 2000년 넘어서는 점점 볼 수가 없어졌다. 하지만 개성 있는 연기자들은 1990년대 초반부터 2000년까지는 많이 볼 수가 없었으나, 2000년 이후에는 드라마나 영화에 많이 출연했고, 그 결과 영화 쪽이 많이 성장했다(좋고 나쁘고, 잘했다 못 했다는 개념이 아니라, 시대가 그러했다는 얘기다. 오해하지 말기를 바란다. 옛날부터 연기해 오신 분들이 있었기에 지금도 드라마나 영화가 존재할 수가 있는 것이다). 이젠 예능 프로그램도 개성이 없으면 나올 수 없는 시대가 되어버렸다. 시대가 원하는 인물이 다르듯이, 주도주라는 것도 바로 이런 것이다. 시대가 원하고 필요로 하는 주식이 주도주이다. 주도주는 5년에 걸쳐서 오를 수도 있고, 10년에 걸쳐서 오를 수도 있다. 하지만 많이 올랐다고 사버리면 고점에서 사는 경우가 대부분이다. 다시 오르려면 기한이 없기 때문에 조심해서 매수해야 한다. 이러한 주식을 한 번 매수해서 몇 년 들고 가면 10배가 넘게 남으니, 두 번이면 100배가 넘고, 3번이면 1000배가 넘는 수익률을 자랑하게 된다. 한 번 매수에 20-30배가 나오면, 10000배가 될 수도 있다, 주도주가 이런 것이다. 인생이 바뀌는 주식이다. 차트와 종목은 1.대세 상승편이나 '4. 주도주 투자' 편을 참고하기 바란다.

주도주에는 세 가지 종류가 있다. 한 가지는 기존에 있던 종목들이 주도주가 되는 경우, 또 한 가지는 완전히 새로운 사업이 나와서 주도주가 되는 경우이다. 그리고 마지막 하나는 선진국이나 어떤 나라가 선진국이 되면서, 그 나라의 문화가 전 세계로 뻗어나가면서 유행이 되고, 그것이 관련 주식들뿐만 아니라 제품의 매출에 영향을 미쳐서 주도주가 되는 경우다. 첫 번째를 구 주도주, 두 번째를 신 주도주, 세 번째를 신문화 주도주라고 부르겠다.

① 구 주도주

구 주도주 같은 경우는 2007년까지 상승한 설비투자 관련주라 볼 수 있다. 이러한 경우도 엄청난 상승을 한다. 몇 년 동안 몇 십 배 상승한다(차트와 종목은 '1. 대세 상승' 편의 '5) 2003년부터 2007년까지의 대세 상승' 참고).

② 신 주도주

신 주도주의 경우는 1980-1990년대의 컴퓨터 산업과 D램 산업, 그리고 1990년대 인터넷과 네트워크 등의 정보통신 기술주, 그리고 지금의 모바일 관련 산업들과 비메모리 반도체, 모바일 기기들 등이다. 이러한 산업들은 과거에는 없었지만, 새로운 산업이 나와서 모든 사람이 이러한 기기들을 필요로 할 경우 주가는 100-200배 이상의 상승을 한다. 구 주도주보다 상승률이 좋다('1. 대세 상승' 편의 '7) 다른 나라의 대세 상승' 참고).

③ 신문화 주도주

지금 우리나라는 한류라는 바람이 불어서 우리나라 음악을 해외에서 듣고 따라하고 있는데, 이는 이전에는 없었던 일이다. 또한 의류 업체나 화장품 업체들도 한류 효과를 입어서 전에 없는 매출을 기록하고 있다(차트와 종목은 '1. 대세 상승' 편의 '6) 2008년부터 2011년까지의 대세 상승' 참고). 미국 같은 경우는 1930-1950년대의 월트 디즈니의 애니메이션이나 디즈니랜드, 1970-1990년대의 헐리웃 영화의 비약적인 발전, 그리고 드라마가 있다. 이 당시는 미국 것이면 무조건 좋다고 하던 시절이었다. 덕분에 제품에 미치는 파급 효과도 컸다. 일본은 일본의 고도 성장기인 1970년대부터 1980년대까지 비디오 게임이나 애니메이션은 물론, 제품뿐만 아니라 일본 문화가 전 세계로 뻗어나가는 시절이었다(차트와 종목은 '1. 대세 상승' 편의 '7) 다른 나라의 대세 상승' 일본, 미국 편 참고). 일본은 영화나 드라마보다는 만화나 애니메이션이 제품에 미치는 영향이 컸다. 소프트웨어가 하드웨어에 영향을 미치는 경우인데, 이는 지금 우리나라가 경험하고 있는 것이다.

언젠가 후배와 대화할 때였다.

"소프트웨어 산업은 비디오가 있으면 비디오테이프에 들어가는…."

후배가 갑자기 말을 막고 답했다.

"비디오테이프 만드는 산업이죠."

"그게 아니라, 비디오테이프에 들어가는 영화가 소프트웨어 산업이라고!"

③ 설비투자 관련주

설비투자 관련주는 피터 린치가 구분해놓은 주식의 6가지 유형 중에서 경기 순환주라고 할 수 있다. 경기 변동에 따라서 올라갔다가 내려가기를 반복하는 주식이기 때문에 경기 변동주라고도 할 수 있다. 차트 모양은 박스권인데, 만일 박스권을 뚫었다 해도 얼마 못 가서 다시 내려오는 주식이라 철저히 경기 변동이나 설비투자와 관련해서만 투자해야 한다. 저개발 국가나 개발도상국에서는 이러한 주식들이 나라에서 차지하는 비중이 상당히 크다. 나라가 어느 정도 수준에 도달할 때까지는 설비투자에 많이 의존하기 때문에 상승률도 좋으며 보통 20-30년 동안 상승한다. 하지만 선진국이 되면 설비투자보다는 자동차 산업이나 전기전자 등 다른 산업이 나라에서 차지하는 비중이 커지고, 여러 가지 신기술이나 업종도 다양해지기 때문에 경기 순환주가 된다. 다른 새로운 업종도 많고 성장주도 많기 때문에 설비투자 관련주의 인기는 저개발 국가나 개발도상국보다는 못하다. 하지만 지금은 옛날보다 경제 규모가 훨씬 커졌기 때문에 기업마다 대규모 투자를 하고, 또한 다른 나라들도 경제성장에 초점을 맞추기 때문에 설비투자 관련주의 수익률은 정말 놀랄 만하게 좋다. 그러므로 이러한 주가가 와서 상승한다면 꼭 사야 되는 주식이다(차트와 종목은 '1. 대세 상승' 편에서 '5) 2003년부터 2007년까지의 대세 상승' 참고). 하지만 이때를 맞추기란 너무 어렵기 때문에 주도국이나 환율, 실적이 좋아지는 업종들을 비교 분석하고 심사숙고해서 사야 한다. 설비투자 관련주들은 5년 넘게 올라가기 때문에, 1-2년 동안 생각해서 사도 되는 주식들이다. 예를 들면 2000년 이후의 본격적인 상승 시점은 다 다르지만, 2007년까지 상승한 설비투자 관련주가 대표적이다. 다음은 전에 소개했던 조선 기자재 업체 태웅의 2001년부터 2012년까지의 월봉이다.

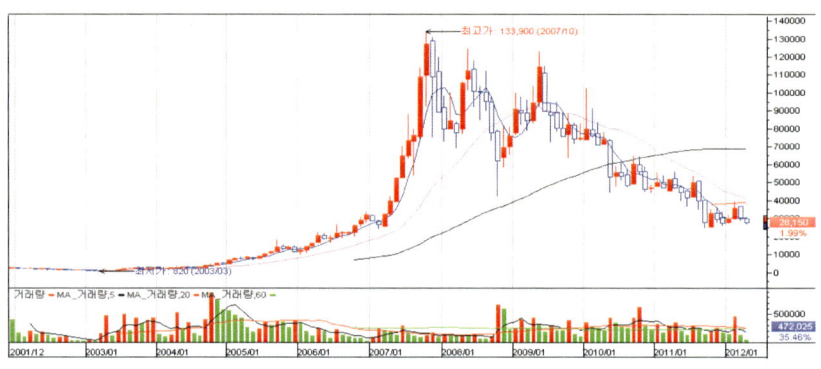

태웅 월봉

저점인 800원대에서 고점 13만 원대까지 163배 상승했다. 조선 기자재 업체로서 단조 제품을 만드는 기업이다. 설비투자 관련주가 상승할 때는 조선 업체 주가가 상승할 수밖에 없고, 그러면 조선 기자재 업체가 따라 올라간다. 부품 업체이기 때문에 조선주들보다는 상승률이 좋다. 하지만 2007년까지만 주가가 올라가고, 그 후에는 상승다운 상승을 한 번도 하지 못했다. 역시 다음 주기로 설비투자 관련주가 올라갈 때까지 기다리거나 또 다른 사업에서 성공할 때까지 기다리는 수밖에 없다. 그래서 주도주로서의 역할이 끝나면 팔고 나와야 한다.

다음은 비금속 광물 업종 차트이다. 이 업종에는 시멘트 회사들이 많이 속해 있다. 건설과 관련 있는 대표적인 설비투자 업종이다. 설비투자 관련주는 이런 식이라고 보면 된다. 일정한 주기로 박스권에서 오르고 내림을 반복하는 형태이다. 주도주는 될 수 있지만, 어느 경제 규모 이상에서는 가치주가 될 수 없는 종목들이 많다.

비금속광물 업종 월봉

그러면 피터 린치가 얘기한 6가지 주식 유형을 우리나라에서 찾아보고, 이 주식들이 우리나라에서는 다른 형태로 바뀌는데, 어떠한 주식으로 바뀌는지 살펴보자.

2. 피터 린치가 얘기한 6가지 주식들,
그리고 이에 해당하는 우리나라 주식들

여기서 피터린치의 책은 『전설로 떠나는 월가의 영웅』을 뜻한다.

① 저 성장주

피터 린치의 책에는 성숙한 대기업 주식이나 성장할 대로 성장해서 더디게 성장하는 주식으로서 당시 전기설비 업체, 그리고 20세기에는 철도산업, 자동차, 알루미늄 업체 알코아, 그리고 컴퓨터 관련주를 예를 들고 있다. 컴퓨터는 고성장에서 저성장 산업이 되었다고 그는 소개하고 있다. 철도는 당연하고, 알코아나 자동차는 2차 세계대전이 끝나고 1960년대까지 엄청난 호황을 누렸을 업종이다. 컴퓨터만 이해가 안 된다. 아마도 이 책이 인터넷이 나오기 전에 쓰여서 그런 것 같다. 그리고 일본 자동차 때문에 미국 자동차 업종은 1970년대에 차트 모양이 좋지 않았을 것이다. 이 업종을 우리나라에 그대로 적용하기에는 무리가 있다. 지금 우리나라에서 저 성장주가 될 주식은 '3. 가치주' 편에서 '1) 우리나라의 가치투자 종목들'에 소개해놓은 롯데칠성, 롯데제과, 롯데삼강 그리고 남양유업 등의 종목들이다(차트와 종목은 '3. 가치주' 편에서 '1) 우리나라의 가치투자 종목들'과 '4. 주도주 투자' 편에서 '4) 가치투자의 함정' 참고). 차트 상 1980년대부터 2000년대까지 고성장을 했던 경우가 대부분이지만, 1970년대 차트가 있다면 이때도 고성장했을 것이다. 그러면 30-40년 동안의 고성장 후 저성장으로 들어갈 수밖에 없는 국면이고, 주가 또한 너무 비싸다. 백만 원이 넘는 주식도 있고, 몇 십만 원이 대부분이다. 주가가 이렇게 비싸면 상승률이 그다지 좋지 않다. 그래서 저성장주가 되는 요인이 되기도 한다. 이 회사들이 코카콜라가 되지 않는 한 앞으로는 고성장할 수는 없다. 하지만 안정적인 성장은 할 수 있기 때문에 은행 금리나 채권보다 높은 수익을 원하거나 주식 투자는 위험한데 아무리 봐도 롯데나 남양유업은 망하지 않을 것 같다는 생각을 가진 투자자라면 사도 된다. 주식 투자를 통한 높은 수익보다는 낮지만, 안정적인 금리보다 높은 수익을 원할 때 딱 맞는 주식이다. 다음은 롯데제과의 차트다. 실제로 고성장이 끝난 2000년대 중반 이후부터 지금까지의 수익률은 2000년대 중반 조금 전에 샀다고 가정해도 2배 좀 넘거나 이에 미치지 못한다. 앞으로도 안정적인 수익은 가져다 줄 것이다.

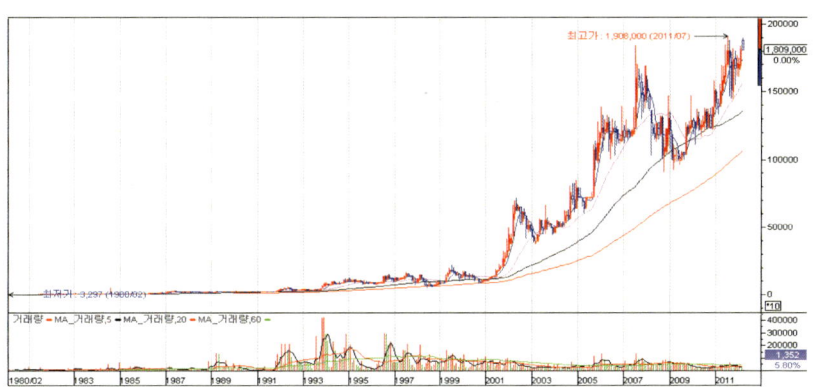

롯데제과 월봉

② 대형 우량주

　대형 우량주는 대기업인데도 저 성장주보다는 잘 오르는 주식이거나 성장할 대로 성장했는데도 저 성장주보다는 잘 오르는 주식을 말한다. 피터 린치의 책에는 코카콜라나 브리스톨 마이어스, 프록터앤겜블 그리고 켈로그 등이 소개되어 있다. 이 책에서 제시한 수익률 기준은 프록터앤겜블의 예로 25년 동안 4배는 채권이나 다를 바 없고, 1-2년에 50% 상승하면 만족하는 수준이니까 매도를 생각한다고 소개되어 있다. 이 정도의 상승이라면 우리나라에 이런 주식들은 정말 많이 널려 있다. 주도주 차트를 보면 대기업일지라도 이 정도의 상승률은 여지없이 보여준다는 것을 알 수 있다(차트와 종목은 '1. 대세 상승' 편과 '3. 가치투자' 편에서 '1) 우리나라의 가치투자 종목들', '4. 주도주 투자 참고). 각각 시대별로 대세 상승기 때 주도주에는 이런 주식들이 많고, 시대별로 주도주가 아니더라도 계속 올라가는 대형주 중에서 지금 고르라면 삼성전자, 현대차, 현대모비스, 기아차 등으로 볼 수 있다. 대형주이지만 시대별로 꾸준히 꽤 괜찮은 수익을 내는 종목이라 하겠다. 지금 가격은 비싸지만 고점에서 사지만 않았다면 몇 년 후 몇 배 정도의 수익은 줄 회사들이다. 3-5년 가지고 가면 3-5배의 수익률은 줄 것이다. 다음은 현대모비스 차트다. 현대차 부품업체인데 토요타의 덴소라고 보면 되겠다. 대기업이고 1980년대부터 많이 올라갔어도 2008년부터 2011년까지 3년 동안 8배의 상승률을 보여준다. 대표적인 대형 우량주인데, 이러한 주식은 가치 성장주라고 해도 되겠다. 가치주인데도 꽤 괜찮은 성장률을 보여주는 종목이다.

현대모비스 월봉

③ 고 성장주

설명이 필요 없는, 누구나 사고 싶어 하는 주식이다. 피터 린치의 책에는 본인도 좋아한다고 되어 있을 정도이며, 연 20-25% 성장하는 신생 기업으로서 10-40루타, 심지어 200루타도 된다고 한다. 피터 린치의 루타는 배라고 보면 된다(10배에서 40배, 심지어 200배). 한두 개만 성공해도 출세한다고도 했는데, 맞는 말이다. 한 번만 맞춰도 인생 편안하게 살 수 있다. 가수가 앨범 하나, 영화감독이 흥행작 하나만 성공시켜도 인생이 핀다. 두세 개 성공시키면 스타가 되고, 4-6개 성공시키면 전설이 된다. 그의 책에는 꼭 신생 기업이 아니라 갑자기 시장 점유율을 높이는 맥주회사 안호이저-부시가 소개되어 있고, 메리어트 호텔, 타코벨, 월마트, 갭 등의 회사들이 소개되어 있다. 이 회사들은 지금 보면 세계적인 기업들이다. 이 당시에도 고 성장 기업이었고, 지금은 글로벌 기업이 되었다.

이러한 고 성장주에 맞는 주식은 주도주가 되겠다. 1980년대의 건설, 증권,

은행주, 1992-1994년까지 저 PER주, 저 PBR주, 그리고 1998-2000년까지 상승한 정보통신 기술주들, 2001-2007년까지 상승한 설비투자 관련주들, 2008-2011년까지 상승한 '차화정' 주식들. 이러한 주도주가 고 성장주가 되겠다. 그리도 책에는 1960년대에 고 성장주가 된 주식들을 많이 소개해놓았는데, 플라스틱 업종, 다우케미컬, 알루미늄 회사들이 그것이다. 이 회사들은 2차 세계대전이 끝나고 전쟁 복구를 위해서 기간산업과 설비 투자부터 할 때 올라가는 주식들인데, 이런 것들을 대량 생산할 수 있는 나라는 미국밖에 없었다. 그러므로 1950-1960년대는 당연히 위에 얘기한 업종들이 고 성장주가 된다. 또한 1960년에 베트남 전쟁이 일어났는데 1966년에 미국 주가가 고점을 쳤다고 되어 있는 걸로 봐서 이때까지 설비투자 관련주들이 주도주로서 상승했다고 볼 수 있다.

우리나라에서 앞으로 고 성장주가 될 주식은 모바일 관련주와 '차화정', 그리고 한류 관련 주식들로 보인다. 차화정은 자동차, 화학, 정유주이고, 한류 관련 주식은 엔터주인 에스엠과 와이지엔터테인먼트, 의류나 화장품 주식들 등이며, 모바일 관련주는 스마트폰과 모바일, 스마트폰 관련 부품 종목들과 모바일 게임주들이다. 이러한 주식들이 앞으로는 고 성장주가 된다. 지금 매수하라는 얘기가 아니라, 지금이 대세 상승기인지 대세 하락기인지 판단해서 매수해야 한다. 누구나 이런 주식들을 찾고, 사고 싶어 한다.

다음 차트는 1998년부터 2000년까지 올라간 한글과 컴퓨터이다. 1년이 조금 넘는 기간 동안 150배가 넘는 상승률을 보여주었다. 이 당시는 정보통신 기술주들이 비이성적으로 올라갔는데, 단기간에 많이 올라가는 고 성장주의 모습을 잘 보여준다. 고 성장주의 차트와 종목은 '1. 대세 상승' 편에 나온 대세 상승 종목들이 대부분이다. '4. 주도주 투자'에 나온 종목들을 참고

하면 되겠다.

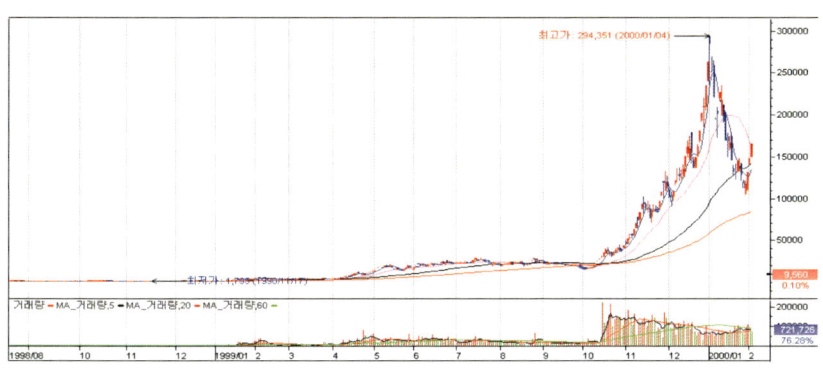

한글과 컴퓨터 일봉

④ 경기 순환주

경기 순환주는 설비투자 관련주라고도 볼 수 있는, 경기 순환에 따라 움직이는 주식이다. 당시 미국 상황과 지금의 우리나라는 경제 규모나 외적 상황이 다르기 때문에, 경기 순환주라고 했던 주식들 중에서 우리나라와는 조금 다른 부분이 있다. 피터 린치의 책에서는 철강회사, 화학회사, 자동차회사, 항공회사를 경기 순환주라고 했다. 설비투자 관련주들은 어느 나라에나 있다. 미국 정도면 다른 업종도 많고 산업이 다양하기 때문에 경기 따라서 움직이는 업종이 될 것이다. 그리고 저개발국가에서 선진국으로 도약하는 나라들에서는 이러한 종목들이 전체 GDP에서 차지하는 비중이 크고 30-40년 상승하기 때문에 가치주가 된다.

지금 우리나라 같은 경우는 철강 업종이나 항공 업종이 경기 순환주가 맞다. 지금까지는 경제규모가 커짐에 따라서 매출도 늘어나기 때문에 주가가 올라갔지만, 이제부터는 경기 변동에 따라 생각해야 할 업종들이다. 하지만 화학 업종이나 자동차 업종은 아직까지는 아니다. 피터 린치는 경기 순환주의 차트 모양이 거짓말 탐지 그래프 같다고 했다. 경기 따라서 움직이니까 주가는 박스권에서 움직일 수밖에 없다. 하지만 자동차 업종과 화학 업종은 우리나라에서는 박스권 모양이 아니고, 가치주도 되고 성장주도 되기 때문에 가치 성장주라는 말이 더 어울리는 것 같다. 30-40년 동안 성장을 지속적으로 해서 놀랄 만한 수익이 나는 종목은 우리나라같이 압축 성장하는 나라에서 나올 수 있다. 그러므로 피터 린치나 다른 유명한 사람의 책을 읽고 우리나라에 그대로 적용하면 안 된다. 만약 적용을 했으면 자동차나 화학 업종을 놓쳤을 것이다. 그래서 그 나라 GDP와 국민소득 등 여러 가지를 생각해서 결정해야 한다. 나라마다 같은 업종이라도 선진국이냐 개발도상국이냐에 따라서 설비투자 관련주가 가치주가 될 수 있기 때문이다.

지금 우리나라에서 경기 순환주는 2007년 대세 상승기 때 주도주였던 조선, 해운, 철강, 기계, 건설 등의 업종이다(종목과 차트는 '대세 상승' 편에서 '2003년부터 2007년까지의 대세 상승' 참고). 이러한 주식들은 몇 년 동안 많이 올랐기 때문에 고점에서 사버리면 하락률도 클 뿐만 아니라, 다시 설비투자 주기가 와야 올라가기 때문에 30년 이상 기다려야 될지도 모른다. 다음은 기계 업종의 차트다. 전형적인 경기 순환주 모습을 보여주고 있다. 30년 동안 경기에 따라 박스권에서 왔다 갔다 하는 모양새다.

기계업종 월봉

    다음은 화학 업종의 차트다. 1980년대부터 올라서 중간 중간에 조정을 받
았지만, 만일 앞으로 더 상승하면 1980년부터 30-40년 오르는 것인데, 그러
면 가치주라고 볼 수 있다. 그리고 빠르게 성장하기 때문에 가치 성장주라고
도 할 수 있다. 자동차 업종도 마찬가지다('대세 상승' 편 '2008년부터 2011년까지의
대세 상승'에서 현대차 참고). 화학주는 얼핏 생각하면 설비투자 관련주라서 경기
순환주 같은데, 박스권도 아니고 실적도 계속 좋아지기 때문에 지금으로선 경
기 순환주가 아니다. 위에 소개한 기계 업종과는 다르다는 것을 알 수 있다.

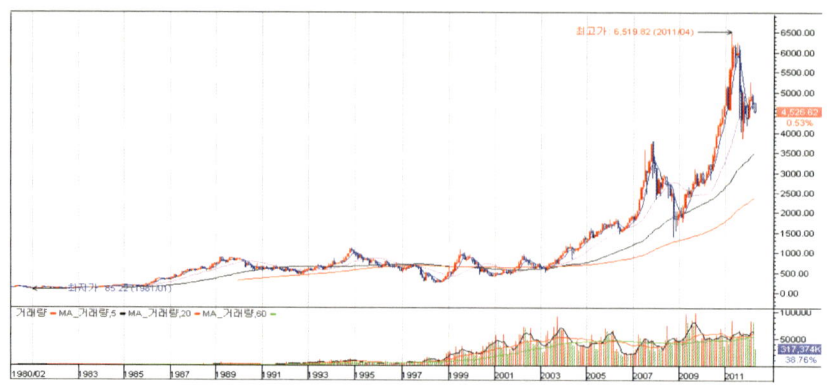

화학 업종 월봉

⑤ 회생주

망해서 부도났다가 다시 살아난 기업이다. 피터 린치의 책에는 크라이슬러, 포드, 펜센트럴 등이 소개되어 있고, 크라이슬러와 펜센트럴에 투자해서 큰 이익을 얻었다는 경험담이 나와 있다. 이러한 경우는 기업 규모가 큰 경우에 해당되는 얘기다. 기업 규모가 어느 정도 되어야만 부도난 후 다시 일어나도 매출이 큰 폭으로 늘어난다. 이익도 적자에서 흑자로 전환되고, 시기만 잘 맞으면 엄청난 상승을 보여준다.

우리나라는 이러한 것을 한 번 경험했다. 바로 IMF 때다. 모든 기업이 무너지고 나라도 무너지고 구제 금융을 받아서 살아났다. 1998년부터 2000년까지는 정보통신 기술주들의 세상이었다. 그 후부터는 설비투자 관련주들이 상승했기 때문에, 이 당시 살아난 구 경제 기업들은 회생주였다. 그렇기 때문에 실적도 바닥, 주가도 바닥이어서 2007년까지 엄청난 상승을 보여준다.

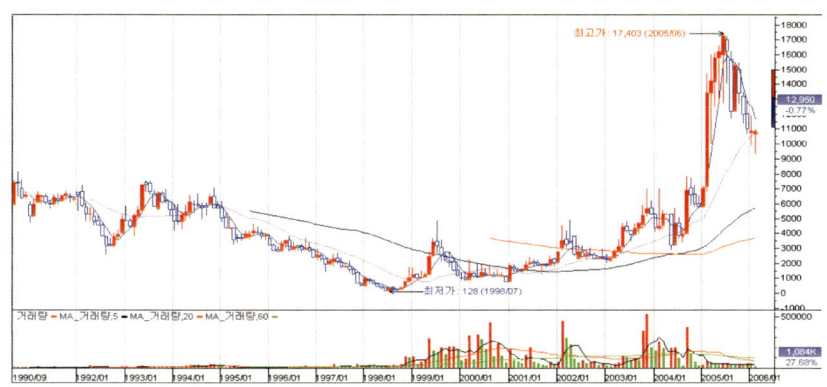

STX 월봉

STX는 망해가던 쌍용중공업의 지분을 이 회사에 다니던 회사원이 인수해서 우리나라 대기업이 된 독특한 경력을 가진 회사다. 조선 업체로서 설비투자 관련주들이 올라갈 무렵에 정확히 인수하여 지분을 20억 원어치 샀다. 그런데 후에 주가가 저점 대비 1000배 이상 올라가서 우리나라 샐러리맨의 신화를 만든다. 하늘은 스스로 돕는 자를 돕는다고, 자신의 정확한 판단에 대한 하늘의 보답 같다. 만약 1990년대나 지금 인수했다면 이러한 차트는 나오지 않았을 것이다. 정말 이렇게 때를 정확히 맞춘 기업 인수는 찾아보기 힘들다. 주식을 저점에서 20억 원어치 산 것이나 마찬가지다. 전형적인 회생주 차트를 보여준다. 차트에서는 주가가 17,000원대지만, 이후 더 올라가서 139,000원대까지 상승한다. 이 주식 말고도 부도나서 현대차가 인수한 기아차와 엄청난 공적 자금을 쏟아 부어서 회생시킨 후 SK가 인수한 하이닉스가 이런 경우라고 하겠다.

⑥ 자산주

책에는 페블비치라는 기업이 대단한 자산주라서 20세기 폭스 사에 인수되었는데, 이때 자갈 채취장을 팔았다고 한다. 그런데 그 가치가 몇 년 전 이 회사의 시가 총액을 넘어섰다고 소개되어 있다. 또 여러 자산주에 대한 얘기와 더불어 1977년도에 케이블 TV 회사 주식을 못 산 것을 후회한다고 쓰여 있다. 미국은 1970년대부터 케이블 TV가 있었나 보다. 우리나라는 1993-1994년도에 케이블 TV가 시작된 걸로 기억한다. 그 회사의 자산이 많은 경우인데, 보통은 사업을 하기 위해서 땅을 많이 사놓은 경우가 대부분이다. 그래서 신 경제권보다는 구 경제권에 자산주가 많다.

PBR은 주가순자산비율로서 공식은

PBR=주가/BPS

BPS=순자산(자기자본)/발행 주식 수

이므로 PBR이 낮아지는 경우는 주가가 내려가거나 순자산이 늘어나는 경우다. 주가가 올라가도 PBR이 낮아지는 경우가 있다. 제조업이나 유통업체의 경우 주가가 올라가기 위해서는 실적이 늘어나야 되고, 그러려면 설비투자를 해야 한다. 이러한 경우 주가도 올라가고, 부동산 가격과 설비비용 등 자산 가격도 늘어나기 때문에 PBR이 그렇게 늘어나지 않는다. 인터넷 업종이나 게임 업종은 대규모의 공장 설비를 필요로 하지 않으므로 실적이 늘어나면 주가가 많이 오르기 때문에 PBR이 갑작스럽게 많이 늘어나 꽤 높아지는 경우가 있다.

재무제표를 보면, 2009년부터 삼성전자 매출액은 지금까지 계속 놀라운 속도로 늘어나고 있다. 2009년에 90조 원인 회사 매출액은 지금 200조 원이 되었고, 앞으로는 200조 원이 넘는 회사가 된다. 정말 놀라운 성장이다. 그리고 삼성전자의 PBR은 1.8배 정도에서 움직이고 있다. 현대차는 지금 매출액이 80조 원이 넘어 90조 원으로 가는 회사가 되었고, PBR도 마찬가지로 1.8배 정도에서 움직이고 있다. 이런 걸로 봐서도 삼성전자와 현대차의 PBR 1과 2배 사이에서 움직인다고 보면 맞을 것 같다. 대규모 설비투자 때문에 당연한 PBR이다.

반면 엔씨소프트는 PBR은 5배, 7배 정도에서 움직이고 있고, 다음(DAUM)은 3배, 4배에서 움직이고 있다. 이 업종들의 설비투자는 컴퓨터와 서버, 건물 정도이기 때문에, 이 정도 투자로 수익이 많이 나면 주가의 상승이 곧 PBR의 상승이 된다. 인터넷이나 게임 업종은 다른 업종보다 PER도 높게 형성되고, 시기만 맞으면 주가가 빨리 올라가는 경향이 있다. 그러므로 PBR이 높게 나온다. 재무제표를 확인해보고 비교해보기 바란다.

PBR=1인 경우는 주가가 자산 가치와 같은 경우이고, PBR이 1보다 큰 경우는 주가가 자산 가치에 비해서 고평가된 경우이다. 그리고 1보다 작은 경우는 주가가 자산 가치보다 저평가되어 있는 경우라서, 이 경우에는 기업을 사서 매각하면 큰 차익을 남길 수 있다. 따라서 기업을 인수 합병할 때 많이 쓰는 지표다. 하지만 PBR만 보고 투자하기는 어렵고, 참고자료로 보면 좋다.

우리나라는 1994년도에 저 PER주와 저 PBR주가 폭등하던 시기가 있었다 (차트와 종목은 '대세 상승' 편 '2) 1992년부터 1994년까지의 대세 상승'에서 만호제강 참고). 자주 얘기가 나오는 우리나라 자산주로는 성창기업, 대한화섬, 방림, 대한방

직 등이 있고, 대표적인 유통주들인 롯데와 신세계, 이마트, 현대백화점 등
도 자산주로 볼 수 있다.

3. 주가와 영어

우리나라에서는 지금 말도 안 되는 일이 벌어지고 있다. 태어난 지 얼마
되지도 않은 애한테 영어를 가르치고, 유치원도 영어를 가르친다. 초등학교
에서도 영어로 수업한다고 한다. 그리고 이걸 너무나도 당연하게 사회가 받
아들인다. POSCO를 예로 들어보자.

이 종목의 한 가지 아쉬운 점은, 옛 사명(社名)이 포항제철인데 왜 포스코
로 이름을 바꿨는지 이해할 수가 없다. 그때 바꾼 이유가 세계화를 위해서
도 그렇고 외국인이 발음하기 어렵기 때문이라고 했던 것이 기억난다. 어느
나라건 거의 대부분은 자기나라 말로 이름을 짓고, 이걸 영어로 표기할 때
알파벳을 소리 나는 대로 붙인다. 일본 기업들을 보면 알 수 있다. 일본 기업
이라는 것을 얼른 알 수 있는 일본 회사 이름을 표기만 영어로 한다. 혼다,
토요타는 HONDA, TOYOTA, 이런 식으로 표기를 알파벳으로 할 뿐이다.
외국인은 영어로 이름을 바꾼다고 해서 그 회사 주식을 사지 않는다. 외국
인은 회사명이 한글인지 영어인지에 대해 아무 관심이 없다. 우리나라에서
우리나라 사람이 외국인이 이렇게 생각하지 않을까 해서 하는 이상한 짓들
을 이제 그만 좀 했으면 좋겠다. 너무 잘못 알고 있는 것이다. 영어로 해야만
뭐가 된다고 착각하는 사람들이 너무 많다.

소니의 예를 들어보자. 소니로 이름을 바꾸기 전의 사명은 '도쿄추신코교'.

이 정도면 발음하기가 우리나라 사람도 쉽지 않다. 이 정도면 바꾸는 것이 낫다. 포항제철은 그 정도는 아니라고 생각한다. 오히려 현대차가 외국인이 발음하기 어렵다. '현다이'라고 읽는 외국인도 많다고 한다. 그래도 실적이 좋으니까 주가는 올라가지 않는가? 외국인이 그 회사 주식을 사는 건 발음하기 편해서가 아니라, 실적이 좋기 때문에 사는 것이다. 회사 이름을 '개새끼'라고 지어도, 실적이 좋으면 외국인은 당연히 그 회사 주식을 산다. 포항제철이라는 이름을 그대로 남겨뒀으면 포항이라는 도시가 세계에 정말 많이 알려졌을 것이다. 포항제철이라고 해도 워렌 버핏은 이 회사 주식을 샀을 것이다. 이름을 영어로 짓는다고 세계화가 되는 건 아니다. 사명을 2002년에 바꿨는데 세계 1위를 차지한 건 1998-1999년도였다. 포항제철이라는 이름으로 1위를 차지했다는 말이다. 어떻게 설명할 것인가?

포항공대도 포스텍으로 바꿨다. 포항에 있는 공대가 더 낫지 않은가? 우리나라 제1위의 고등교육 기관은 우리나라 언어로 학교 이름도 되어 있어야 하고, 수업도 우리나라 말로 해야 한다. 카이스트에서 전 과목을 영어로 수업하는데, 정신 나간 일이 아닌가 생각된다. 수학을 영어로 배운다고 수학을 잘하겠는가? 우리나라 말로 배우고 유학 갈 때 필요하면 그 나라 언어를 배우면 된다. 자신의 지식을 외국에 나가서 내어 쓸 때 외국어가 필요한 것이지, 지식을 배울 때 외국어가 필요한 것은 아니다. 영어로 수업해야 세계화가 되고, 우리나라 말로 배우면 세계화가 안 되나? 대학원 박사 과정도 마찬가지다. 지금은 우리나라 학문 용어가 나올 시기이지, 다른 나라 말 따라하는 시기는 절대 아니다. 장하준 교수의 '사다리 걷어차기'라는 말이 정말 반가웠다. 이걸 영어로 표기할 때 알파벳으로 표시만 하면 된다. 이런 식으로 이제는 우리나라 말로 된 학문 용어가 나와야 한다. 거의 선진국이 되지 않았는가? 우리나라 사람끼리 있을 때 왜 영어를 써야 하는가? 대학교에서 우리나라 교수와 학생들이 있는데 영어로 대화하는 모습이 웃기지 않은가? 1970-1980년대에 유학 가서 박사학위 받은 사람들도 어려서부터 영어 배우지 않았다. 이런 비상식적인 일이 왜 일어나는지 모르겠다. 미국이나 영어에 대한 환상이 아직도 있는 걸까? 자존심도 없나? 우리나라는 지금 안 해도 되는 일을 꼭 해야 되는 것처럼 만들어서 너무 많은 열들을 받고 있다. 이것도 그 중 하나다. 잘사는 나라의 언어가 영어이지, 영어를 해서 잘사는 건 아닌데, 이걸 거꾸로 해석한 것 같다.

그럼 일본은? 일본이 세계 1위를 차지했을 때, 영어 때문에 차지한 것은 아니었다. 제품을 잘 만들어서 세계 1위가 된 것이다. 실제로 제품 대응은 하지 않고, 기업 경영자가 회의도 영어로 하고 보고서도 영어로 쓰라고 하다가 스마트폰 대응이 늦어져서 엄청난 손실을 보고 그만둔 경영자가 있다. 여기가 미국 기업인가? 기업은 좋은 제품을 만드는 곳이지 영어학원이 아니다. 이렇게 되면 직원들은 영어 때문에 자기 일을 못 할 것이다. 자기 일을 못 하는 직원이 많으면 기업은 엉망이 된다. 예능 프로에서도 영어를 못 하면 놀리고 했는데, 이런 것이 우리나라에서 웃음거리가 된다는 것이 더 웃기는 일이다. 소재가 그렇게 없나? 우리나라 사람이 왜 원어민 발음을 해야 하는가? 일본 방송을 보면 그들의 발음은 더 엉망이다. 그런데 이거 가지고 뭐라고 하는 사람 없다. 일본은 우리보다 훨씬 더 오래 전에 선진국이 된 나라다.

지금 우리나라에서 영어 교육 덜 한다고 우리나라 주가가 내려가거나 기업의 주가가 내려갈까? 이제까지 어떤 기업의 주가가 올라가는지 많이 설파했다. 기업에 관한 책도, 유명한 투자자 책도 많이 봤지만, 영어를 잘해야 주가가 올라간다는 얘기는 한 군데도 없다. 영어와 국가 또는 기업 경쟁력은 별로 상관이 없다. 언어는 하나의 도구일 뿐이니까. 필요한 사람만 배우면 된다. 오히려 영어 배울 사람만 배우면, 나머지 사람들은 시간적·정신적 여유가 더 생길 것이다. 이런 직원들이 일하면 능률도 더 올라서 기업 실적도 오를 것이다. 우리나라에서 영어가 필요한 순간은 그다지 많지 않다. 유학 갈 때, 기업에서 바이어 만날 때, 아니면 관광업이나 무역업에 종사하시는 분들 정도보다 조금 더 있을 것이다. 주변을 둘러보면 영어로 먹고사는 사람은 별로 없다. 그러면 그렇게 많이 필요하지는 않다는 뜻이다. FTA, 즉 자유무역협정 한다고 영어가 필요할까? 관세만 없애는 것이지 언어는 별 상관이 없다. 외국 법률가나 유통업체가 우리나라에 오면, 우리나라 사람이 영어를 써서 물건을 살까? 아니면 영어를 써서 변론을 할까? 그런데 왜 어렸을 때부터 영어를 배워야 하는가? 많이 필요하지도 않은 영어를 이제는 유치원부터 대학교까지 영어수업을 한다고 하니, 20년 동안 나중에 쓰지도 않을 것을 배운다는 것은 엄청난 시간 낭비다. 차라리 1980년대같이 중학교에서 영어 배우기 시작해도 아무 상관없다. 지금은 영어가 이런 것이다 하고 접하기만 하면 되고, 선택은 본인이 해도 되는 시기다. 세계화라든지 글로벌 인재라든지, 거창한 구호 붙여서 하는 건 다 비싼 수업료를 받기 위한 구실일 뿐이다. 영어 배울 시간에 차라리 나가서 뛰어 놀게 하면, 오히려 이 아이들이 나중에 뛰어난 인재가 될 것이다.

지금은 한류 때문에 세계 여러 나라에서 우리나라 말을 배우고 우리나라로 유학을 온다. 이러한 시기에 우리나라는 정작 유치원부터 영어를 배우는 것을 비판도 못 하고 있다. 초등학생이 자기 과목을 왜 영어로 배우나? 중학교, 고등학교, 대학교까지 수업을 영어로 하도록 권장하고 있다. 외국에서는 우리나라 말을 배우려는 사람이 넘쳐나는데, 우리나라는 정작 유치원부터 대학교, 대학원까지 수업을 영어로 하려 한다. 너무 바보 같다는 생각이 든다. 지금은 우리나라 문화를 전 세계에 알릴 절호의 기회다. 이러한 붐을 타고 알려야 한다. 이런 기회는 자주 오지 않는다. 지금 나라 정책 순위가 뒤바뀌었다. 지금은 우리나라 말과 글인 한글을 어느 나라 누구라도 배우기 쉽게 전 세계 각 나라에 지원해서 한글학교를 만들어야 할 때이다. 그렇게 해서 우리나라 드라마나 영화, 음악을 접하고 문화를 받아들이면 우리나라 제품을 더 많이 살 것이고, 우리나라 기업의 매출은 늘어날 수밖에 없다. 그러면 주가도 당연히 올라간다. 그리고 나서야 종합주가지수도 올라가는 것이다. 영어를 배운다고 우리나라 기업의 매출이 늘어나지 않는다. 잘 생각해보라, 주가가 어떻게 올라가는지를.

국민성과 전통과 차트, 그리고 주도국

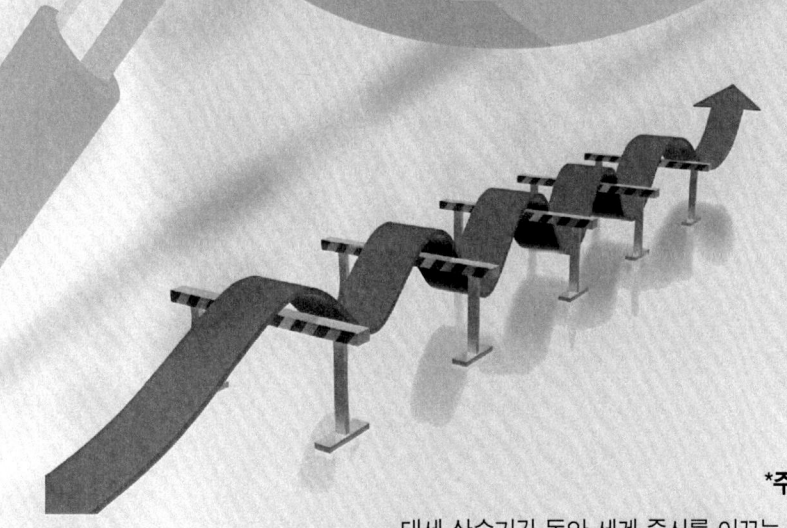

*주도국
대세 상승기간 동안 세계 증시를 이끄는 나라.

1. 1980년대부터 2000년까지 미국과 일본의 차트를 비교해서 보자.

① 1982년부터 2000년까지 일본닛께이225지수

일본닛께이225지수 월봉

② 1980년부터 2000년까지 미국 다우존스 산업지수

다우존스지수 월봉

③ 1984년부터 2000년까지 미국 나스닥 종합지수

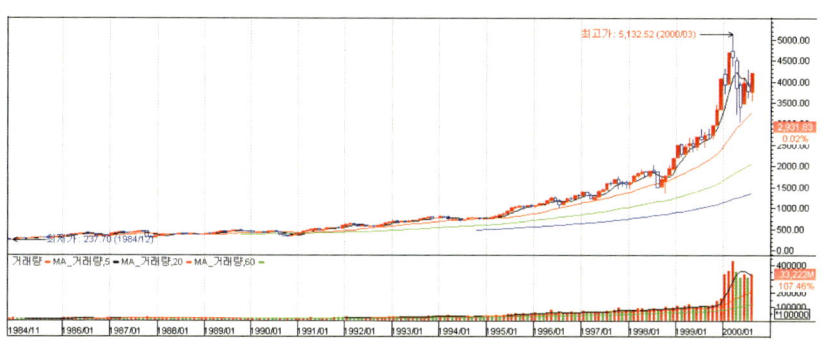

나스닥지수 월봉

차트를 보면 다르다는 것을 알 수 있다. 일본은 1980년대에 1989년까지 상승 후 하락으로 전환해서 2000년까지 조정이고, 미국은 1980년대도 올라갔지만 1990년대 차트가 날아가는 듯한 상승이 나왔다. 10년을 주기로 엄청난 차이가 벌어졌다. 왜 이렇게 다를까? 미국은 왜 1980년대에 많이 올라가지 않았고, 일본은 왜 1990년대에 많이 올라가지 않았을까?

1980년대까지는 완성품의 시대이자 아날로그 시대였다. 장인 정신으로 누구보다 물건을 잘 만드는 일본은 다른 나라보다 이 분야에서 장점을 가지고 있었다. 게다가 완전 고용을 유지한 회사들은 일본 사람들이 생각하기에 자신을 보호해주는 영주였고, 영주를 위해서는 목숨을 버리는 사무라이 정신으로 일을 했으니 다른 나라가 당해낼 수가 없었다. 그래서 일본 사람들이 제일 존경하는 경영자가 마츠시타 고노스케이며, 그는 경영의 신으로 불리는 것이다. 이것은 몇 백 년 동안 내려온 일본의 전통이다. 그러니까 일본인 안에 흐르고 있는 유전자, 즉 전통이 차트를 만든 것이다. 그래서 1980년대 일본은 주도국이 됐다.

한·중·일은 유교에서 한 가지씩을 취했다. 우리나라는 효(孝), 중국은 의(義), 일본은 충(忠)이다. 드라마나 영화에서 어떤 사건을 전개할 때, 우리나라는 부모가 악당에게 죽거나 좋지 않은 일이 생겨서 자식이 복수하는 내용이 많고, 아니면 이것이 주가 아니더라도 대부분 작은 사건이라도 부모가 연관지어져서 꼭 나온다. 그리고 우리나라는 친구끼리 배신하는 내용이 정말 많다. 중국은 친구가 잘못되거나 동료와의 관계에서, 아니면 선후배가 죽거나 할 때 복수하는 내용이 많이 나온다. 그런 대표적인 작품은 '영웅본색'이며, 그 외에도 무협소설, 중국 케이블 드라마를 보면 이런 내용이 정말 많이 나온다(그래서 우리나라 드라마를 많이 보나 보다. 모든 드라마를 이런 류의 내용으로만 볼 순 없으니까). 부모에 대한 효는 별로 못 봤다. 일본은 주군에 대한 충성, 일본인들이 좋아하는 전국시대, 영주가 죽으면 그를 위해 목숨을 바치고 쓰러져 가는 사무라이들. 이런 내용이 많고 친구와의 우정은 별로 못 봤다. 이런 정신으로 무장한 일본인들이니까 2차 세계대전 후 고도 성장기를 만든 것이다. 이런 정신으로 잘 만든 물건을 팔았으니 세계 1위가 될 수밖에 없다.

그렇다면 미국은 어떨까? 미국은 전통적으로 개척정신이 강한 나라다. 서부개척 시대를 그린 옛날 서부영화를 보라. 그 후 나라가 커지니까 이젠 세계를 개척한 나라다. 세계 개척시대를 연 나라다. 이러한 프런티어 정신이 미국인에게 흐르고 있는 유전자, 즉 전통이다. 이 전통이 아무도 하지 않는 일을 하는 것, 아무도 가지 않는 길을 개척하는 벤처 정신으로 이어지고, 이 모든 것을 당연하게 생각하는 사회 분위기로 이어져, 미국의 20년간 대세 상승을 만들었다. 새로운 것을 만들어내고 새로운 곳을 개척하는 것으로 미국을 당할 나라가 없다. 그래서 미국은 1990년대 주도국이 됐다. 하지만 장인 정신으로 물건을 잘 만들지는 못한다. 그래서 차트를 보면, 그 나라 지수, 그 나라의 차트는 국민성과 비슷한 것이 아닌가 하는 생각이 든다. 차트를 보면 그 나라의 국민성과 시대가 맞을 때 엄청난 상승이 온다. 누구보다 장인 정신으로 물건을 잘 만드는 일본의 1980년대의 대세 상승, 프런티어 정신이 강한 미국의 1990년대의 대세 상승. 프런티어 정신도 강한데, 여기다 신자유주의까지 더했으니, 이 당시 미국 지수와 종목들은 올라간 것이 아니라 날아간 것이다.

그런데 지금은 서로 간의 네트워크와 공유가 중요한데, 개인주의가 발달한 일본에서 이런 산업이 나올 리가 없다. 수많은 오타쿠와 혼자 먹는 음식점들, 가족이 아니라 회사가 치러주는 장례식. 혼자만 잘 노는 문화에선 서로를 이어주는 네트워크가 발달할 리가 없다. 그러니 산업이 나올 수가 없고, 이런 회사가 없으니 주가에 반영이 안 된다. 그래서 1990년대에 흘러내려서 박스권을 탈피 못 하는 차트가 만들어졌고, 새로운 것도 나오지 못하니 한 단계 더 내려간 것이다. 그리고 앞으로는 1인 가구가 전체 가구의 40%까지 된다고 한다. 그래서 아직도 저점을 잡지도 못하는 차트가 만들어진 것이다. 세계 1위가 됐으면 그 나라는 발명의 나라로, 벤처 정신이 강한 나라로 바뀌어야 한다. 안정성보다는 모험과 도전을 추구하고 당연하게 받아들이는 사회 분위기가 있어야 한다. 세계 1위가 되었다고 안주해버리면 그 나라는 미래가 없다. 그 나라가 만든 것은 어차피 다른 나라도 만들게 되어 있고, 시장은 잠식당하게 되어 있다. 그러니 새로운 것을 만들고 시장을 만들어야 세계 1위를 유지할 수 있는 것이다. 일본도 1980년대까지 새로운 것을 만들어냈지만 거기서 끝났다. 일본은 또 전통에 대한 애착이 강한 나라라서 변화가 쉽지 않다. 그래서 1990년대도 1980년대의 제품을 고집한 결과 차트만 계속 하염없이 내려갔다. 세계 1위를 차지하고 2위가 되었다가 지금은 3위지만, 변화하기는 쉽지 않다. 하지만 일본의 고도 성장기 때는 정말 세계를 대표할 만한 기라성 같은 경영자들이 전후에 많이 나와서 1960년대부터 1980년대까지 고도 성장기를 만들어냈다. 꼭 1700년대에 모차르트, 베토벤 같은 세계가 기억할 만한, 100년에 한 번 나올까 말까한 인물들이 동시대에 쏟아져 나온 것처럼 말이다. 우리나라도 7080 음악이라고, 천재들이 20-30년 동안 쏟아져 나온 시절이 있었다. 1970-1980년대, 조금 더 잡으면 1990년대 중반까지다. 세대가 지나도 들을 수밖에 없고 앞으로도 나오기 힘든 음악가들이 너무 많이 나와서 행복한 시절이었다. 이 음악들이 과연 앞으로도 나올 수 있을까? 우리나라 문화를 우리나라 말로 표현하기 때문에 공감이 되고 가사 하나하나가 내 얘기 같은 느낌. 우리나라가 이 당시에 지금 같은 국력이 되었으면, 이 노래들이 한류 열풍을 타고 팝송은 아니더라도 샹송같이 가요가 국제무대에서 한 장르로서 대접 받았을 것이다. 우리나라 정서, 한글의 아름다움, 우리나라 멜로디가 전 세계에 뻗어나갈 수 있었을 텐데 아쉽다.

다시 돌아와서, 일본은 1980년대를 뒷받침할 만한 기업들이 많이 나오지를 않았다. 일본이 다시 세계 1위를 하려면 전 세계가 1인 가구가 많아지면 가능할 것이다(1인 가구 상품이나 서비스는 일본이 1위이다).

주도주를 알면 큰 수익을 얻는다고 했는데, 주도주가 뭔지를 잘 모를 때는 주도국을 보면 답이 나온다. 전 세계 증시는 같이 올라가기 때문에, 주도국의 특성을 알고 주도국에서 올라가는 종목을 분석하면 자국의 주도주가 나온다. 1990년대 미국의 정보통신 기술주. 그래서 우리나라는 늦게 올라갔지만 정보통신 기술주가 폭등하고, 2001년부터 2007년까지 브릭스 국가들의 설비투자 관련주. 그래서 우리나라는 설비투자 관련주들이 올라갔다. 앞으로는 이러한 종목들 외의 주도주가 나올 것이고 주도국 또한 바뀔 것이기 때문에, 다른 나라와 우리나라를 비교 분석하면 주도주를 찾을 수 있다.

그렇다면 다음번에 그 나라의 주가지수가 많이 올라가서 이슈가 될 나라는 어디일까? 완전히 개인적인 생각이지만 독일이 아닐까 싶다.

2. 영국, 프랑스, 독일 차트를 비교해보자.

① 영국

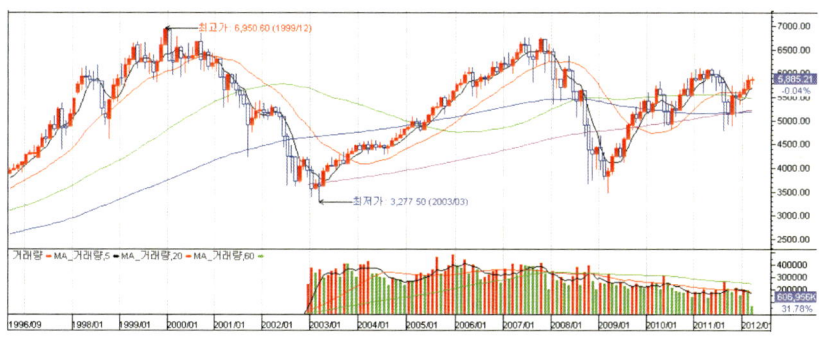

영국지수 월봉

② 프랑스

프랑스지수 월봉

③ 독일

독일지수 월봉

유럽의 강국이라 불리는 영국, 프랑스, 독일 세 나라의 2000년 후부터 지금까지의 차트다. 2003년부터 2007년의 대세 상승기에 영국은 2000년 고점까지 갔고, 프랑스는 2000년 고점에 많이 미치지 못했으며, 독일은 2000년 고점을 넘어섰다. 독일은 그럴듯한 물건을 많이 만드는 나라이기 때문에, 제품을 만들기 위해 설비투자도 많이 해서 다른 나라보다 2003년부터 2007년까지의 주가지수 상승률이 높다. 그리고 2007년에서 2008년의 대세 하락기에서 유럽은 저점을 2009년에 찍었는데, 영국과 프랑스는 2003년 저점까지 왔고, 독일은 2003년 저점에 한참 미치지 못했다. 그리고 나서 2009년부터 2011년까지의 대세 상승기에 독일과 영국은 오르는 모양인 데 반해, 프랑스는 올라가다 마는 듯한, 기어서 올라가는 모양이어서 차트가 힘이 없다. 프랑스 전체적으로 봐도 차트가 위에서부터 흘러내려서 새로운 저점을 찾는 모양이고, 영국은 박스권에서 왔다 갔다 하는 모양이며, 독일은 고점과 저점을 높이면서 많이 올라갈 준비를 하는 모양이다. 프랑스가 제일 약한 모습이다. 올라갈 때 다른 나라보다 더 올라가고, 떨어질 때 다른 나라보다 덜 떨어진다. 이것만 봐도 다음 대세 상승기에는 독일이 많이 올라가리라는 것을 예측할 수 있다.

독일의 2003년부터 2007년까지의 대세 상승과 2008년부터 2011년까지의 대세 상승에서 주가지수 상승률은 우리나라와 비슷하다. 독일 같은 선진국이 선진국이 되려는 나라와 주가지수 상승률이 비슷하다는 것은 정말 대단한 일이다. 이것은 아마도 독일의 자동차 즉, 독일제라고 하면 붙는 프리미엄 제품들, 이러한 것들과 독일 국민 하면 떠오르는 근검절약, 차에 에어컨이 없고 여름에 더워도 에어컨을 켜지 않는 나라, 2차 세계대전 후 담배를 피울 때 몇 사람이 모여야 성냥을 켜는 국민성. 이러한 것들이 이제는 다시 빛을 볼 때가 됐다. 마이스터로 대변되는 독일의 장인 정신은 독일 증시를 마음껏 끌어올릴 것이다. 앞으로는 설비투자보다는 제품을 잘 만드는 나라가 올라가는 시대이다. 독일제라고 하면 전 세계가 인정해주는 제품이어서, 독일이 다음 번 대세 상승기 때 주도국이 될 가능성이 제일 높다. 유럽에서 주도국이 될 가능성이 제일 높고 성장률도 제일 높은 데다 앞으로도 제일 높을 것이다.

그렇다면 2000년 넘어서부터 2007년까지 세계적인 이슈가 됐던 브릭스 국가들은 어떨까?

① 브라질

브라질지수 월봉

② 러시아

러시아지수 월봉

③ 인도

인도지수 월봉

④ 중국

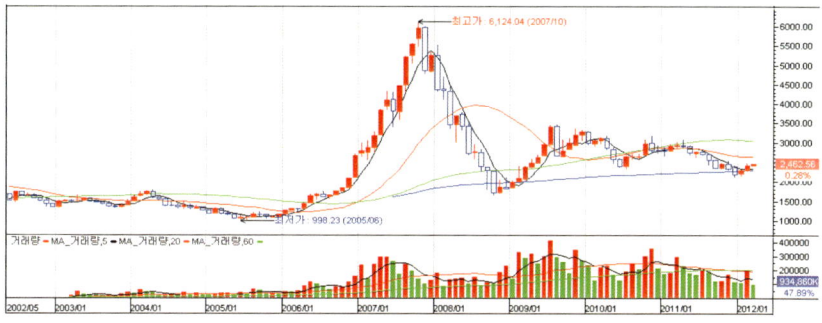

중국지수 월봉

브릭스 국가들의 차트 모양이다. 2007년까지 화려하게 올랐던 모습은 어디로 갔는지, 2008-2009년에 시작된 대세 상승에서는 주가지수가 힘이 없는 모양새다. 브라질은 2009년 1년 정도만 올라갔고, 2011년까지는 횡보하다 내려왔다. 러시아가 상승률이 제일 좋은데, 그건 2008년 고점에서 2009년 저점까지 하락폭이 워낙 컸기 때문이다. 주가지수가 2500 정도에서 500정도까지 내려왔으니, 1년 조금 넘는 기간에 5분의 1이 내려왔기 때문에 가파르게 올라갔다. 인도도 2009년 정도만 올라갔고, 그 후에는 상승률이 보통이다. 중국은 차트 상으로 제일 안 좋은 모양이다. 2009년도 다 올라가지 못하고, 2009년부터 빠지기 시작해서 계속 흘러내리고 있다. 뭔가 상당히 안 좋은 듯한 모양이다. 아시아권에서 악재가 나오면 중국에서 나올 듯하다.

2007년까지 다른 나라가 부러워하는 상승률에 높은 경제 성장률을 기록했던 이 국가들은 공통적으로 2008년부터 2011년까지의 상승은 그저 그런 상승이었다. 브릭스 국가들은 설비투자 때는 강하지만, 지금은 기업체가 설비투자가 많이 끝나고 제품을 만드는 시기이기 때문에, 이 시기가 지나면 이런 상승률은 나오지 못한다. 브릭스 국가들은 제품이 강한 나라들이 아니어서 외국인들의 2007년 이후의 포트폴리오는 당연히 바뀌었다. 주도주가 정보통신 기술주에서 2000년 넘어오면서 설비투자 관련주들로 바뀌었고, 2008년부터는 소비재 주식으로 바뀌고 있다. 그리고 세계적으로 제품들이 많이 팔리는 나라는 선진국들이기 때문에 앞으로는 선진국 쪽으로 무게중심이 옮겨갈 가능성이 크다.

08

주식하는 사람의 머리와
자세와 마음가짐

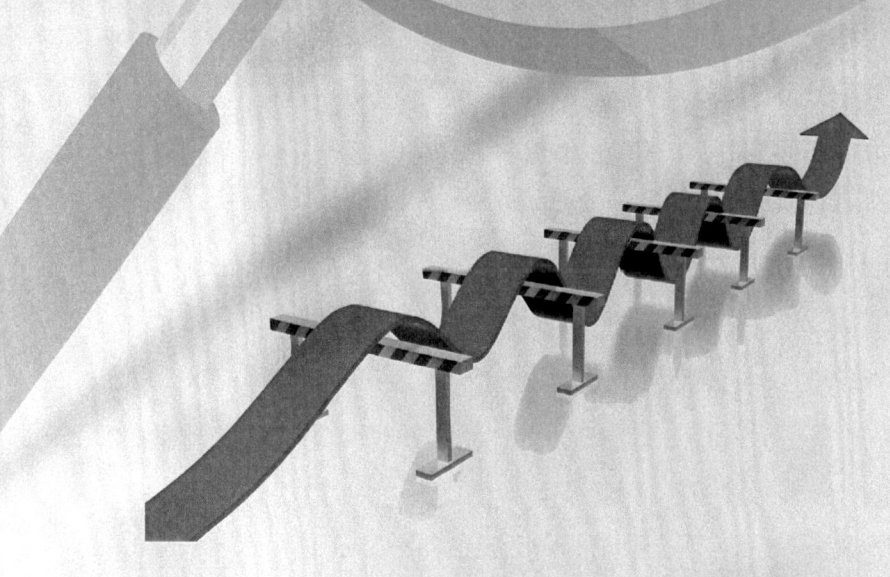

1. 주식투자의 과정과 주식 복기

주식을 해서 돈을 번다는 것은 세상에서 정말 어려운 일이라고 말할 수 있는 일이다. 투자를 해서 은행 금리보다 높은 수익을 얻는다면 그 사람은 남들보다는 분명히 잘살 것이다. 지금 은행 금리를 4%라고 가정하면, 은행에 돈을 맡기면 1년에 4%의 이자를 준다. 이 정도는 남들도 다 하는 것이다. 그럼 남들보다 잘살려면 이보다는 더 높은 수익률을 올려야 한다는 답이 나온다. 1년에 10%의 수익률을 계속 복리로 올린다고 가정하면, 10-20년이 지나면 이 사람은 엄청나게 부자가 되어 있을 것이다. 워렌 버핏도 연평균 20 몇 %의 수익률을 복리로 올렸다고 한다. 이렇게 해서 세계적인 부자가 되었다. 그런데 사람들은 주식 차트를 보면 20%는 정말 쉽다고 생각한다. 그러나 막상 실전에 들어가 보면 20% 벌기는커녕 20%를 너무도 쉽게 잃는다. 아마 한 달도 걸리지 않을 것이다. 2-3번 매매 잘못하면 이 정도 잃는다. 그러다 보면 자기도 모르게 이성을 잃게 되고, 점점 더 잃으면 잃을수록 돈이 아니라 술만 늘고, 그러다 파생을 하기 시작한다. 주식 올라가는 대로 자신의 종목은 올라가지 않고 오히려 떨어지니 매수 주체 원망만 하고, 종합주가지수대로 선물이나 옵션은 올라가니 차트만 보다 세월만 흐르고, 자신은 점점 더 파멸로 가게 된다. 어찌 보면 도박 중독과 비슷하다. 도박하다 잃으니 따기 위해서 점점 더 돈이 들어가고, 이성을 잃고 자기 생활은 엉망이 되고, 그러다 막바지까지 간다.

원인은 욕심이다. 욕심만 끊으면 되는데, 이게 말처럼 쉽지 않다. 하지만 정말 주식은 오랜 경험과 훈련을 통해서 된다. 주식은 자기가 틀렸다는 것을 시간이 지나면 자연스럽게 알게 되므로 기다리면 된다. 자신이 오를 거라고 생각하고 산 종목이 오르지 않으면 이유가 있는 것이기 때문에 원인 분석을 한다. 이때 자신이 틀렸으면 틀렸다는 것을 순순히 인정해야 한다. 여기서부터 주식투자는 시작된다. 틀렸는데도 인정하지 않고 투자하는 것은 주식투자가 아니다. 바둑만 복기가 있는 것이 아니다. 주식에도 복기가 있다. 그래서 겸손한 마음으로, 처음부터 시작한다는 마음으로, 배워야 한다는 마음으로, '내가 왜 이 종목을 샀나.' '이 종목은 성장할 것인가? 대세 상승인가? 대세 하락인가?' '내가 왜 이런 선택을 했을까?' 하는 생각을 가지고 주식 복기를 하면 실력이 조금씩 늘어난다. 그러다가 시간이 지나면 '하루하루 차트를 보지 않아도 되는구나.'를 알게 되고 한 달, 1년이 지나고 몇 년 있으면 주식이라는 것이 몇 년도 올라간다는 것을 알게 된다.

　주식은 우선 경험이다. 경험하지 않고 머리로 주식을 알 수는 없다. 지식보다는 연륜이다. 그러다 보면 재무제표도 보고 환율이나 유가, 원자재 등 갖가지 차트들이 눈에 들어오기 시작한다. 여기서부터 분석하는 머리가 나오기 시작한다. 시행착오도 겪고 대세 하락, 대세 상승을 겪으면 겪을수록 시장을 보는 눈이 생기기 시작한다. 이 단계가지 왔으면 여기서부터는 혼자만의 싸움이다. 여기까지가 보통 7-8년이다. 여기까지는 왔어야 되는 단계이고, 이 단계까지 오기 전에는 주식으로 돈을 계속 벌기 힘들다. 어쩌다 한 번씩 수익이 날 뿐이다. 그리고 여기서부터는 더 가야되는데, 이제부터는 가속도가 붙기 시작하지만 수익은 나지 않는다. 뜸이 들어야 되기 때문이다. 주식으로 수익이 지속적으로 나려면 뜸까지 들어야 한다. 아는 것은 많아서 남들 앞에서 주식을 자랑스럽게 얘기하지만, 본인은 돈을 벌지 못한다. 주식으로 수익이 나려면 각(覺)이 되어야 하는데, 지(知)가 각(覺)을 의미하지는 않는다. 지(知)에 행(行)이 붙어서, 즉 아는 것이 행동으로 옮겨져서 수익이라는 경험을 겪어야지 깨달을 수가 있다. 여기서부터는 하나둘씩 종목이나 지표들이 눈에 들어와서 자연스럽게 용(用)을 할 수가 있다. 즉 주식을 자연스럽게 구분도 할 줄 알고(저 성장주인지 고 성장주인지, 성숙기 주식인지), 대세 하락이나 대세 상승도 알기 때문에 어떠한 장이나 종목도 자신에 맞게 이용할 수 있다. 버릴 줄을 알기에 가능한 단계다.

이전에 사람들이 넘지 못하는 단계가 있다. 지(知)에서 멈춰버리는 경우가 대부분이다. 지식이 행동으로 옮겨져서 수익이 나야 되는데(이때 꼭 필요한 것은 지식이다. 감정적으로 매매해서, 지식 없이 수익이 나는 행동은 10년 해도 아무 소용없다), 아는 것으로 만족하는 착각에 빠지게 된다. 다른 사람보다 많이 알기 때문에 우쭐하고, 어디 가서도 유식한 것처럼 보이는 자신을 발견하고는 됐다고 생각하지만, 아직 멀었다. 지(知)와 행(行)이 각(覺)이 되어서도 용(用)까지 가려면, 각(覺)에서도 시행착오를 여러 번 겪어서 뜸이 들어야 용(用)의 단계까지 갈 수 있다. 이런 사람을 많이 봤다. 워렌 버핏이나 존 템플턴, 피터 린치, 필립 피셔, 이런 주식투자의 대가들을 얘기하고 가치투자 해야 된다고 얘기하면서, 집에 가면 단타나 하는 사람들이 대부분이다. 지(知)까지가 이 단계라고 보면 된다. 그러니 어려서부터 배워온 지행일치 (知行一致)가 얼마나 어려운지 주식을 해보면 알 수 있다. 다른 분야도 마찬가지일 것이다. 말로는 쉽지만 막상 해보면 안 되는 경우다. 주식의 뜸이 드는 시간까지 참으면, 그 사람은 주식으로 성공할 수 있다.

2. 주식하는 머리, 자세, 마음가짐

① 주식하는 머리

열심히 일을 한다고 해서 돈을 버는 것도 아니고, 공부를 잘한다고 해서 버는 것도 아니다. 공부 잘하는 머리하고 주식해서 돈 버는 머리는 같다고 생각하는데, 실상은 많이 다르다. 비슷한 것 같지만 비슷하게 보일 뿐이다. 공부 잘하는 머리로 분석은 할 수 있다. 하지만 자기 돈을 넣어서 장세에 휘둘리지 않고, 마음을 가라앉히고 대세를 판단하고 주식을 샀는데 떨어지는 것을 보고 흔들리지 않고 그 주식을 가지고 있기란 정말 어려운 일이다. 학교를 좋은 데 나오고 유학을 갔다 오고 해도, 이런 것은 별 상관없다. 분석까지는 할 수 있어도, 장세를 판단해서 자신의 돈을 투자해서 수익까지 내기란 몇 단계 더 위다. 장세 판단으로 돈을 벌면 어마어마하게 벌기 때문에, 그런 능력이 있으면 그 사람은 분명히 분석하는 직장을 관뒀을 것이다. 오히려 주식을 해서 돈을 버는 머리가 되려면, 머리 한 쪽 면만 발달하지 않고 여러 가지가 골고루 발달해야 한다. 예측을 해야 하기 때문에 자유로운 상상력과 분석할 줄 아는 이성적인 능력, 주식이 싸질 때까지 기다리는 인내심, 좋은 주식을 샀는데 외부적인 영향으로 떨어져도 기다리는 배짱, 자신이 틀렸으면 틀렸다고 인정할 줄 아는 겸손함, 남의 말을 많이 듣는 경청, 이 모든 것을 종합해서 판단하는 판단력, 이 정도는 할 줄 알아야 주식해서 돈을 벌 수 있다. 그리고 스스로 정리를 잘하는 사람이 주식으로 성공할 가능성이 높다. 어려서부터 습관이 들거나 아니면 늦어도 대학생 때부터는 이런 습관이 들어야 한다. 그래서 학원과 학교에서 다른 것은 하지 않고 공부만 하는 머리로는 절대로 주식으로 돈을 벌 수가 없다. 자신이 공부가 뒤처져서 1-2년 정도 학원이나 과외를 받을 수는 있다. 하지만 어렸을 때부터 학원 다녀서 찍어주는 것만 공부한 사람은 절대로 주식하면 안 된다. 주식은 누가 찍어주는 것이 아니다. 자신이 찾아서 스스로 공부하고 깨닫는 것이다. 누가 던져주는 것을 받아먹는 것이 아니다. 그래서 미국이 금융이 강한 나라가 된 것이 이해가 간다. 학교에서 공부뿐만 아니라 운동이나 동아리 등 여러 가지 활동을 하니 머리가 골고루 발달되고, 이것이 나중에 직장이나 사회 나갔을 때 엄청난 힘을 발휘한다. 운동이라는 것은 뇌에 산소와 혈액을 많이 공급해서 뇌를 더 좋게 만든다. 좋은 머리라도 운동을 하면 한 단계 더 좋은 머리가 될 것이다. 이 머리로 사회에 나가는 것이다. 주식뿐만 아니라 다른 분야도 마찬가지다. 그리고 운동하면 사람이 깨어 보인다. 답답해 보이지 않는다. 주식으로 성공한 사람들을 보면 답답한 사람은 한 사람도 못 봤다. 앉아서 책만 읽는 이미지가 아니다.

주식한다고 차트만 보는 것은 좋은 방법이 못 된다. 주식으로 수익을 내려면 머리가 여러 가지로 발달되어야 하기 때문에 미술작품이나 문화재를 보는 것도 많은 도움이 된다. 주식도 차트를 보고 분석하는 것이기 때문에 미술작품을 보고 그 미술작품을 분석하는 글이나 평론을 보는 것, 문화재를 보고 분석하는 것도 어떠한 사물을 보고 안목을 기르는 훈련이기 때문에 주식하는 데 많은 도움이 된다. 영화나 애니메이션도 마찬가지다. 주식도 기업에 대한 분석이기 때문이다.

② 주식하는 자세와 마음가짐

절에서 수도하는 스님을 생각하면 된다. 주식 시장에서는 이성을 잃는 순간 돈을 잃게 된다. 수도하는 기분으로 어떠한 것이 유혹을 해도 마음이 편안한 상태, 돈을 잃어도 웃고 넘어가는 마음이 되어야 한다(테마주나 작전주가 몇 배 올라가도 버릴 수 있는 마음 상태가 되어야 한다). 그리고 동양 고전에서 말하는 '중용', 이 중용이 주식으로 수익을 낼 수 있는 마음가짐이다. 지금 떨어져도 가지고 갈 때인지 손절할 때인지, 아니면 많이 올랐어도 가지고 갈 때인지 아니면 팔고 나올 때인지 냉철하게 이성적으로 판단하려면, 어디에도 치우치지 않는 마음이 있어야 한다. 이 마음이 있으면 주식이나 시황 판단하는 데 많은 도움이 된다. 그리고 기다려야 한다. 그것도 참고 기다려야 한다. 그래서 동양 고전을 보는 것도 주식투자에 있어서 많은 도움이 된다.

주식투자에 있어서 제일 좋은 방법은 싸게 사서 비싸게 파는 것이기 때문에 싸질 때까지 기다리는 것이 제일 좋은 방법이다. 그냥 기다리는 것이 아니다. 참고 기다려야 된다. 비유하자면 낚시와 비교할 수 있다. 미끼를 물 때까지 기다리는 것처럼, 때가 올 때까지 기다려야 한다. 그러고 나서 물고기를 낚을 때처럼 주식을 사는 것이다. 기다림의 훈련이라고 보면 되겠다.

많이 아는 얘기지만, 주식하는 데 딱 맞는 얘기가 있다. 일본에서 오다 노부나가는 "울지 않는 두견새는 죽여버린다."라고 했고, 토요토미 히데요시는 "울지 않는 두견새는 울게 만든다."라고 했다. 또 도쿠가와 이에야스는 "울지 않는 두견새는 울 때까지 기다린다."라고 했다. 제일 나쁜 건 오다 노부나가 식 주식투자다. 성질 급해서 다 잃게 만드는 '모 아니면 도', 이런 식의 투자법이다. 주식 시장에서는 제일 위험하고 하면 안 되는 투자법이지만, 많은 사람들이 그렇게 하고 있다. 그 다음 단계가 토요토미 히데요시 식 투자법이다. 자신감에 차서 자기 식대로 하려고 하지만, 주식시장은 그렇게 되지 않는다. 역시 제일 좋은 건 도쿠가와 이에야스 식 투자법이다. 울 때까지 기다리는 것이다. 주식이 쌀 때까지 기다리는 것이다. 이때가 제일 좋은 매수 기회다.

주식은 자기 마음대로 되는 것이 아니다. 자기가 주식을 움직이는 것이 아니라, 주식이 어떻게 움직이는지를 맞추는 것이다. 그래서 자기 생각이나 자의식이 강한 사람, 자신이 너무 잘났다고 생각하는 사람은 주식으로 돈을 벌 수가 없다. 겸손해야 하고, 많은 것을 듣고 받아들이는 열린 마음이 되어야 하고, 자기와 다른 것을 인정해야만 주식으로 수익을 낼 수 있다. 주식 앞에선 항상 겸손해야 한다.

주식을 할 때 목표 수익률을 정하지 말고, 주식이 자기한테 주는 만큼 만족해라. 주식이라는 것은 예전 개발도상국 시절같이 목표를 정하고 열심히 해서 목표를 달성하는 분야가 아니다. 주식 시장에는 대세 상승도 있지만 대세 하락도 있기 때문에 목표 수익률을 정할 수가 없다. 모든 종목이 다 빠지는 대세 하락기에 목표 수익률이 어디 있단 말인가? 앞으로 나아가지만, 물러설 때는 물러서야 되는 곳이 주식 시장이다. 이때 목표 수익률이 되지 않았다고 뭐라고 하거나 욕심을 부리면, 이때부터 모든 것은 망가지기 시작한다. 대책이라는 것은 있을 수가 없고, 기다리면 모든 것이 해결된다. 이때 기다리지 않고 욕심이나 조급한 마음에 무엇이라도 하기 시작하면, 이때부터 손실은 나기 시작한다. 그래서 주식이 자기에게 수익을 주는 만큼 만족해야 한다.

③ 주식하기에 좋은 습관들

우리나라 사람은 성격이 정말 급하다. '빨리빨리'라는 말을 외국인도 많이 아는 것처럼, 뭐든지 빨리 하려고 한다. 어느 프로그램에서 우리나라 성질 급한 예가 나왔다. 삼겹살 다 익기 전에 먹는 것, 컵라면에 뜨거운 물 붓고 익기도 전에 딱딱한 면을 먹는 것, 자판기 커피 다 되기 전에 종이컵 집는 것, 그래서 화상 입는 것 등등이다. 보고 많이들 공감했다. 그래서 주식투자 도 빨리 하려고 하는데, '빨리빨리'와 주식은 어울리는 말이 아니다. 참고 기 다리는 것이 주식투자라고 했다. '빨리빨리'는 반대되는 말이다. 운동경기로 치면 주식투자는 축구가 아니라 야구다. 야구에서 타자라고 보면 된다. 공 을 보고 기다렸다가 치는 타자가 주식투자다(그래서 월스트리트에서 주식투자로 몇 배 수익을 루타라고 표현했나? 2배는 2루타, 5배는 5루타). 그러기 위해선 큰 것부 터 바꾸지 말고 생활습관부터 바꿔야 한다. 천천히 말하고, 남이 얘기하는 것을 다 듣고, 먼저 말하지 말고, 생각도 천천히 하고, 운전도 천천히 하고, 앞에 차 선다고 빵빵 울리지 말고 기다리고, 공원이나 동네를 천천히 걷는 것도 좋은 습관이다. 예로 차트 하나만 소개하겠다.

기아차 일봉

2008년도의 대세 하락이 끝나고 대세 상승 전의 기아차 일봉 모양이다. 이 때 어디서 기아차 주식을 산 것은 아무 문제가 되지 않는다. 저가에 사지 못 했어도, 8000원에 샀어도 상관없다. 떨어진다고 매도하지 말고 재무제표를 보고 종목을 샀으면 참고 기다리자! 그럼 다음 차트가 된다.

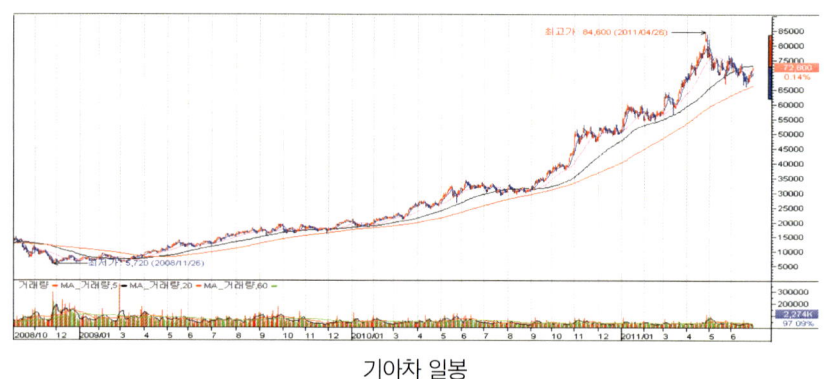

기아차 일봉

이렇게 올라가니 5천 원에서 8천 원 사이에 산 건 아무 상관없다. 만 원에 샀어도 상관없다. 8만 원 넘어서 상승하니까! 참고 기다리면 실적이 좋은 주 식은 수익을 준다. 신호등 파란불이 얼마 남지 않았을 때 막 뛰어가서 건너 는데, 그러지 말고 느긋하게 기다렸다가 바뀌면 그때 건너라. 빨간불이 돼도 파란불 바뀌는 데 얼마 걸리지 않으니까. 이 부분은 버려도 된다. 그러니 오 늘부터라도 신호등 파란불 남았다고 뛰어가서 건너지 말고 기다려보라. 이 것 기다린다고 자기 인생에 아무 영향 미치지 않는다. 기다리는 때를 기다려 서 하는 습관들이 모이면 주식할 때 수익을 준다. 습관이 수익을 만든다.

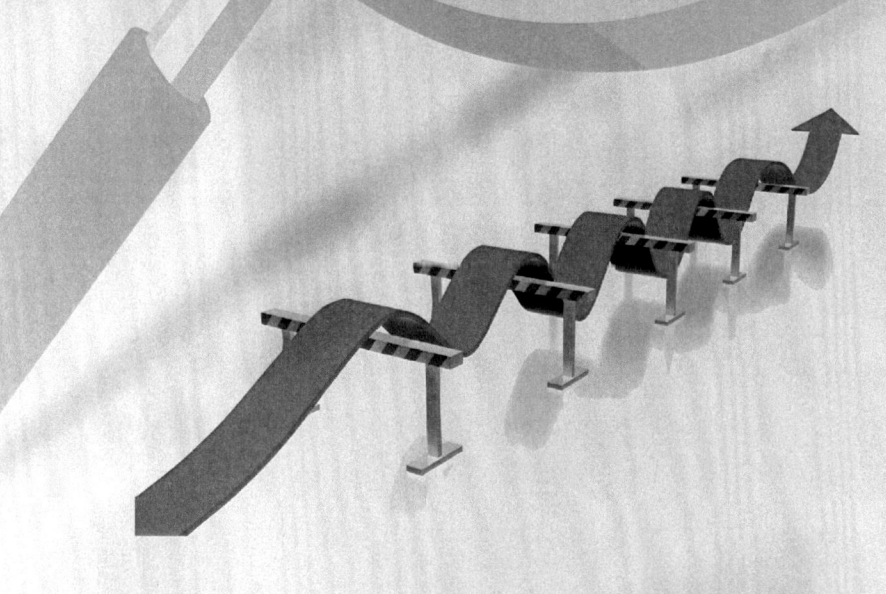

09

주식과 심리

사람은 다 자신의 고정관념이 있다. 이것은 때로 주식하는 데 많은 걸림돌이 되기도 한다. 사람은 눈으로 본 것을 믿기 때문에 어쩔 수 없는 부분이다. 특히 우리나라는 1990년대 넘어오면서는 더욱 고정관념에 사로잡혀 있을 수밖에 없었다.

종합주가지수 월봉

1985년부터 2005년까지의 우리나라 종합주가지수 차트다. 1989년에 1000 정도까지 상승하고, 1992년에 500 정도까지 하락한 후에 다시 1994년에 1100 정도까지 상승, 그러고 나서 1998년도에 280 정도까지 하락, 다시 2000년까지 1000 정도까지 상승, 그리고 2000년 말부터 2001년 가을까지 500에서 600까지 박스권 후에 2002년까지 940 정도까지 상승했지만 다시 하락.

차트를 보면 우리나라는 1990년대에 들어 주가지수가 500에서 1000을 왔다 갔다 하는 나라라고 인식된다. 1980년대부터 주식을 했던 사람들이나 1990년대 들어 주식을 한 투자자들은 이 차트를 보고 '1998년도는 특별한 경우니까 제외하고 주가지수가 500 오면 사고 1000 오면 팔면 되겠구나.'라고 생각할 것이다. 실제로 이런 얘기들이 2000년대 초반 들어서 많이 나왔었다. 그리고 이 당시는 그다지 희망이 없었던 시절이어서 이런 얘기가 실제로 통했었다. 2000년 말의 얘기다. 주가지수 1000부터 내려오기 시작해서 2000년 가을에 500을 깼다. 이때 우리나라에서는 난리가 났다. 외국인들이 1998년부터 많이 산 주식을 대거 내다 파니 속절없이 빠지는데 대책이 없었다. 우리나라가 지금처럼 펀드가 활성화됐던 시기도 아니고 외국인 매도를 받아줄 매수 세력이 없는 상태에서 종합주가지수 500을 깨니 재정경제부 장관이 증권사 사장들을 모아놓고 절대 주식을 팔면 안 된다고 해서 2-3개월 정도인가 못 팔던 시절이 있었다. 그런데 몇 개월 지나도 좋아지는 기색이 없자, 다시 증권사 사장들이 회의를 열어서 주식을 팔기 시작했다. 그런데 이때부터 주식은 오르기 시작해서 2001년 1월에 600 정도까지 갔다. 혹시 그 주식을 지금까지 들고 있었더라면, 그 증권사는 우리나라 몇 위 안에 드는 증권사가 되었을지도 모르겠다. 이때 주식들은 정말 헐값이었다. 그 후 2001년 9월 11일에 테러가 나고 나서 주가지수가 940 정도까지 갔었지만, 또 다시 500 정도까지 내려오니 이제는 우리나라가 박스권이라는 것을 믿을 수밖에 없었다. 사람 심리가 굳어질 수밖에 없었다. 그러고 나서 2003년에 이라크 전쟁이 나고 주가지수 512를 찍고 올라가기 시작하는데, 이때도 너무 비관적이었다. 우리나라의 개인, 기관은 너무 많이 주식을 팔았고, 외국인은 이 주식을 쓸어 담기 시작했다. 이 당시 외국인이 왜 사는지도 몰랐다. '외국인이 왜 살까?' 이런 생각만 하고 있었다. 외국인은 이 당시 2003년부터 1년 좀 넘는 기간 동안 20조 원 넘는 금액을 순매수해서 주가지수가 2004년에 900 넘게 올라갔다. 그런데 2004년부터 4월부터 중국 긴축으로 인해서 주가지수는 한 달간 939에서 716까지 200이 넘게 빠지고, 또 다시 우리나라는 한 달간의 패닉에 빠지고 말았다. 많은 대책회의가 열리고, 주가지수가 500 가는 것이 아니냐 하는 인식이 팽배해졌다. 다음은 그 당시의 하락 차트다.

종합주가지수 일봉

우리나라는 주가지수가 500이 저점이고 1000이 고점인 박스권이라는 인식이 강했을 무렵, 박스권이 15년간 지속되어서 그렇게 생각할 수밖에 없는 지경에 이르렀다. 그때 지수가 이런 식으로 고점에서 20% 넘게 빠지면 주식하는 사람의 심리는 어쩔 수 없이 또 다시 500으로 간다고 생각할 수밖에 없다. 15년이라는 박스권 차트를 본 고정관념은 심리를 굳어지게 만들었다. 하지만 여기까지였고, 주가지수는 다시 상승으로 전환해서 2000 넘어 올라가기에 이른다.

종합주가지수 주봉

'대세 상승' 편에서도 썼듯이, 이 당시는 설비투자 관련주들이 많이 올라가는 시기여서 박스권이라는 고정관념 때문에 놓치기에는 너무 아까운 시기였다. 이 당시 올라갈 때도 이를 인정하지 않고 500을 기다리는 사람도 많았겠지만, 500이라는 숫자는 다시 오지 않았고 앞으로도 오지 않을 것이다.

만약 주식하는 사람이 1980년대 대세 상승에서 은행, 증권, 건설주가 10년 올라가는 것을 보고(차트는 '1. 대세 상승' 편 참고) 1990년대에 들어 은행, 증권, 건설주를 샀다면 IMF 사태 때 손해를 많이 보고 팔았을 것이고, 가지고 있는다 해도 큰 손실을 입었을 것이다. 그리고 다시 1998년부터 2000년 대세 상승 때 올라간 정보통신 기술주들을 보고 그 후에 이 주식들을 샀으면 수익을 많이 얻지 못했을 것이다. 또 2003년부터 2007년까지의 대세 상승에서 설비투자 관련주들이 상승했다고 해서 2008년에 설비투자 관련주들을 샀다면 수익률이 2008년에서 2011년까지의 주도주보다는 좋지 않고 수익률이 형편없는 종목들도 많았을 것이다(차트와 종목은 '1. 대세 상승'과 '4. 주도주 투자' 편 참고). 이는 주식을 처음 하는 사람들이나 오래 했던 사람들도 실수하는 부분이다. 이전 대세 상승기간 때 많이 올라간 주식들을 앞으로도 올라가는 줄 알고 덥석 사버린다. 분석도 없고 아무것도 없이 사놓고는 올라갈 거라는 믿음만 가지고 보유한다. 그럼 그 주식은 잘못된 것이다. 사람 심리가 이렇다. 마치 처음 본 새가 까만색인 것을 보고는 모든 새가 까만색인 줄 아는 오류를 주식시장에서도 범하고 있는 것이다. 이러한 자신의 심리, 고정관념을 한 번이 아닌 몇 번 깨쳐야지 그때부터 수익이 나기 시작한다. 그러려면 대세 상승과 하락장을 몇 번 겪어야 한다. 10년 정도는 주식시장을 봐야 고정관념도 깨지고 보이기 시작한다. 주식은 자신의 고정관념을 깨뜨리면서 배우는 것이다.

종합주가지수를 보면서
생각해야만 하는 것들

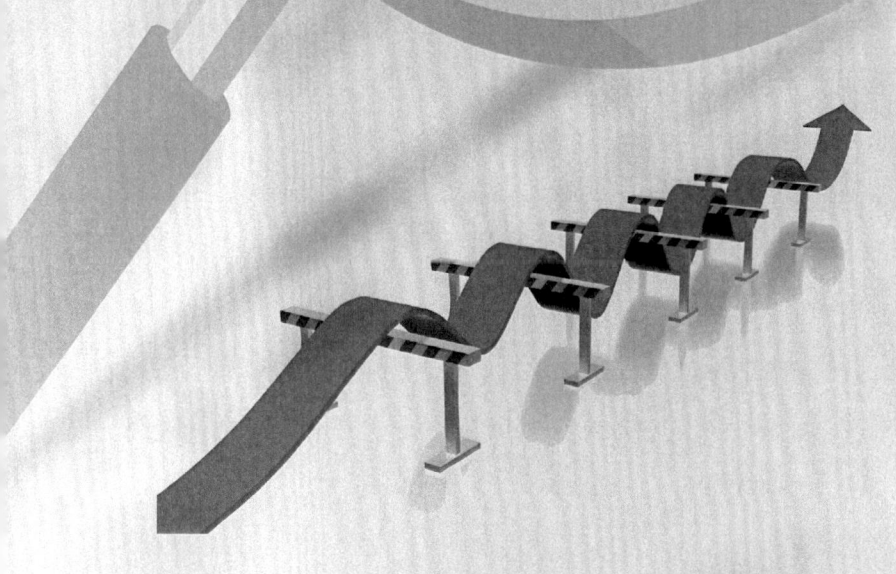

1. 종합주가지수 PER의 고점과 저점, 그리고 환율

종합주가지수 월봉

　종합주가지수의 저점과 고점을 알기란 정말 어려운 일이다. 주가는 신만이 알 수 있고, 신도 모르는 것이 주가라고 했다. 그런데 정확히 알 수는 없지만 공통점이 몇 가지가 있다. 우리나라는 종합주가지수의 고점마다 PER가 20배가 넘거나 20배 가까이 왔다. 각 대세 상승에서 고점에서의 PER는 1989년도 26배, 1994년도 22배, 1999년도 25배, 2002년도 28배, 2007년도 18배, 2011년 18배이다. 대세 상승에서는 20배가 넘거나 20배 정도가 고점이었다. 하지만 PER만 보고 고점이라고 판단하기에는 미진하다. 2001년 10월부터 2002년 4월까지는 PER가 29배에서 40배였고, 오히려 지수 고점인 2002년 4월에 28배로 PER가 낮아졌다. 또한 2003년부터 2007년까지의 대세 상승기간 중에 2005년도 PER가 18배가 되었던 적도 있기 때문에, PER가 높다고 고점이라고 보기에는 부족한 부분이 많다. 하지만 저점은 좀 다르다. 대세 하락기간에 저점 PER를 보면 1985년도 6배, 1998년 5배, 1992년 10배,

2003년도 7.1배, 2008년도 8.5배이다. 이 정도에서 지수는 대세 하락을 끝내고 올라가기 시작했다. 그러니까 지수가 대세 하락을 끝내고 저점을 잡으려면 PER가 10배 이하가 될 때가 맞는다고 보면 된다.

(자료 출처 : 2000년부터의 PER는 한국거래소 홈페이지, 2000년 전은 예전의 신문기사들)

환율은 종합주가지수와 거꾸로 간다. 우리나라 증시 30년 동안 이래 왔고 이것이 정석이다. '우리나라 주식이 올라가면 외국인은 달러를 팔고 원화를 사기 때문에 환율은 내리고 주식은 오른다. 거꾸로 주식이 내려가면 원화를 팔고 달러를 사기 때문에 환율은 오르고 주식은 내린다.' 환율과 주식을 설명할 때 나오는 교과서적인 내용이다. 좀 더 정확히 말하면, 대세 상승기 때 외국인은 그 나라 주식이 오를 것 같으면 그 나라 돈으로 바꾸고 주식을 산다. 그래서 환율이 내리고 대세 상승기가 끝나고 대세 하락기가 되면 더 이상 주식을 살 이유가 없기 때문에, 주식을 팔고 환전하기 위해 그 나라 돈을 판다. 그렇기 때문에 환율이 올라간다. 예를 들어서 외국인이 지금 환율이 1달러에 1000원인데 1000원짜리 주식 1주를 샀다고 가정하자. 대세 상승이 와서 환율이 1달러에 500원이 됐다고 하고, 계산을 편하게 하기 위해서 주식 가격이 같다고 가정하자. 그러면 외국인은 1달러를 1000원으로 바꿔서 1000원짜리 주식을 1주 가지고 있는 것이다. 환율이 1달러에 500원일 때 외국인이 이 주식을 팔면 현금 1000원을 가지고 있는 상태이고, 이 1000원을 달러로 바꾸기 위해서는 이때 환율이 1달러에 5백 원이기 때문에 2달러가 되는 것이다. 만약 주식이 올랐으면 환차익까지 더해져서 외국인은 엄청난 돈을 자기 나라로 가지고 가게 된다.

그러면 종합주가지수 저점과 고점에서 환율이 어떻게 변했는지 살펴보자.

1985년 원 달러 환율 890원대   1989년 680원대   - 1980년대의 대세 상승기

1992년 원 달러 환율 780원대   1994년 800원대   - 1992년부터 1994년까지의 대세 상승기

1997년 원 달러 환율 1900원대   2000년 1100원대   - 1998년부터 2000년까지의 대세 상승기

2003년 원 달러 환율 1230원대   2007년 900원대   - 2003년부터 2007년까지의 대세 상승기

2008년 원 달러 환율 1400원대   2011년 1060원대 - 2008년부터 2011년까지의 대세 상승기

(자료 출처 : 예전의 신문기사들)

위의 자료를 보면 대세 상승기 때는 환율이 내려간다는 것을 알 수 있다. 위에서 환율을 잠깐 계산해봤지만, 2003년을 예로 들면, 2003년 원 달러 환율 1230원대에 주식을 샀으면 이때 달러를 팔고 원화로 바꿔서 주식을 산 외국인이 제일 이득이다. 만일 1100원대에 달러를 팔고 원화로 바꿔서 주식을 산 외국인은 1230원대에 주식을 산 외국인보다 이익을 10% 정도 덜 낼 것이다. 주식은 제일 싸게 사서 비싸게 파는 것이 제일 좋은 방법이다. 그러면 환율은 어떨까? 환율이 주식같이 제일 싸다고 생각되는 시점은 대세 상승기 초입이다. 원 달러 환율 2003년 1230원과 2008년 1400원대에서 돈을 바꿔(달러를 원화로) 2007년 900원대나 2011년 1060원대에 다시 돈을 바꾸는 것이(원화를 달러로) 주식을 저점에서 사서 고점에서 파는 것과 같은 것이다.

2003년을 예로 들어보자. 외국인이 2003년 환율 1230원에서 설비투자 관련주를 매수했다고 가정하고 2007년에 환율 900원에서 주식을 팔았다고 가정해보자. 계산을 편하게 하기 위해서 1주에 1230원짜리 주식을 1주 샀다고 하자. 그리고 주식 가격은 같다고 가정하면, 2003년에 원 달러 환율 1달러에 1230원 할 때 1주에 1230원짜리 주식을 샀고, 2007년에 1달러에 900원에 이 주식을 팔았다면 1230원을 달러로만 바꾸면 된다. 그럼 1.36달러가 된다. 그

럼 외국인은 2003년부터 2007년까지 환차익으로 36%의 이익을 얻게 된다. 주식 매각 차이가 얼마가 되었든, 여기다가 36%의 이익을 얻게 되는 것이다. 주식 매각으로 10배 이익이 났으면 13.6배가 된다.

대세 하락기 때를 예로 들어보자. 1994년을 예로 들면, 800원대에서 1997년에 1969원까지 환율이 올랐다. 이 당시는 대세 하락기이고 IMF 때였으니까 주식을 하지 않는다고 가정하고, 달러를 가지고 있다고 가정해서 환차익을 계산해보자. 그러면 1997년에 1달러에 1969원까지 올랐으니까, 이 시기에 2.45배의 이익을 올린 것이다. 주식으로 치면 1주에 800원짜리 주식을 1994년에 샀는데, 1997년에 1969원이 된 것이다. 만약 이 외국인이 1997년이나 1998년에 원화로 바꿔서 주식을 샀으면, 2배가 넘게 번 수익을 가지고 주식을 산 것이다. 이래서 금융이 무서운 것이다. 금융 인재는 키운다고 되는 것이 아니라, 클 수 있도록 환경과 분위기를 만들어놓아야 한다. 그러면 알아서 금융 인재가 나온다. 생물이 살 수 있는 자연환경이 있으면 수많은 생물들이 알아서 자라듯이 말이다.

그러면 각 대세 상승과 대세 하락에서의 PER와 환율의 저점과 고점을 살펴보았다. PER만 가지고 주가지수 고점을 예측하기는 어렵다고 했다. 그래서 고점을 알려면 그 당시 여러 가지를 봐야 한다. 기업 실적은 더 좋아지는지, 증시가 너무 과열되지는 않았는지, 주가는 너무 비싸지 않은지, 그리고 환율 등 여러 가지를 종합적으로 보고 판단해야 한다. 주가지수 저점은 고점보다는 쉽다. 때가 좋지 않으면 기다렸다가 10배 미만에서 사면 된다. 7-8배 정도면 확실하다. 하지만 1992년도는 10배이고 2001년 10월은 18배로서 10배 미만이 아닌 상태로 올라갈 수도 있으니 잘 판단해서 사야 한다.

환율만으로는 주가지수 저점과 고점을 맞추기는 불가능한 일이다. 대세 상승기나 대세 하락기에 환율이 어떻게 움직이는지를 보고 판단하면 된다. 대세 상승기 때는 환율이 내려가고 원화 가치는 올라가며 달러 가치는 내려 간다. 대세 하락기 때는 환율이 올라가고 원화 가치는 내려가고 달러 가치는 올라간다. 주식투자 하는 사람이라면 외워야 할 공식 같은 것이다.

2. 주식투자에서 하면 안 되는 것들과 해야만 하는 것들

주식투자에서 대세 상승기 때는 주식을 사야 하고, 대세 하락기 때는 주식을 팔고 아무것도 하면 안 된다. 그리고 환율도 이제는 종합주가지수와 거꾸로 간다는 것을 알았으니 대세 상승기 때는 환율이 내려가는 방향으로 모든 걸 해야 하고, 대세 하락기 때는 환율이 올라가는 방향으로 모든 걸 해야 한다. 어찌 보면 간단한 일인데, 우리나라에서 너무나도 많은 실수를 하는 것을 봐왔다. 개인이 잘못한 것은 개인으로 끝나지만, 기업이나 국가가 잘못한 것은 너무도 많은 희생이 따른다. 2007년 대세 하락기 때 우리나라는 수출로 먹고사는 나라이기 때문에 수출기업에 좋은 것은 환율이 올라가는 것이라고 얼마나 많은 돈을 쓸데없이 낭비했는가? 이 당시는 종합주가지수가 2000이 갔기 때문에 더 이상 올라가지 않고 대세 하락으로 접어들어 환율이 올라가는 때였다. 환율이나 금융은 1970년대, 1980년대 사고방식으로 밀어붙이거나 열심히 한다고 되는 것이 아니라, 맞추면 좋지만 틀리면 대응이라도 해야 하는 영역이다. 기다렸다가 한 번 더 생각하고 하는 분야다.

『손자병법』에 나와 있는, 싸워야 할 때를 아는 것과 싸우지 말아야 할 때를 아는 것은 주식투자에서는 대세 상승이니까 주식투자를 하고 대세 하락이니까 주식투자를 하지 말아야 한다는 것과 똑같은 말이다. 전쟁에서는 여러 변수가 있기 때문에 철저한 분석이 뒤따르지 않으면 질 수밖에 없다. 주식투자도 종목에 대한 철저한 분석과 대세에 대한 흐름 등을 세밀하게 분석하지 않으면 수익이 날 수 없다. 손자의 말을 빌리면 "적을 알지 못하고 나만 알면 한 번은 이기고 한 번은 지게 되고, 적을 알지 못하고 나도 알지 못하면 싸울 때마다 반드시 위태롭게 될 것이다."라고 했다. 마찬가지로, 종목에 대해서 알지 못하면 어쩌다 한 번 수익은 나지만 대부분은 잃게 된다. 자신이 알지 못하는 것을 인정하지 못하고 모든 것을 다 아는 것처럼 주식투자를 하면, 할 때마다 잃을 수밖에 없다. 공자님도 "아는 것을 안다고 하고 모르는 것을 모른다고 하는 것이 진짜 앎이다."라고 했다. 주식투자는 종목도 너무 많고 모든 지표가 너무 방대하기 때문에 다 알 수가 없다. 자기가 아는 범위에서 시작하고, 모르는 종목과 분야는 시간이 걸리더라도 분석하고 흐름을 지켜봐야 이해가 되고 수익이 날 수 있다. 그러면서 아는 범위를 넓혀가는 것이다. 자기 자신을 인정하지 않으면 주식으론 돈을 벌 수가 없다. 모르는 것은 모른다고 인정해야만 한다. 여기서부터가 주식투자가 시작되는 지점이다. 주식 앞에선 모든 사람이 평등하다. 지위고하를 막론하고, 잘난 사람이건 못난 사람이건, 지식이 많고 유학을 갔다 왔어도, 박사 학위가 있어도, 주식 앞에서는 아무 소용이 없다. 이러한 것들이 수익을 보장해주지는 않는다. 그리고 주식은 자유롭게 매매할 수가 있다. 하지만 뒤에 엄청난 책임이 뒤따른다. 이것이 주식의 속성이다.

① 건설주와 부동산 경기

　2007년은 설비투자 관련주의 고점이었고, 브릭스 국가들의 고점이었다. 이때 건설주를 산다는 것은 누가 봐도 해서는 안 되는 행동이었다. 만일 이때 건설주를 샀다면, 이건 주식 초보들이 하는 행동이다. 그렇지만 이 당시 너무나도 비싼 돈을 들여서 건설회사를 산 기업들이 있다. 건설주는 가치주가 될 수 없기 때문에 조 단위의 돈을 들여서 살 만한 기업이 아니다. 거기다가 미국에 있는 건설장비 회사도 샀다.

　다음은 우리나라 1980년대부터 지금까지의 건설업종 차트다.

건설업종 월봉

　건설주는 저 개발 국가나 부동산 가격이 오를 때, 혹은 이번처럼 설비투자 관련주가 오를 때 오르는, 피터 린치가 얘기한 경기 순환주다. 경기 순환주 같은 설비투자 관련주는 주기가 반복적으로 오기 때문에 그때만 올라가는 주식이다. 차트를 보면 이제는 고점을 넘어서기 어려워 보인다. 그 나라 국민소득이 2만 달러가 되면 건설을 많이 해서 더 건설할 것이 많이 남아 있지 않기 때문에, 건설주는 더 이상 올라가기 힘들다. 차라리 이 돈을 가지고 '차화정' 주식을 샀다면 재계 순위가 몇 단계 올라갔을 것이다. 건설회사를 무리하게 인수 합병해서 너무도 소중한 기업을 매각하거나 구조조정 한다는 것은 말도 안 되는 일이다. 왜 이런 일이 벌어질까? 지금 이런 결정을 내리는 분들은 1970년대, 1980년대 건설 경기가 한참 좋을 때 젊은 시절을 보낸 사람들이다. 그때 봤던 건설 경기호황이 아직도 머릿속에서 잊혀지지가 않아서 지금도 건설에서 벗어나지를 못하고 있는 것이다. 과거에는 1970년대부터 1990년대 까지 건설업이 20년 넘게 상승했지만, 지금은 그렇게 올라갈 수가 없다. 그만큼 사람의 고정관념은 무섭다. 만약 그래도 건설회사를 인수하고 싶었다면, 1년 정도 기다렸다가 인수했어야 했다. 그럼 몇 분의 1가격으로 인수했을 것이다('2. 대세 하락' 편 '5) 2007년부터 2008년까지의 대세 하락'에서 대우건설 차트 참고).

그러면 시대별 대림산업의 차트를 보면서, 부동산 경기와 건설주가 어떻게 변했는가 살펴보자. 다음은 1980년대와 1998년부터 2007년까지의 대림산업 차트다.

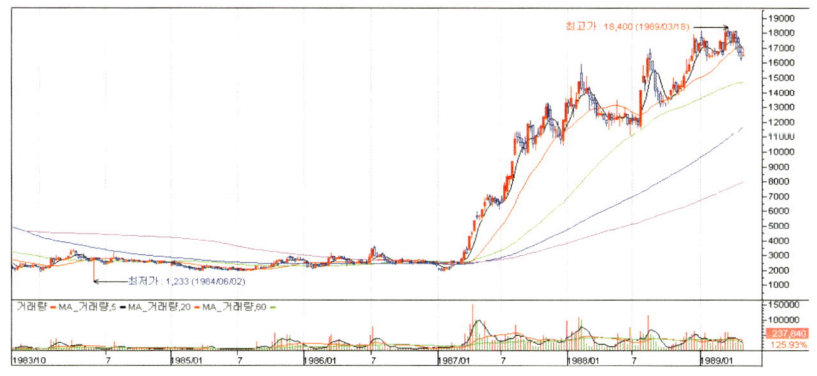

1980년대 대림산업 주봉

2000년대 대림산업 주봉

　위 차트에서 보는 바와 같이 대림산업의 상승 시기는 우리나라 부동산에
서 아파트 가격의 상승 시기와 비슷하다. 1980년대 중반 강남 압구정동 현
대아파트를 필두로 아파트 가격의 상승, 1998년 또한 IMF를 지나 바닥에서
상승 후 2001년부터 시작된 아파트 가격의 상승, 이때는 주상복합과 재건축
이 많이 올랐다. 자동차 회사는 자동차가 많이 팔릴수록 주가가 올라가는
것처럼, 우리나라 건설주 입장에서는 아파트가 건설회사에서 만들어내는 제
품이기 때문에 아파트가 많이 분양되면 될수록 주가는 많이 올라갈 수밖에
없다. 물론 종합주가지수도 올라갔지만, 종합주가지수가 오른다고 건설주가
오르는 것은 아니다. 지금은 건설주가 이때만큼 오르지 않는다.

　다음은 1990년대의 대림산업 차트다.

최고가 : 19,411 (1994/11/12)

최저가 : 1,347 (1998/06/20)

거래량 ─ MA_거래량,5 ─ MA_거래량,20 ─ MA_거래량,60 ─

1990년대 대림산업 주봉

1990년대는 종합주가지수가 1992년부터 1994년까지 상승한 시기이다. 이 때는 1980년대 부동산 폭등 이후 정책적으로도 부동산을 못 올리게 할 때이다. 건설주는 종합주가지수만 따라서 움직였다. 또한 이때 대림산업보다 많이 올라간 종목들도 있지만 차트는 이런 식이라고 보면 되고, 사상 최대의 설비투자로 인해서 건설주들이 좋았던 시기이다. 1980년대와 2000년대 넘어서는 설비투자와 부동산 가격 상승이 같이 있었는데, 이 시기는 설비투자만 있었던 시기이다. 건설주가 다 이런 차트 모양이니 시대 별로 비교해보면 부동산 상승과 설비투자와 건설주 간의 상관관계를 알 수 있다.

그런데 지금 일어나고 있는 저축은행 부도 사태는 거의 다가 PF 대출이다. POSCO의 실적부진, 조선업체들의 불황은 설비투자 관련주의 대세 상승이 끝나고 부동산 경기까지 끝났으니 나타나는 당연한 현상이다. 설비투자 관련주들의 몇 년간의 호황을 업고 무리한 인수합병을 한 회사들은 지금 힘든 국면에 처해 있고, 회사 자산을 처분해서 현금을 확보하느라 바쁜 세월을 보내고 있다. 지금의 설비투자 관련주들의 불황은 이 회사들이 경영을 못 해서가 아니라, 대세가 그렇게 흘러가고 있기 때문에 어쩔 수 없는 부분이다. 이 업종들은 호황기 때 돈을 쌓아두었다가 불황기에 대비를 해야 하는 업종들이지, 무리한 인수합병을 하면 안 되는 업종들이다. 다시 이 주기가 오려면 30-40년 넘게 걸릴지도 모르기 때문에 이때까지 버티는 게 급선무다. 우리나라에서는 제일 걱정되는 문제가 부동산이다. 이때 너도나도 아파트만 지어서 팔려 했고, 금융권은 무리한 PF 대출을 해줘서 저축은행 부도 사태가 났다. 2만 달러 넘으면 지을 대로 지어서 더 이상 건설할 곳이 별로 없고, 사람들이 아파트에서 나오기 시작할 때이며, 개인들은 단독주택을 선호할 때이다. 그리고 지금은 인구가 과거처럼 늘지 않기 때문에 집을 살 사람이 많지 않다. 자기 주변을 보면 알 수 있다. 또한 일거리가 과거와 같이 절대 있을 수가 없으니 건설업체들이 힘들 수밖에 없다. 수많은 건설업체들의 부도를 받아들일 때가 됐다. 좋고 나쁘고의 개념이 아니라, 시대가 변했으니 자연스러운 구조 조정이 되어야 한다. 안 되는 업종에 돈을 쏟아 붓는, 밑 빠진 독에 물 붓기 식의 정책들은 모두 손해를 보기 때문에 하면 안 된다. 만일 2006-2008년에 아파트를 샀다면, 건설주를 꼭짓점에서 매수한 것이다. 그런데 이 일이 한 개인의 문제가 아니라, 지금은 나라 전체의 문제라서 심히 우려된다. 개인, 건설회사, 금융권 모두가 고점에서 건설회사 주식을 산 것과 똑같으니 모두가 손해 보는 행위를 한 것이다. 그런데 이 손해가 너무 크다. 그래서 지금 가계부채가 900조 원이 넘었다는 얘기가 나오고, 저축은행 파산이라는 얘기에 건설사 부도 얘기가 나오고 있는 것이다. 어쩔 수 없이 받아들여야 되는 부분이다. 앞으로 건설주가 2007년같이 올라가려면 너무 오랜 기간을 기다려야 하기 때문에 더 위험하다. 일본은 부동산 시장과 주식

시장이 10년 넘게 하락했지만, 우리나라 주식 시장은 계속 올라갈 가능성이 크고, 부동산 시장은 10년 넘게 하락할 가능성이 있다. 때문에 집값은 안정되면서 경기는 좋아지는 현상이 나타나고, 부동산 부자들은 줄고 주식 부자들이 늘기 때문에 앞으로는 금융이 많이 발달할 것이다. 다행인 것은 부동산이 하락하면서 나오는 충격을 주식 시장이 많이 흡수할 것이라는 점이다. 그리고 큰 것에서 작은 것으로 옮겨지는 시대이기 때문에 국민소득이 높아지면 나만의 공간을 가지길 원하게 된다. 그 때문에 거품이 빠지면서 주상복합이나 아파트보다는 단독주택을 사람들이 선호할 것이다. 그런 시대가 올 것이다. 시대를 읽지 못한 건설사들은 이제 퇴출된다. 그래서 지금이라도 쓸데없는 대규모 공사는 건설사, 금융권, 투자자도 다 망하는 게임이니 공사 중지 명령이라도 내려야 한다.

② 외국 금융기관 매수의 허와 실

우리나라 금융기관들 중에 미국 서브프라임 모기지에 관련된 파생상품에 투자했다가 손실을 입었고, 미국 투자 은행 메릴린치 주식을 2008년 1월에 산 기관이 있다. 우리나라 사람들 중에 우리나라가 너무 못 살 때 미국 드라마나 영화를 보고 환상을 가지고 있는 데다, 유학을 거의 다 미국으로 갔다 왔기 때문에 무조건 미국이 좋다고만 생각하는 사람들이 있다. 이러한 생각을 가진 분들은 투자 결정을 할 때 최우선적으로 미국을 염두에 두고 판단할 가능성이 매우 높다. 그래서 이러한 결과가 나온다. '대세 하락' 편을 보면 알겠지만, 2008년 1월이면 대세 하락 과정 중에 있는 단계이다. 이때부터 내려오기 시작해서 중간에 반등은 있었지만 900까지 내려왔기 때문에 잘못된

투자였다. 게다가 메릴린치는 금융 위기 때 망해서 뱅크오브아메리카(BOA)
에 합병되었다. 신문기사를 보니까 주식이 25달러는 되어야 본전이라고 한
다. 지금 한참 미치지 못하고 있다. 다음은 2012년 초까지의 뱅크오브아메
리카(BOA) 차트다

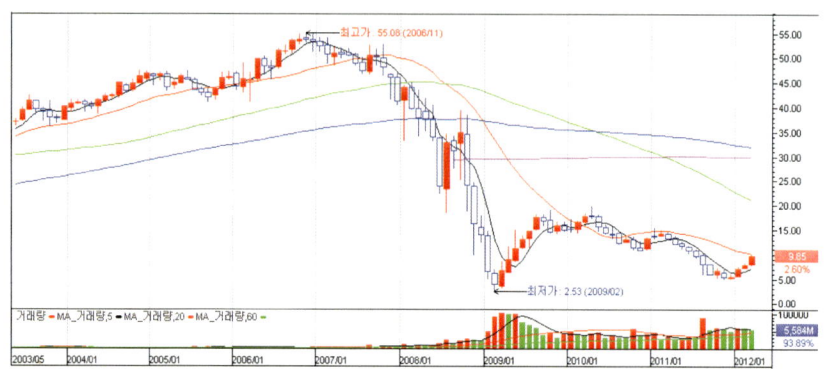

뱅크오브아메리카 월봉

③ 에스엠과 제이와이피

우리나라에는 미국 것이면 무조건 좋고, 미국 가서 꼭 성공해야 하며, 미
국 대학교를 꼭 나와야 하고, 그래야 글로벌 인재가 된다는 말도 안 되는 생
각이 너무 많이 퍼져 있다. 이제는 이러한 고정관념에서 벗어나야 할 때가
왔다. 비슷한 예로 박진영 씨가 이끄는 회사 JYP 소속 걸 그룹 원더걸스.
2007년 'TELL ME'로 전국적인 인기를 끌면서 온 국민이 이 춤을 따라했다.
이때 이 그룹을 이끌고 미국이 아니라 일본을 갔어야 했다. 이 정도였으면
일본에서 통했을 것 같다. 설령 그 당시 이것이 성공 못 했더라도 인지도는
있었을 것이고, 다음 앨범 낼 때마다 인지도가 높아져서 일본 진출은 성공

했을 것이다. 우리나라도 소희의 인기가 높았는데, 일본에서도 소희의 인기는 대단했을 것이다. 그리고 일본 오타쿠들은 같은 앨범 CD를 몇 장씩 사기 때문에 앨범 판매량도 훨씬 높았을 것이다. 하지만 우리나라 1위 그룹이 되자 미국을 갔다. 그 결과는 그냥 그랬다. 제일 비싼 뉴욕 맨해튼에 회사를 만들고 고생고생해서 빌보드에 올라갔지만 미국 법인은 계속 적자다. 이 모든 것이 꼭 미국 가서 성공해야만 제일 좋은 것이라는 잘못된 생각이 만들어낸 결과물이다. 메릴린치 은행 주식을 살 때도 세계적인 투자 은행에 투자할 기회라는, 너무도 화려한 미사여구를 사용했다. 원더걸스가 미국 갈 때와 빌보드차트에 올라가니까 너무나 많은 언론이 얼마나 극찬을 했던가? 하지만 결과는 참담하다. 이때는 주식을 쉬었어야 할 때였다. 1년 쉬었다가 2009년에 분석해서 샀어야만 했으며, 원더걸스는 일본에 갔어야 했다.

미국 문화와 우리나라 문화는 너무 다르다. 우리나라 청소년들이 보는 만화책과 애니메이션은 미국 청소년들이 보는 만화책, 애니메이션과 다르다. 공감할 수 있는 드라마와 영화도 다르다. 미국 영화라고 우리나라에서 무조건 흥행하지 않는다. 우리나라 사람이 공감할 수 있는 영화가 흥행하는 것만 봐도 알 수 있지 않은가? 원더걸스 같은 그룹은 미국인이 봤을 때 많이 봐온 그룹이다. 그러므로 다른 나라 아이돌 그룹은 미국에서 별로 관심 갖지 않는다. 최소한 남자의 향기와 여자의 향기가 풍겨야 한다. 미국에서 성공하는 연예인들을 보면 라틴 아메리카 출신이 많다. 그 정도 외모에 몸매는 돼야 시도해볼 수 있다. 아니면 아예 우리나라 스타일이어서 미국인들이 처음 접하는 뭔가가 있던가….

작년에 카라가 일본에서 벌어들인 금액은 700억이 넘고, 소녀시대는 600억이 넘는다. JYP 일 년 매출액보다 많다. 카라의 성공으로 원더걸스도 일본에서 성공 가능성이 높다는 생각이 들었다. 일본은 우리나라와 문화가 비슷하기 때문에 가능한 일이다. 만약 원더걸스가 일본 진출을 먼저 했다면 성공했고 동남아까지 인기를 끌어서 아시아에서는 제일 인기 있는 걸 그룹이 되었을지 모른다. 그리고 소녀시대, 카라가 갔으면 시장이 확대되어서 더 큰 한류 붐이 일어났을 것이다. 걸 그룹 삼국지가 되고, JYP는 에스엠이 되었을 지도 모른다. 지금 싸이의 '강남스타일'이 미국에서 빌보드차트 2위까지 갔다. 처음 이 곡을 만들 때 미국에 가서 성공해야지 하는 식으로 만들지 않았다. 싸이 스타일대로 하니까 성공한 것이다. 지금 우리나라가 이런 위치다. 자기 스타일대로 해도 다른 나라에서 주목받을 수 있다. 소녀시대와 싸이를 보면 나라마다 특성이 다르다는 것을 알 수가 있다. 소녀시대가 미국에서 성공하긴 어렵다. 싸이는 일본에서 성공하기 어렵다. 나라마다 특성이 다르기 때문이다. 그렇기 때문에 이제는 각자의 개성을 바탕으로 자기방식, 스타일대로 하면 된다. 그래서 한 나라 언어를 유치원 때부터 배울 필요가 없는 것이다. 이제는 다양성이 공존해야 하는 시기인 것이다.

에스엠 주봉

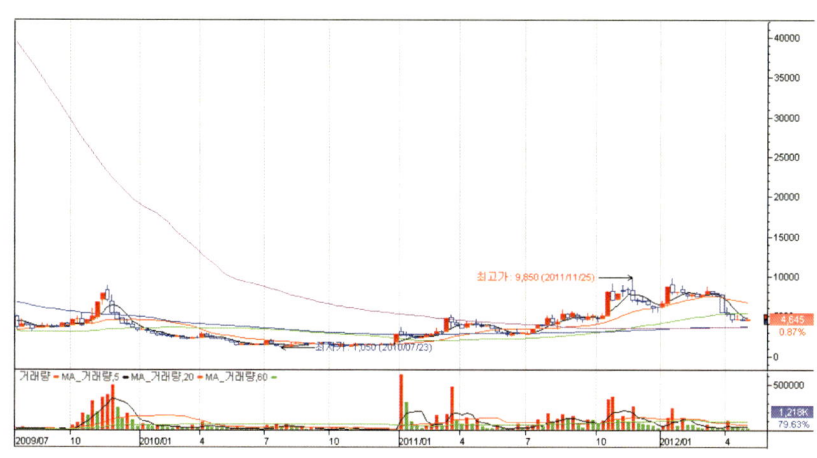

JYP 주봉

에스엠과 JYP의 차트 모양이다. JYP가 원더걸스를 데리고 미국에 가지 않고 일본을 가고 아시아에서 성공했다면, 다른 그룹들도 해외진출에 성공했을 것이고, 그러면 에스엠과 같은 차트가 만들어졌을 것이다. 원더걸스가 2007년에 데뷔했기 때문에 2009년부터는 한류 붐과 더불어 폭발적인 매출 성장세와 주가 상승률을 기록했을 것이다. 에스엠은 이제 매출액이 1000억을 넘어 2000억을 바라보고 있고, JYP는 비 상장사 매출까지 합쳐 200-300억 정도라고 보면 되겠다. 영업 이익은 꾸준히 늘어나는 것이 아니라, 흑자에서 적자를 왔다 갔다 해서 투자하기가 쉽지 않다. 생각의 차이가 이러한 차트를 만들었다. 제품이야 어쩔 수 없지만, 문화라는 것은 억지로 해서는 안 되는 분야이다. '어디 가서 꼭 성공해야 된다.'라는 말과는 어울리지 않는다.

지금 우리나라에서 하는 논리대로라면, 미국에 있는 증권사나 미국에서 주식투자를 하는 사람들은 미국 주식만 사야 된다. 브릭스 국가들 보고서가 골드만삭스에서 나왔다. 이 국가들의 성장률이 앞으로 높아지기 때문에 이들 국가에 투자하라는 것이지, 미국 주식이니까 사는 것은 잘사는 나라만 투자해야 하고 못 사는 나라는 투자하면 안 된다는 말도 안 되는 그릇된 주식 투자법이다. 주식이나 사업은 앞으로 성장률이 높아지는 나라나 기업에 투자하는 것이지, 세계 1위라고 해서 투자하는 게 아니다. 생각의 다양성이 필요한 시점이다.

같은 생각으로, 우리나라에서 자기가 사는 동네 말하는 것을 부끄러워하는 사람들이 있다. 사는 동네로 사람 평가하는 이상한 분위기가 있어서 그렇다. 주식은 가격이 낮더라도 앞으로 성장성이 있는 종목을 사는 것이다. 단순한 집값으로 동네를 평가하고, 이러한 생각으로 그 동네 사는 사람을 평가한다면, 그 사람은 저평가된 주식을 살 수 없을 것이다. 집값이 비싼 동네만 좋아하고, 이 동네에 사는 사람만 좋아한다면, 이 사람은 주식을 고점에서 살 가능성이 높다. 사는 동네로 어떻게 사람을 평가하나? 우리는 지금 너무 고점에 있는 것만 보고 취하려 든다. 결혼도 집도 사람 관계도…. 이러한 고점 문화는 우리에게 도움이 안 된다. 사람 하나 괜찮으면 결혼하는 것이 좋지 않을까? 우리 어머니 아버지 세대들은 이렇게 결혼했다고 들었다. 집도 결혼식도 왜 이렇게 비용이 많이 들고 힘든지…. 교육도 애들 가르치는 것도, 뭘 그렇게 대단한 것을 가르친다고, 유치원과 초등학교에서 왜 대학교 등록금 비슷하게 나오는지. 이러다가 비용 때문에 결혼 미루고 애도 낳지 않아서 나라 없어질 것 같다. 이제는 고점 문화를 버리고 거품을 하나씩 뺄 때다. 그런데 다행인 것은 하나씩 빠지고 있다는 사실이다.

종합주가지수의
봄 여름 가을 겨울

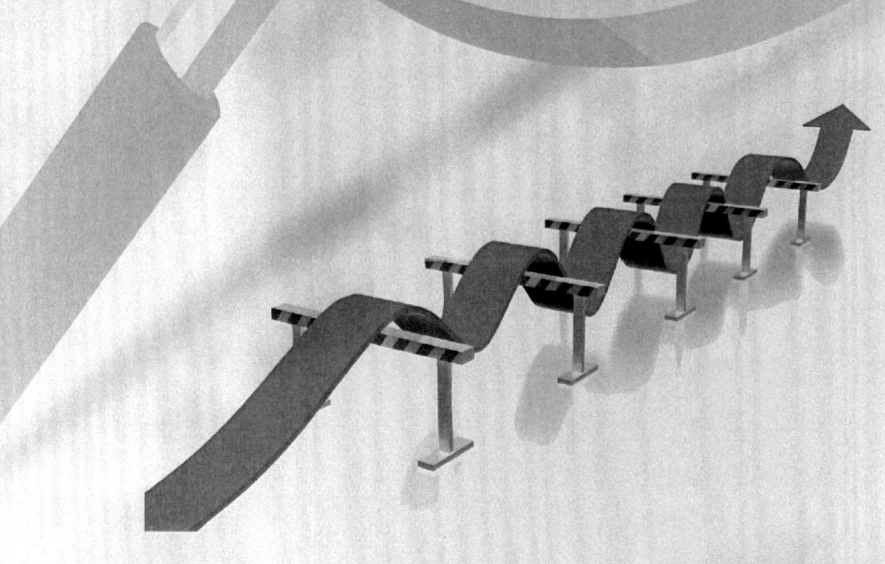

다음은 2002년 대세 하락기를 끝내고 2003년부터 2007년 대세 상승기를 거쳐 다시 2008년 대세 하락기로 접어드는 종합주가지수의 차트 모양이다.

종합주가지수 주봉

주식투자를 쉽게 생각하기 위해서 2002년 대세 하락기와 2003년부터 2007년의 대세 상승기, 2007년과 2008년의 대세 하락기를 한 번 봄, 여름, 가을, 겨울로 생각해보자. 나눠진 종합주가지수 차트 중에서 2, 3, 4, 5, 6, 7, 8월은 주봉이고 1, 9, 10, 11, 12월은 일봉이다.

지금은 너무 추운 겨울 1월달이에요. 두꺼운 옷을 입고 방도 따뜻하게 하고, 뜨거운 오뎅 국물 먹고 싶고 난로가 그리운 한겨울이네요. 눈도 많이 오고 영하 10도를 오르내려서 빙판길 조심하고 감기 조심하세요. 빨리 따뜻한 봄이 왔으면 해요. 그리고 올해 겨울은 유난히 춥네요.

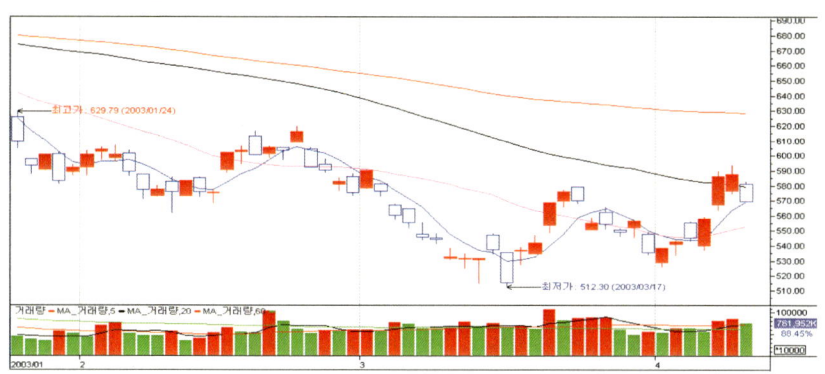

종합주가지수 일봉

지금은 추위가 한풀 꺾인 2, 3월이에요. 그렇게 춥지 않아서 너무 좋네요. 사람들도 거리에 많이 나오고 옷이 1월보다는 많이 얇아졌네요. 기온은 많이 올랐지만 아직도 날씨가 쌀쌀하니 감기 조심하세요. 이런! 3월인데 날씨가 갑자기 너무 추워지네요. 꽃샘추위가 왔어요. 그래도 걱정 마세요. 꽃샘추위만 가면 4월부터는 따뜻해지니까요.

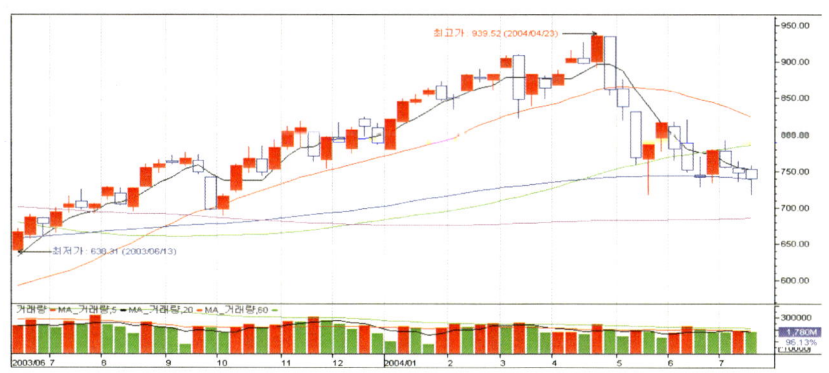

종합주가지수 주봉

지금은 완연한 봄기운이 가득한 4, 5월이에요. 파릇파릇 새싹이 나와서 진달래 피고 개나리 피고, 거리에는 봄처녀들이 옷을 하늘하늘 입었네요. 병아리같이 노란 햇살이 너무 좋네요. 소풍가서 도시락 먹고 노란 햇살 받으면서 낮잠 잤으면 좋겠네요.

종합주가지수 주봉

지금은 시원한 것이 생각나는 6, 7월이에요. 날씨가 너무 더워지기 시작하네요. 사람들은 반팔을 입고 다녀요. 그런데 지금은 장마 기간이에요. 조금 서늘해서 좋지만, 장마가 끝나면 다시 무더위가 온대요. 올해는 피서를 어디로 갈까요?

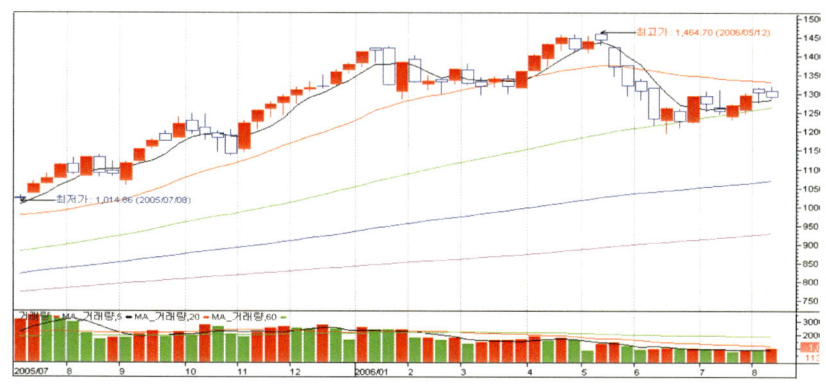

종합주가지수 주봉

지금은 더위에 지쳐버린 8월이에요. 피서 가서 바닷물에 발도 담그고 수영하고 재미있게 놀았네요. 그런데 너무 덥네요. 열대야가 있어서 잠도 못 자고, 이제는 더위가 끝났으면 하네요. 입맛도 없고 하루 종일 물만 먹히고, 아침저녁으로 시원했으면 좋겠어요.

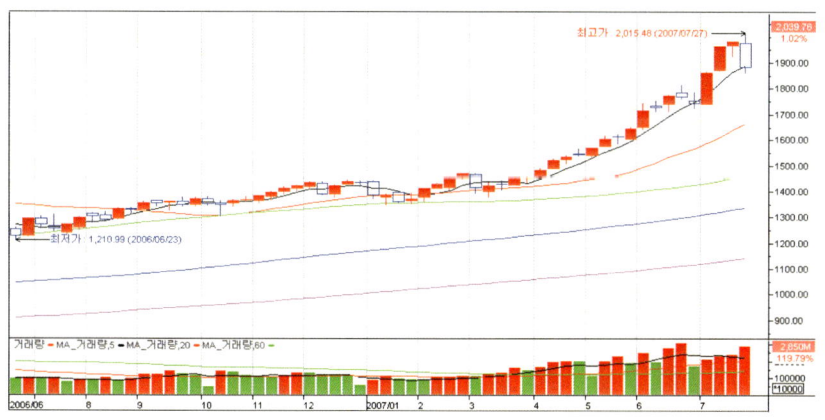

종합주가지수 주봉

지금은 가을을 준비하는 9월이에요. 아침저녁으로는 시원한데 낮에는 너무 덥네요. 여름 같아요. 그래서 여름인 줄로 착각하겠어요. 기온이 내려간 줄 알았는데, 왜 이렇게 덥죠? 늦더위가 왔네요. 하지만 걱정 말아요. 늦더위가 지나면 다시 기온이 내려가고, 여름은 오지 않아요.

종합주가지수 일봉

지금은 가을 햇볕이 따가운 10월이에요. 기온은 많이 내려갔는데 햇볕이 왜 이렇게 따갑죠? 가을 햇볕은 원래 따가워요. 그래야 곡식이 익죠. 단풍구경도 너무 좋아요. 여름같이 덥진 않지만, 낮에는 기온이 꽤 올라가네요. 그래도 아침저녁으로는 서늘해서 좋아요.

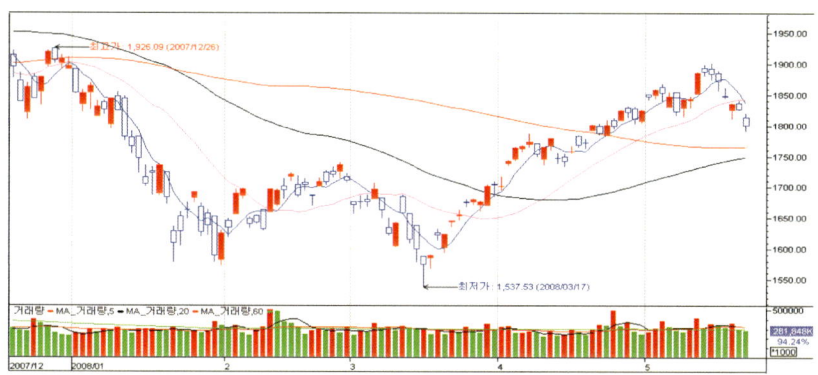

종합주가지수 일봉

　지금은 추운 겨울을 준비하는 11월이에요. 날씨가 이제는 꽤 추워지네요. 아침에 영하로 내려가는 날도 있어서 이제는 얇은 옷들은 집어넣고 겨울옷을 꺼내야겠네요. 이제는 따뜻한 것이 좋아지는 계절로 바뀌었어요. 단풍도 떨어지고 쓸쓸하네요. 코트 입은 가을남자가 생각나네요.

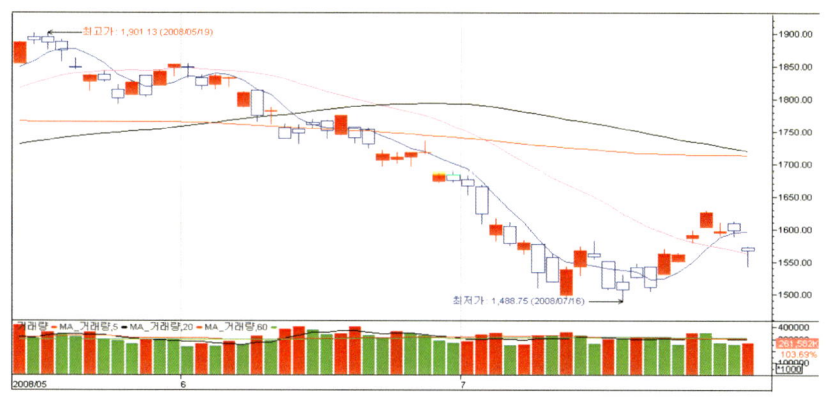

종합주가지수 일봉

지금은 눈 많이 오는 겨울 12월이에요. 눈도 많이 오고 날씨도 춥고, 학교
는 방학해서 많은 학생들이 집에서 쉬는 기간이에요. 마치 곰이 겨울잠을
자듯이 말이에요. 올 연말에는 자신을 반성하고 내년 계획을 세우고, 희망
찬 새해를 맞이해야겠죠?

종합주가지수 일봉

대세 상승기 때는 꼭 더운 여름까지 가야 내려온다. 봄까지 가고 내려오지
않는다. 대세 하락기에는 추운 겨울까지 가야 올라간다. 가을까지 가고 올라
가지 않는다. 주식 시장은 확실한 것을 좋아한다.

다시 주식 시장으로 돌아와 보자.

① 저점 전환기

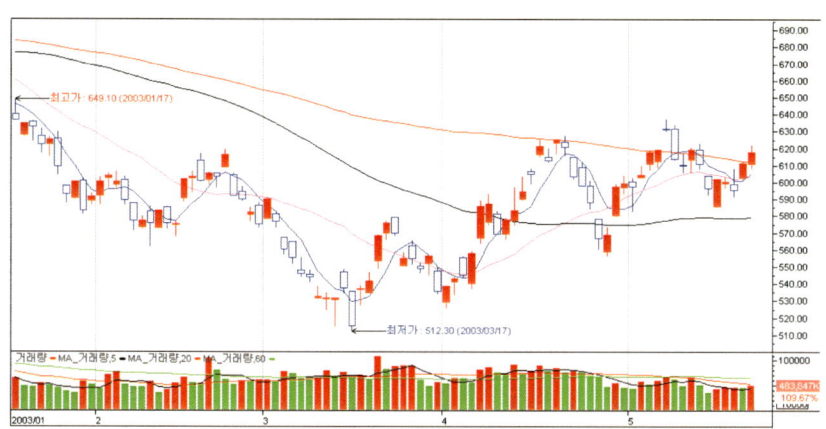

종합주가지수 일봉

2003년은 2002년 4월부터 시작된 대세 하락기가 끝나고 대세 상승기로 돌아선 해이다. 이때쯤 되면 '외국인의 매도가 절정을 이루고 미국 다우지수가 폭락했습니다. 우리나라 증시도 내리고 우리나라 경제가 심각합니다. 수출부진에 내수부진까지 겹쳐 성장률은 마이너스입니다. 외국인의 매도는 그칠 줄 모르고, 뭔가 특단의 대책이 있어야 할 시점입니다.' 거의 다 이런 뉴스다. 그럼 이제 정부에서는 한 달 동안 대책회의를 하고 뭔가를 발표한다. 하지만 뭐 별다를 것은 없다. 경기부양책에다 예산 조기집행, 이런 것이다. 그럼 이제 저점이 왔다고 생각하면 된다. 이쯤 되면 매수 심리가 꽁꽁 얼어붙는다. 그러나 2003년 3월부터 방향을 대세 상승으로 틀더니, 외국인이 대량 매수를 하고 개인과 기관이 대량 매도를 한다. 어디쯤 올라갈 때까지 이 매수 주체는 변함이 없다. 봄에 해당하는 부분이다. 종합주가지수의 일봉 모양이다.

② 상승기

최고가 : 1,488.58 (2007/04/06)

최저가 : 556.15 (2003/05/02)

거래량 ■ MA_거래량,5 ■ MA_거래량,20 ■ MA_거래량,60 ■

1,640M
113.75%

종합주가지수 주봉

외국인의 대량매수와 함께 종합주가지수는 올라가기 시작한다. 하지만 1998년부터 2000년 대세 상승 때까지도 그랬듯이, 정말 많이 올라가기 전까지는 외국인이 대량 매수를 하고, 개인과 기관이 대량 매도를 하는 모습은 계속 유지된다. 그래서 이때는 '외국인이 오늘도 대량 매수를 하고 있습니다. 누적 순매수 (   )를 기록하고 있습니다. 반면 개인과 기관은 오늘도 대량 매도를 하고 있습니다. 누적 순매도 (   )를 기록하고 있습니다. 아직까지는 경제 성장률도 좋지 않고 경기 지표도 좋지 않은데, 외국인은 왜 대량 매수를 할까요?' 이런 식의 기사가 나온다. 잠깐 조정을 받으면 떨어진다고 한 달 동안 뉴스에 나오지만, 지수는 다시 오르고, 개인과 기관은 꽤 오른 지수 대에서 서서히 매수를 하기 시작한다. 이쯤 되면 '각종 경제지표가 좋아지고 있습니다. 실업률은 낮아지고 우리나라 제품의 세계시장 점유율이 높아지고 있습니다. 경제 성장률은 전 분기보다 좋아지고 있습니다. 기업들은 대규모의 설비투자를 하고 있습니다.' 이런 뉴스가 나온다. 상승기의 전형적인 기사다. 다른 나라도 마찬가지다. 여름에 해당하는 부분이다. 종합주가지수의 주봉 모양이다.

③ 고점 전환기

종합주가지수 일봉

대세 상승에서 마지막 상승만 남은 구간이다. 여기서부터는 상승기와는 반대로 개인과 기관이 대량 매수를 하고, 외국인이 대량 매도를 한다. 증권 사로 돈이 몰리고, 너도나도 주식을 하려고 주식 계좌를 트거나 주식 계좌 에 돈을 넣기 시작한다. 이쯤 되면 '우리나라 경제지표가 연일 좋아지고 있습니다. 국민소득 (   ) 달성, GDP (   ) 달성, 거래량, 거래대금 사상 최고치 기록, 52주 신고가 종목 사상 최대치, 종합주가지수가 이제껏 가본 적이 없 는 2000에 도달했습니다.' 듣기에 너무 좋은 소리만 나오고 주가는 백만 원이 넘는 종목부터 몇 십만 원은 많고, 십만 원대는 수두룩하다. 모든 지표가 너무 좋고 우리나라는 아무 걱정이 없는 나라같이 보인다. 그런데 이러면 고점이다. 더운 여름 지나서 가을이 되려고 할 때 기온이 더 오르지 않고 갑자기 서늘하게 바뀌듯이, 지수도 더 오르지 않고 내려가기 시작한다. 가을에 해당하는 부분이다. 종합주가지수의 일봉 모양이다.

④ 하락기

종합주가지수 주봉

상승은 다 끝나고 하락만 남은 상황. 모든 지표들은 대세 상승 때와는 반대로 돌아간다. 모든 지표는 나빠지고 외국인은 엄청난 매도를 하고, 개인과 기관은 매수를 한다. 중간 중간 반등이 있지만 말 그대로 반등일 뿐 다시 하락으로 전환한다. 고점에서 초기 하락일 때는 외국인의 매도에 의문을 표하지만, 어느 정도 하락을 하고 나면 '오늘도 외국인들은 매도를 하고 있습니다. 연속 매도 ( )일째입니다. 주식 시장은 지금 어렵지만, 경제지표가 좋기 때문에 조금 있으면 반등할 겁니다. 아직은 손절할 때가 아닙니다.' 이런 식의 기사가 나고, 그 후 더 하락을 하면 경제지표는 더욱 나빠지고 외국인의 매도 강도는 더욱 세어진다. '모든 경제지표가 나빠지고 있습니다. 외국인은 연일 매도를 하고 있습니다. 경제 성장률도 마이너스로 돌아설 것이라는 전망이 우세합니다. 수출 증가율이 현저히 떨어지고 있습니다.' 이런 식의 뉴스가 나온다. 이러다가 더 하락을 해서 대세 하락 끝에서는 그동안 매수한 개인과 기관이 견디지 못해서 투매를 하고, 또다시 외국인이 투매를 해서, 투매가 투매를 부르는 형태가 나오고, 지수는 막바지 절정으로 치닫는다. 그럼 환율은 급등하고 나라 경제는 2-3달간 패닉 상태에 이른다. 우리나라뿐만 아니라 다른 나라도 마찬가지다. '미국 다우지수가 또 폭락했습니다. 아시아 시장도 갭 하락으로 시작해서 폭락하고 있습니다. 환율은 급등하고 경제 성장률은 언제 좋아질지 모르겠습니다. 하한가 종목이 속출하고 있습니다. 주식 투자자들은 투매를 자제해주시기 바랍니다.' 이런 식의 뉴스가 연일 나오기 시작하면 바닥이라고 생각하면 된다. 겨울에 해당하는 부분이다. 종합주가지수의 주봉 모양이다.

대세 상승기와 대세 하락기가 반복되면서 이러한 일들이 반복된다. 1년 뉴스를 보면, 새해가 되면 뉴스에서 "안녕하십니까? 희망찬 새해가 밝았습니다. 저 멀리 태양이 힘차게 떠오르고 있습니다. 새해 첫 해를 보러 온 관광객들이 헬리콥터를 향해 손을 흔들고 있습니다." 봄이 되면 "날씨가 많이 풀려서 공원에는 나들이 나온 시민들과 산에는 등산객들이 많습니다. 지금 산 정상에서 손을 흔들고 있습니다." 이런 식의 뉴스가 일 년 내내 반복된다. 가을도 겨울도 마찬가지다. 주식 시장도 마찬가지다. 주기만 다를 뿐 대세 상승과 대세 하락의 반복. 그래서 주식 시장은 프랙탈이다. 단 내용이 다른 프랙탈이다.

12

1000

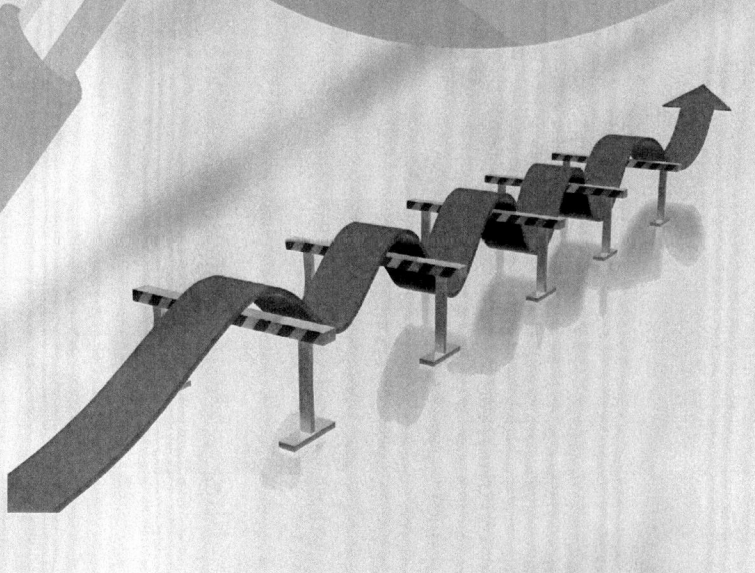

우리나라 증시에서 1000이라는 숫자가 무엇을 나타내는지 살펴보기로 하자. 두 가지를 살펴보고자 한다. 하나는 과연 주식이 1000배가 올라간 종목이 있을까 하는 것과, 또 다른 하나는 우리나라에서 종합주가지수 1000이 가지는 의미에 대해서 살펴보기로 하겠다.

찾아보면 실제로 상장된 종목 중에서 1000배가 올라간 종목이 있다. 거의 기적 같은 상승률인데, 어떠한 종목이 있는지 살펴보고, 또한 1000배 이상 상승할 종목들을 찾아보자. 그리고 1000배는 아니지만 몇 백 배 상승 가능성이 있는 종목을 살펴보고 100-200배도 같이 살펴보겠다. 마지막으로는 10000배가 될 종목을 소개해보겠다. 여기서 몇 배라는 것은 차트 상으로 저점 대비 배수다. 지금으로부터의 배수가 아니다. 기준은 1980년대부터 상승한 종목이다. 그 이전의 차트는 구할 수가 없다. 지금이라는 것은 이 책을 쓰는 시점이고, 출판되기 전이므로 몇 개월 시차가 생길 수 있다.

1. 저점 대비 1000배 이상 상승한 종목

① 삼성화재

삼성화재 월봉

보험주는 저개발 국가에서 선진국으로 가는 데 꼭 올라가는 주식이다. 인구가 늘고 경제가 성장되면 보험에 많이 가입할 것이 아닌가? 우리나라 보험 1위 업체의 위상을 잘 보여주는 차트 모양이다. 저가 221원부터 고가 26만 원까지, 30년 동안 1000배가 넘는 상승률을 보여주었다. 정확히는 1205배의 상승률이다. 보험주 차트야 다 비슷하지만, 보험주라고 해서 다 이런 차트는 아니다. 대기업 보험사도 많지만 삼성이기 때문에 가능한 수익률이 아닌가 생각해본다. 지금 말로 완전 가치주의 차트다.

② **STX**

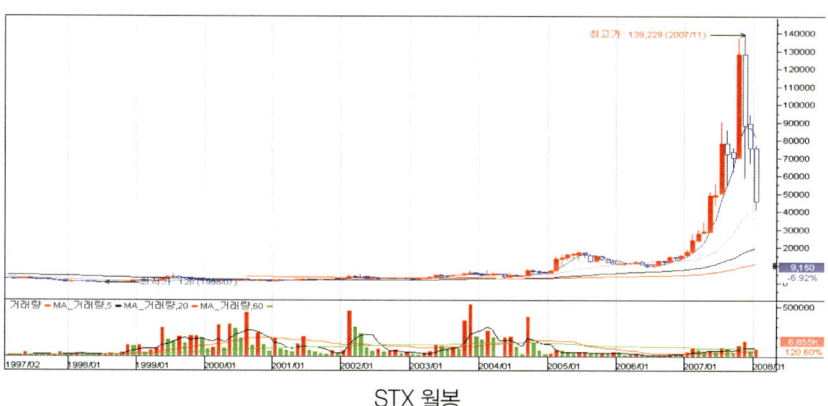

STX 월봉

STX는 '6. 살 만한 주식들'에서 회생주 소개할 때 한 번 소개한 회사다. 10년 동안 1000배 넘게 올라갔고 정확히는 1087배의 상승이다. 저가 128원으로 가격 자체가 너무 낮았기 때문에 1000배가 가능했다. 100배, 200배는 있지만 1000배는 나올 수 없는 기적 같은 종목이다. 10년 동안 1000배는 아마 기네스북에 올려도 되지 않을까 한다. 피터 린치의 책에도 1000배 넘는 종목이 소개되어 있다. 하지만 그 종목은 30년 동안 1300배이다.

2. 저점 대비 1000배 이상 상승할 종목

① 삼성전자

1980년대부터 지금까지 저점 대비 고점은 750배 상승했다(이 책이 나왔을 때는 더 상승했을지도 모르겠다). 세계적인 기업에다 앞으로 실적도 좋고, 160만 원이 가면 1000배 상승이기 때문에 1000배 이상은 상승할 것 같다. 그리고 삼성전자는 모바일과 비메모리 반도체로 2010년대를 풍미할 가능성이 높은 주식이기 때문에 2000배 넘는 상승률을 보여주는 것은 당연하며, 조심스럽게 예측하면 3000배도 가능한 종목이지 않을까 생각한다(차트는 '3. 가치투자' 편 참고).

② 현대차, 현대모비스

현대차는 1980년대부터 지금까지 저점 대비 고점은 230배, 현대모비스는 263배 상승이다. 조정을 많이 받는다 치더라도 다음 대세 상승기에는 세계 시장 점유율도 높고, 지금 성장 속도로 봐서는 100만 원이 넘을 가능성이 크다. 그렇다면 현대차는 110만 원이 넘으면 1000배가 나오고, 현대모비스는 160만 원이면 1000배가 넘기 때문에, 1000배가 되는 종목이 될 가능성이 아주 큰 종목들이다(차트는 '3. 가치투자' 편 참고).

③ 오리온

1980년대부터 지금까지 저점 대비 고점은 370배의 상승이다(이 책이 나왔을 때는 더 상승했을지도 모른다). 이 종목은 중국 시장 점유율과 러시아, 그리고 동남아 등 아시아 시장에서의 점유율이 점점 높아지고 있고, 이전과는 달리 한류의 영향도 받고 있어서, 이러한 성장 속도라면 100만 원은 당연히 가고 200만 원도 넘을 가능성이 높다. 그러므로 1000배가 될 가능성이 큰 종목이다(차트는 '3. 가치투자' 편 참고).

④ 롯데칠성, 롯데제과, 롯데삼강

1980년대부터 지금까지 저점 대비 고점은, 롯데칠성은 623배 상승이고, 롯데제과는 578배, 롯데삼강은 490배 상승이다(이 책이 나왔을 때는 더 상승했을지도 모른다). 지금까지의 상승이 500-600배이기 때문에 지금 고점에서 두 배만 오르면 되고, 천천히 상승할지언정 올라가는 종목이기 때문에 1000배는 넘게 올라간다고 생각된다(차트는 '3. 가치투자' 편과 '6. 살 만한 주식들' 참고).

3. 저점 대비 1000배는 아니지만 몇 백 배 상승할 가능성이 있는 종목

① 에스엠

한류 열풍 최전선에 있는 데다 해외시장을 개척했으며, 더욱이 지금은 사람들이 유튜브 같은 인터넷 매체에 올려서 홍보를 알아서 해주기 때문에 전파 속도가 훨씬 빠르다. 저가 770원부터 상승했고, 지금은 70배 넘는 상승을 해서 조정을 받고 있지만 앞으로 주도주가 될 가능성이 높다. 지금부터는 우리나라 문화가 세계로 나가는 시기이기 때문에 제일 큰 수혜를 입을 종목이다. 2005년도에 매출액 200억 원이었던 회사가 내년부터는 매출이 2000억 원인 회사로 탈바꿈하게 되었다. 해마다 20-30% 성장하고 앞으로도 이러한 성장이 가능하기 때문에 저가 770원 대비 몇 백 배도 가능하지만 1000배도 가능할지 모르는 종목이다. 지금은 너무 올라서 매수하기 어렵지만, 조정다운 조정을 보이면 매수 0순위다(차트는 '5. 주가와 PER의 관계' 참고).

② 인터플렉스

앞으로 대세인 모바일 기기가 성장함에 따라 성장할 수밖에 없는 종목이다. 매출액이 말도 안 될 정도로 폭발적으로 늘어나고 있다. 인터플렉스는 2009년 매출액 2000억 원대 회사가 지금으로부터 1-2년 있으면 매출액 1조 원대 회사로 성장하게 되었다. 지금까지도 폭발적인 성장세를 기록하였으나 앞으로도 이러한 성장세는 계속될 것으로 봐서 몇 백 배 혹은 1000배도 가능한 종목이라 하겠다. 지금까지 50-60배의 성장이다. 인터플렉스는 저가가 1160원이다.(차트와 설명은 '1. 대세 상승' 편의 '6) 2008년부터 2011년까지의 대세 상승'에서 '다. 모바일주' 참고) 지금 사기에는 부담스럽고 조정이 올 때까지 기다리는 것이 낫다.

③ 에이블씨앤씨

미샤로 잘 알려진 브랜드로서 여기다가 한류 열풍이 불면 불수록 성장 가속도가 붙는 회사다. 2008년에 매출액 1000억 원대인 회사가 지금으로부터 1-2년 지나면 매출액 5000억 원이 넘는 회사가 된다. 믿기지 않는 성장세를 보여줬다. 앞으로의 성장세도 마찬가지라고 생각되는바, 저가 933원에서 몇백 배 성장은 물론 1000배까지도 가능한 종목이라 하겠다. 지금까지 60배 넘는 성장률을 보여주었다(차트와 설명은 '1. 대세 상승' 편의 '6) 2008년부터 2011년까지의 대세 상승'에서 '나. 한류 주' 참고). 지금 사기에는 부담스럽고 조정을 받으면 사는 것이 낫다.

뿐만 아니라 우리나라 화장품은 한류의 영향으로 인해 외국 여성들에게 선망의 대상이 되었다. 다큐멘터리 프로그램에서 우리나라 걸 그룹의 물광 피부, 도자기 피부를 배우러 우리나라에 오고 다시 고국으로 돌아가, 이것을 직업으로 삼는다. 베트남의 예를 보면 결혼할 때 신부화장 하는 것과 상류층들이 화장할 때는 우리나라 화장품과 우리나라 화장법으로 한다고 한다. 아시아 다른 나라도 마찬가지라고 보면 된다. 문화라는 게 이런 것이다. 차트를 보면 알 수 있다. 에이블씨앤씨 말고도 코스맥스, 한국콜마, 아모레G도 마찬가지다.

④ 컴투스, 게임빌

다음은 컴투스와 게임빌의 차트다.

컴투스 월봉

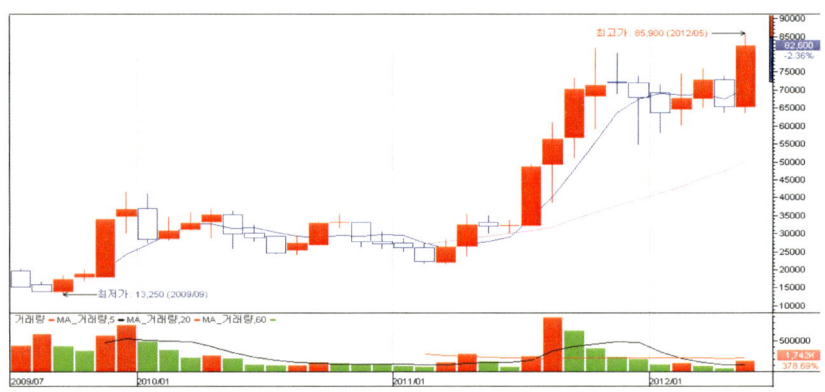

게임빌 월봉

　새롭게 등장한 모바일 게임주들이다. 1980-1990년대는 PC 시대였고 지금
은 모바일 시대다. PC 시대였을 때도 PC가 많이 팔리면 팔릴수록 PC 게임
도 많이 팔리고 PC 게임회사 주가도 따라서 올랐을 것이다. 마찬가지로 지
금도 모바일 기기가 많이 팔리면 팔릴수록 모바일 게임주들 주가는 올라갈
수밖에 없는 구조이기 때문에 앞으로 고성장이 예상되는 종목들이다. 다른

모바일 게임주들도 많지만 컴투스, 게임빌 이 회사들은 2008-2009년도에 200-300억 원의 매출이 지금으로부터 2년 정도 지나면 1000억 원이나 그에 가까운 매출액으로 늘어나고, 그 후로도 고성장이 예상되기 때문에 저점 대비 100-200배 정도는 상승할 것으로 예상된다. 만일 매수세가 더 붙어서 거품이 생기면 그 이상도 가능한 종목들이다.

앞으로는 소프트웨어가 중요시되는 시대가 올 것이고, 공급은 한정되어 있고, 모바일 기기 발달로 영화나 음악, 게임들에 대한 수요가 늘 것이기 때문에 시대를 봐도 성장 가능성이 충분하다. 나중에는 거품이 낄 가능성이 크다. 다른 종목도 찾아보면 이러한 종목들이 있을 것이다.

위에 소개한 종목들의 몇 백 배라는 배수는 저점 대비이고 지금은 대세 하락기이기 때문에 지금 매수하라는 뜻이 아니다. 매수하려면 대세 하락이 끝난 후에 해야 한다. 앞으로 올 대세 상승장에서 주도주가 될 가능성이 높고, 대세 상승이 끝났을 무렵에 그 정도의 상승이 가능한 종목이라서 소개했다. 그리고 이 종목뿐만 아니라 이 종목이 속해 있는 업종 중에서 꽤 높은 상승률을 기록하는 종목이 있으므로 찾아보기 바란다.

4. 저점 대비 100배 가능한 종목들

이제까지는 1000배, 몇 백 배, 해서 숫자의 감이 떨어졌지만 100배도 대단한 상승이다. 주식하는 사람들도 평생 이런 종목 못 산 사람 많다. 이 종목들은 다른 업종에서는 고르기 어렵지만, 지금 대세인 삼성전자나 현대차, 기아차에 납품하는 협력업체에서 찾으면 쉽다. 삼성전자, 현대차, 기아차 실적이 너무 좋아지고 있으니 납품하는 부품업체들도 실적이 좋을 수밖에 없다. 예로 한 종목씩만 보겠다.

① 평화정공

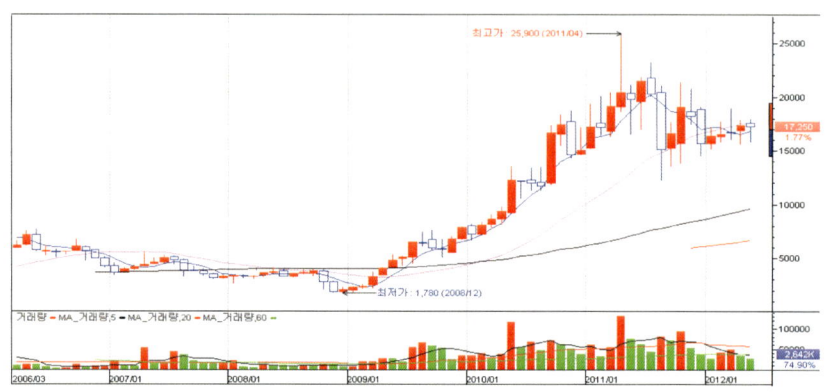

평화정공 월봉

② 심텍

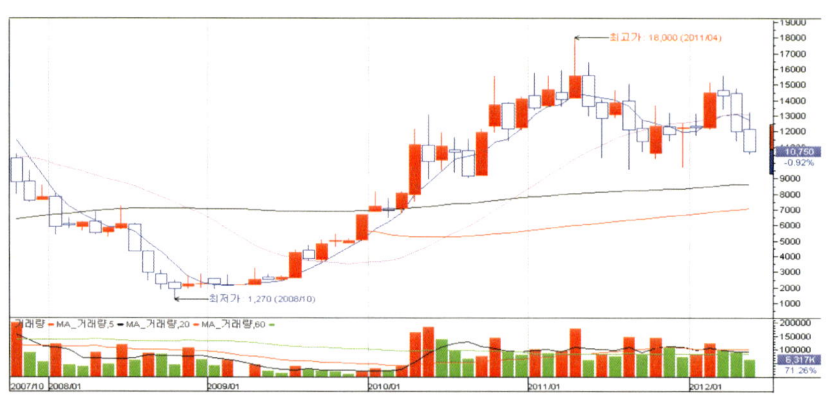

심텍 월봉

자동차 부품업체 평화정공과 인쇄회로기판 제조업체 심텍의 차트다. 2년 넘는 기간 동안 10배나 10배 넘게 올라갔다. 위에 소개한 종목들보다는 덜 올라갔지만, 이런 상승률을 만나기도 어렵다. 대형주보다 높은 상승률을 원하면 그 회사에 납품하는 부품주들 중에서 실적이 좋은 종목을 사면 된다. 그럴 때 대형주보다 높은 수익률을 얻을 수 있다. 이 외에도 정말 많은 부품 회사들이 있다. 이 정도 상승률을 보인 기업은 많으므로 몇 년 지나서 우리나라 중소기업들의 수준이 이전과는 달리 많이 높아질 것으로 생각된다. 위에 소개한 종목들은 저점 대비 앞으로 100-200배 정도 상승할 종목들이다. 삼성전자나 현대차, 기아차에 납품하는 협력업체가 더 있으니 실적이 좋은 종목을 찾아보기 바란다. 차트가 이와 비슷하다.

　위에 소개한 종목들은 개인적인 생각이니 투자하는 데 참고만 하기 바랍니다.

5. 저점 대비 10000배 상승 가능한 종목

㉠ 한국타이어

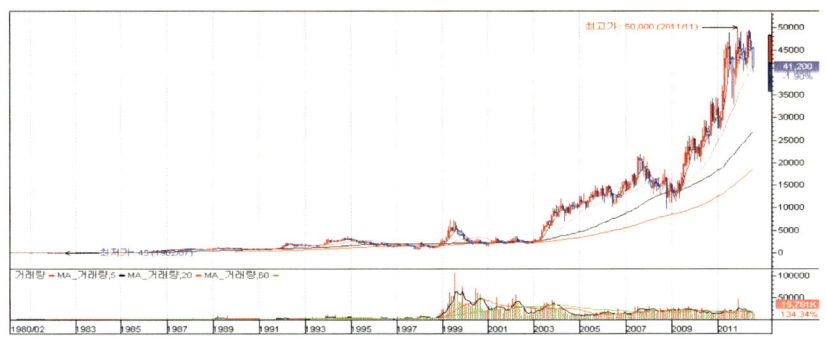

한국타이어 월봉

10000배라는 것이 가능할까. 그럴 가능성 있는 종목이 하나 있다. 한국타이어다. 물론 1980년부터 차트 상으로 저점 대비 만 배다. 그 나라 자동차가 많이 팔리면 올라갈 수밖에 없는 주식. 자동차 부품주라고 해도 되는 주식이다. 1982년 저점 45원부터 올라가기 시작해서 올해 고점 5만 원까지 1000배가 넘는 상승률을 보여주었다. 그리고 앞으로도 훨씬 더 올라갈 가능성이 높기 때문에 가치 성장주로도 '딱'인 종목이다. 이번 대세 하락이 끝나고 대세 상승이 오면 2000배, 3000배도 올라가겠지만, 5000배 이상 10000배도 가능한 종목이라고 하겠다. 잘하면 기네스북에 올라갈 주식이 나올 수도 있다. 45만 원만 가면 10000배 주식이 우리나라에서 나오기 때문이다. 다음번 대세 상승기 때 기대해본다.

6. 종합주가지수 1000이라는 것

종합주가지수 월봉

이 차트가 우리나라 1980년부터 지금까지의 종합주가지수 차트다. 1980년대 주가지수 100에서 1000까지 상승하고 박스권을 거친 후 다시 상승하는 모양이다. 시간으로 보면 30년이라는 시간이 흘렀지만, 아직도 종합주가지수 1000이라는 숫자에서 우리나라 증시는 자유롭지 못하다. 1980년대 넘어서 나오는 주가지수 1000은 고점이었고, 1990년대의 주가지수 1000은 마찬가지로 고점의 1000이었다. 특히 1994년도의 주가지수 1000이나 2000년의 1000은 희망의 주가지수 1000이었다. 더구나 1994년은 우리나라가 OECD에 몇 년 있으면 가입한다고 했고, 이것 때문에 우리나라가 선진국으로 가는 발판을 마련한다는 희망이 있었고 종합주가지수가 1145까지 갔기 때문에 모두들 더 올라갈 줄 알았다. 이 당시 사회 분위기는 지금 생각해보면 너무 좋았다. 사회가 안정되어 있었고 중산층이 제일 많았다. 기업들이 사상 최대의 설비투자를 해서 돈이 잘 돌아가니 걱정이 없었다. 이 당시 증권사 지점장이 쓴 책이 있었다. 내용은 큰손들이 주식을 몇 백억씩 했고, 지점장들을 수족 부리듯 한 사람이 1994-1995년도에 주식을 몇 백억 샀다는 얘기다. 믿기 쉽지 않지만 많이는 샀을 것 같다. 사회 분위기나 기업실적이나 OECD 가입 등 여러 가지 면에서 처음 접하는 것이기 때문에 이런 사람들이 많았을 것이다. 그 후 주가지수는 1998년도에 277까지 빠진다. 그리고 2000년도에도 주가지수는 1000이 갔다. 이 1000 또한 우리나라 희망이었다. IMF를 극복했다는 자신감과 밀레니엄, 새천년이라는 말들은 1000이라는 숫자를 희망으로 만들었다. 이 시대까지가 주가지수 1000은 우리나라 증시의 고점이었다. 그러나 2000년 넘어서 주가지수는 2000을 넘어갔기 때문에 1000이라는 숫자는 다시 절망으로 바뀐다. 2007년까지 주가지수가 2000이 넘어 상승했지만, 금융 위기를 겪으면서 2008년에는 1000을 깨고 900도 잠시 깼다. 1000이라는 숫자는 우리나라가 제일 안 좋은 상황이고 모든 것이 절망으로 바뀌었을 때 나타나는 숫자가 되었다. 그래서 우리나라는 아직도 1000이라는 숫자에서 벗어나지 못하고 있다.

7. 지금의 위치와 앞으로의 전망

1) 제2의 브릭스와 유가

그러면 다음번 브릭스 국가들은 어디일까? 2000년대를 브릭스 국가들이 풍미했다면, 2010년대는 다른 국가들이 풍미할 텐데 과연 어디일까? 지금은 설비투자가 끝난 시점이라서 설비투자 관련주보다는, 앞으로는 완성품의 시대여서 완성품을 만드는 기업이 올라갈 가능성이 높다. 이런 식으로 주도국을 찾으면 완성품을 만드는 나라로 압축된다. 그러면 완성품, 하면 독일이 제일 먼저 떠오르고(2차 세계대전 때 독일이 만든 다리가 폭파가 잘 안 되었다. 튼튼한 제품을 대변하는 독일 자물쇠 등 독일 제품의 우수성에 얽힌 일화는 너무나도 많다), 우리나라, 일본, 미국 이렇게 보면 될 것 같다. 일본은 제품의 왕국인데 점점 힘을 잃어가서 다른 나라 따라가는 차트가 될 것 같고, 미국은 금융 위기의 여파가 있기 때문에 주도국에 조금 미치지 못하는 정도, 그리고 완제품을 많이 만들고 다른 나라에 수출도 잘되는 우리나라와 독일이다. 경제 성장률은 우리나라가 아직 완전한 선진국이 되지 않았기 때문에 독일보다는 높게 나오고, 우리나라, 독일, 미국, 일본 이 나라들은 다음번 대세 상승기에 이슈가 될 주도국이 될 가능성이 높은 나라들이다(일본은 조금 약할 것 같다).

유가는 이전까지 경험하지 못했던 초고유가 시대가 올 것이다. 2000년대
는 설비투자 때문에 유가가 많이 올라갔고, 이제는 완성품의 시대이기 때문
에 완성품을 만들려면 석유를 쓰기 때문에 유가는 올라갈 수 밖에 없다. 자
동차나 IT 기기를 만들려고 해도 플라스틱이나 부품, 타이어 등에 쓰이는 원
재료들(PVC, 폴리프로필렌, 카프로락탐 등)을 석유에서 뽑아 쓰기 때문에, 이러한
것들을 만드는 석유화학 업체들이 호황을 누리고, 이 업체들이 호황을 누린
다는 것은 석유에 대한 수요가 많다는 뜻이다. 그러니까 유가는 올라간다.
옛날보다 인구가 많아지고 경제 규모도 말할 수 없이 커졌을 뿐 아니라 만드
는 제품도 너무 많고 다양해졌다. 그리고 각 나라가 경제성장을 외친다. 완
성품이라는 것은 물건이나 제품이 아닌 음악이나 영화, 게임도 포함되며 산
업 전 방위적으로 모든 파이가 커진다. 전 세계가 인터넷으로 통하고 제품
을 만들면 어디든지 갈 수가 있기 때문에 엄청난 수요를 유발하게 된다. 그
러면 유가는 이전까지 경험하지 못했던 초고유가가 된다. 그래서 제품 값을
올릴 수밖에 없어져서 물가 또한 초고물가가 된다. 그래서 앞으로는 초고유
가 시대, 초고물가 시대가 올 수밖에 없다.

2) 우리나라는?

종합주가지수 주봉

하지만 이제부터는 이 1000이라는 숫자에서 점점 벗어날 때가 되지 않았나 싶다. 지금은 2011년에 주가지수가 2231까지 올라간 대세 상승이 끝난 대세 하락이고, 대세 하락 중의 반등이기 때문에 주가지수가 더 빠져서 저점을 잡아야 올라갈 수 있다. 그리고 외부환경도 그다지 좋지 않다. 유럽의 문제나 중국의 경제 성장률 등은 우리나라기업 실적에 많은 영향을 미쳐서, 실적이 좋지 않기 때문에 한 번 많이 쉬고 올라가는 것이 맞는다는 생각이 든다. 그러려면 정말 많이 빠지고 투매도 나와야 대세 하락이 끝나서 저점을 잡고 올라갈 수 있다. 이쯤 되면 방송이나 언론에 한 달 동안 나라가 큰일 났다거나, 정부가 대책을 내놔야 한다거나, 환율이 급등한다거나 하는 기사가 나올 것이다. 그러면 각종 지표도 낮고 지표 분석에 제일 많이 쓰이는 PER와 PBR이 낮기 때문에, 대량 매수가 들어온다. 지금은 이 같은 대량 매수가 들어오기에는 각 종목의 주식 가격이 애매하다. 싸지도 비싸지도 않은 가격이다.

주가는 가격이 애매하면 잘 올라가지 않는다. 주가는 낮아야 잘 올라간다. 각 종목의 주가가 낮아야 매수가 대량으로 들어오는데, 그러려면 다른 대세 하락에서도 그랬듯이, 정말 말도 안 되게 내려가야 한다. 그래야 주가는 본격적으로 올라간다. 그러기 위해서는 종합주가지수가 1000 정도는 와야 하지 않을까 생각한다. 올해는 반등 구간이라서 내년에 1000 정도 오지 않을까 생각된다. 주가지수가 1000이 오면 모든 종목의 주가는 싸고, 이 정도 가격이면 어느 매수 주체가 매수를 하건 올라가게 되어 있다(외국인이 또 다시 맨 처음 매수할 가능성이 크다). 결과론적으로 말했지만, 주가지수가 많이 올라갔으니까 내려온다는 말이다. 여름이 지나면 겨울이 오듯이 주식 시장의 겨울이 올 때까지 기다린다는 뜻이다.

13

물건의 시대

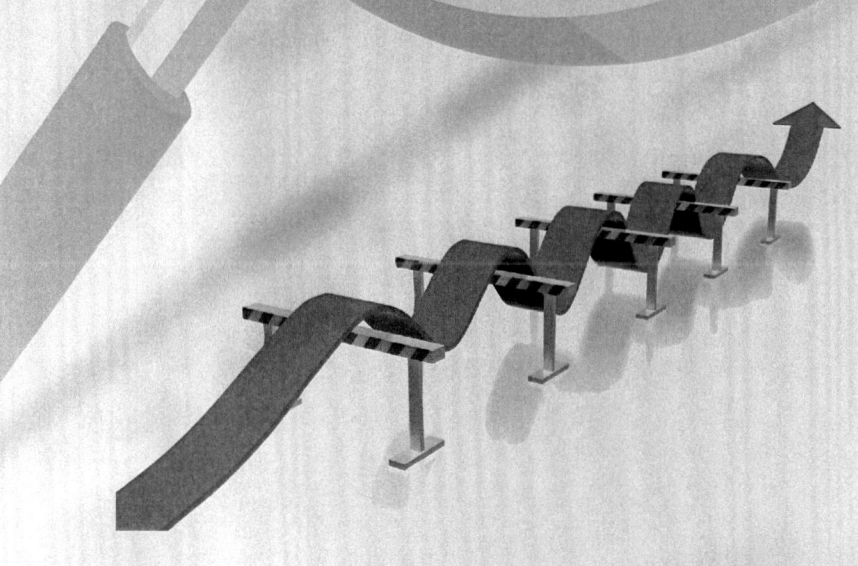

1. 지금까지 올라간 종목 중후장대

2007년까지 올라간 종목들은 자본이 대규모로 투입되는 자본재 종목들이었다. 물론 다른 종목들도 있지만, 주된 업종들이 중공업, 철강, 건설, 조선 등 구 경제를 대표하는 업종들이고 덩치가 큰 종목들이었다. 즉 중후장대 종목들이었다.

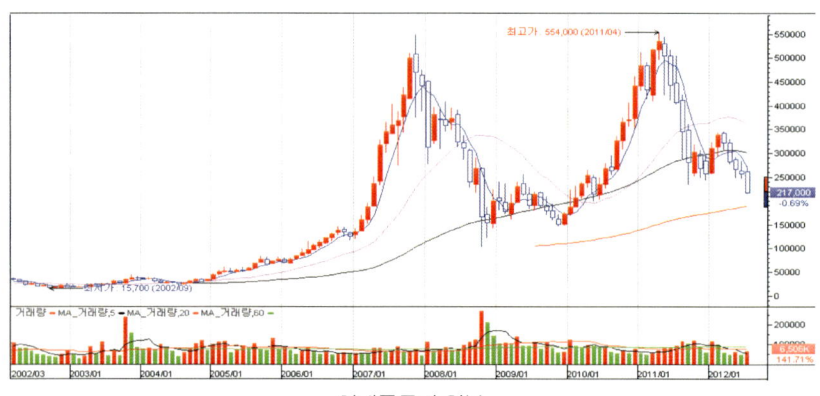

현대중공업 월봉

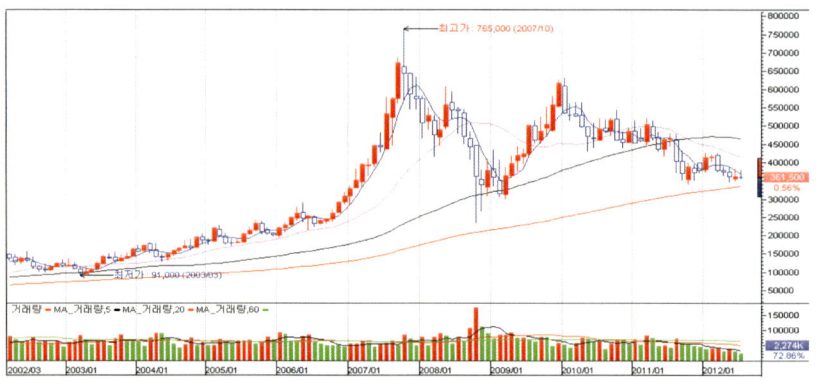

POSCO 월봉

위 차트는 2000년대 초반부터 2007년까지 설비투자 대세 상승을 주도한 대표적인 종목인 현대중공업과 POSCO의 차트다. 이 종목들은 지금은 과거의 영광을 누리지 못하고 하락하고 있으며, 현대중공업은 쌍봉을 치고 내려오는 모습이다. 이 종목들은 길어야 2010년 전후로 업황이 내려가고 있다는 것을 차트로 봐도 알 수 있다. 그뿐만 아니라 해운, 건설, 기계 다 마찬가지다. 그러니 지금은 이 업종들에 투자하면 수익이 나기 힘들다. 1998~99년부터 상승한 정보통신 기술주들이 2000년 넘어서는 올라가지 못하고 있고, 2010년 넘어서는 설비투자 관련주들이 올라가지 못하고 있는 것으로 봐서, 2010년 전후로 많이 올라가는 종목은 설비투자 관련주가 아닌 다른 종목이라는 것이다(종목과 차트는 '1. 대세 상승' 편의 '5) 2003년부터 2007년까지의 대세 상승' 참고).

다음은 KT 월봉 차트이다.

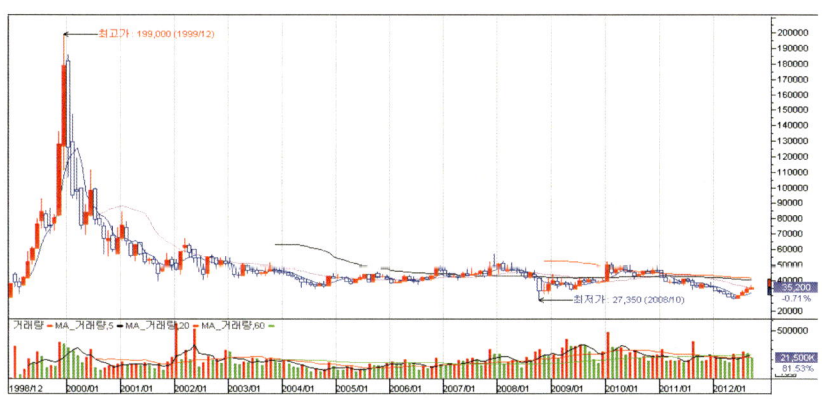

KT 월봉

2000년 초반까지는 정보통신 기술주들이 주도하고 2000년 넘어서는 위에 소개한 설비투자 관련주들이 올라갔듯이, 2000년 초반까지 상승한 정보통신 기술주들은 KT와 비슷하다고 보면 된다(아닌 종목도 몇 있다). 이러한 종목들은 지금까지도 상승하지 못하고 있으며, 2007년까지 올라간 설비투자 관련주들도 이렇게 될 가능성이 크기 때문에 지금은 설비투자 관련주에서 손을 떼어야 할 때다. 위에 소개한 현대중공업, POSCO, KT가 차트가 비슷하지 않은가? 주도주로서 자기 할 일이 끝난 주식들은 다음 상승이 올 때까지 이렇게 오랜 기간 쉬기 마련이다. 그러니 쉬는 주식은 쉬게 두고 건드리지 말아야 한다. 건드리면 손해가 난다.

2. 앞으로 올라갈 종목 경박단소

다음은 2008-2009년부터 지금까지 많이 올라간 대표적인 종목들이다.

에스엠 월봉

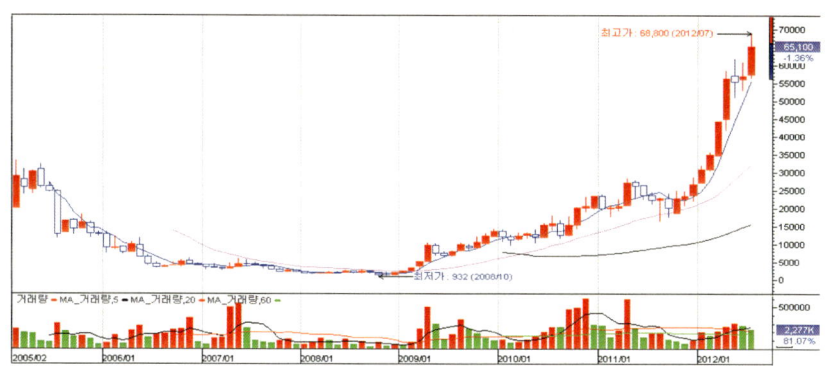

에이블씨엔씨 월봉

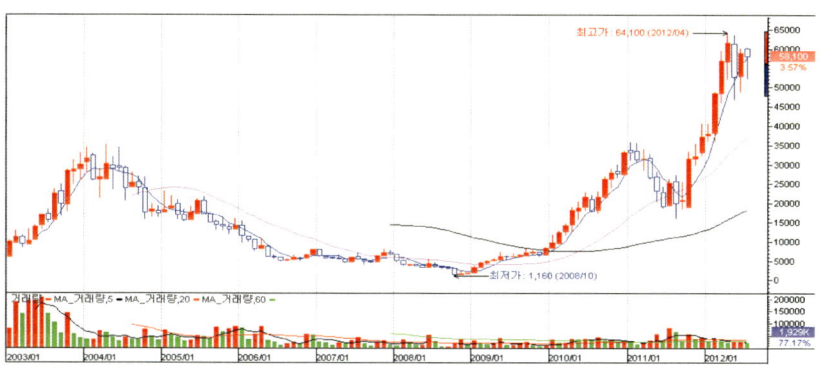

인터플렉스 월봉

현대중공업, POSCO와 비교하면 다르다는 것을 알 수 있다. 현대중공업, POSCO는 2007년까지 많이 올라갔지만, 에스엠, 인터플렉스, 에이블씨엔씨는 2007년까지는 한 번 반등을 주거나 하락을 한 종목이고, 이제는 거꾸로 현대중공업, POSCO는 2008년까지 하락 후에 잠깐 상승은 있었지만 지금은 지속적인 하락을 나타내고 있다. 에스엠, 인터플렉스, 에이블씨엔씨는 2008년 이후 지금까지 지속적인 상승을 나타내서 저점 대비 몇 십 배 올라간 상태가 되었다. 더구나 2011년 4월 이후 종합주가지수는 하락했지만, 이들 종목은 거꾸로 올라가고 있는 걸로 봐서도 종합주가지수를 넘어선 강력한 종목이고 주도주이다. 앞으로 실적은 더 좋아질 것으로 예상된다. 앞으로는 이러한 종목들이 2010년대를 풍미할 것이다. 지금은 많이 올라서 매수하기에는 너무 부담이 되는 가격대이며 대세 하락기 중의 반등이라서 상승하지만, 대세 하락 때는 이 종목들도 많이 하락할 것으로 예상된다. 그러면 매수해도 되는 종목들이다.

이러한 종목들은 대규모 자본이 들어가는 덩치가 큰 중후장대 종목들이 아니라, 소규모 자본이 들어가고 덩치가 작은 경박단소 종목들이다. 다른 종목들도 차트는 이와 비슷하다. 지금은 자본재에서 소비재로 넘어온 시기이기 때문에 2010년 전에 올라간 설비투자 관련주들은 잊어버리고 소비재 종목에 투자할 때다. 실제로 2008-2009년부터 지금까지 올라간 종목들을 보면 소비재 종목이 대부분이다. 이제는 물건의 시대다. 그렇기 때문에 이제는 매수할 주식 종목을 찾을 때 주변의 실생활에서 찾는 편이 좋다. 2007년까지 올라간 종목들은 생활 속에서 찾을 수 없는 종목들이었다. 기계, 조선, 철강 등의 종목들은 이 회사에 다니는 사람들만 실적이 좋아지는 것을 알기 때문에 재무제표나 뉴스를 보고 실적이 좋아지는 것을 확인하고 매수할 수밖에 없었다. 하지만 지금은 사람들이 선호하고 많이 사는 제품이 있으면 사도 되는 시기이다. 피터 린치가 얘기한 생활 주변에서 종목 찾으라는 충고가 잘 들어맞는 시기이다. 그렇기 때문에 2007년보다는 종목 찾기도 쉽고 수익 내기도 쉬울 것이다. 2008년부터 지금까지 올라간 에스엠, 에이블씨엔씨 등의 소비재 종목들은 내 주변에 항상 존재하는 종목들이어서, 관심만 있으면 어느 회사의 실적이 좋은지 금방 판별할 수가 있다. 그러니 안드로메다 가서 종목 찾지 말고, 생활 속에서 찾아보기 바란다.

　지금 각광받고 있는 주식들이 몇 있다. 어려운 종목도 아니고 뉴스나 생활 속에서 찾을 수 있는 종목들이다. 몇 종목만 소개해본다.

① 로만손

로만손 월봉

　시계를 만들다가 액세서리와 핸드백까지 사업 영역을 넓힌 회사. '제이에스티나'라는 브랜드로 점점 매장을 넓히고 있고, 백화점까지 진출한 회사다. 매출은 눈에 띄게 늘어나고 있고 한류 붐까지 더해져서 고성장이 기대된다.

② 영원무역

영원무역 월봉

아웃도어와 스포츠 신발을 생산하는 회사. 나이키와 노스페이스 등의 OEM 업체로서 실적이 꾸준히 늘고 있다. 아웃도어 시장은 점점 커지고 우리나라에서도 중고등학생들이 반에서 절반 이상이 입어 노스페이스가 이슈가 되었던 적이 있다. 지금은 소비재가 올라가는 시기라고 했다. 나이키 주가 차트를 보면 계속 오르고 있다. 그렇다면 영원무역은 따라서 올라갈 수밖에 없다.

③ 파라다이스

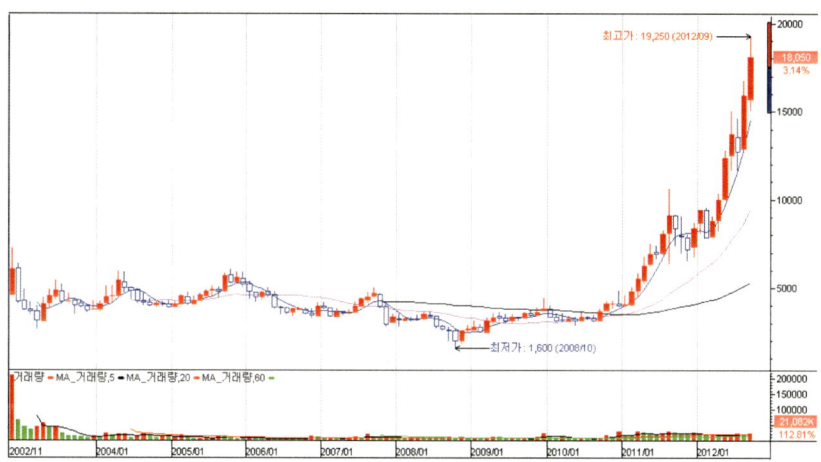

파라다이스 월봉

외국인 전용 카지노 운영업체. 호텔 사업도 하고 있다. 어느 나라건 국민소득 2만 달러에서 4만 달러까지 가면 서비스업이 비약적으로 커지고, 그 중에서도 카지노 사업은 엄청나게 커진다. 미국을 보면 알 수 있다. 지금도 많이 올라왔지만 앞으로도 10년 이상은 더 많이 올라갈 종목이다. 중국인 관광객이 하루에 상상 이상으로 돈을 쓴다고 한다. 이렇게 돈을 쓸 만한 업종은 카지노 밖에 없을 것 같다. 한 사람이 상상 이상으로 돈을 쓰면 그 회사는 매출이 엄청나게 늘어날 수밖에 없다.

④ 한국사이버결제

한국사이버결제 월봉

　온라인 결제 대행을 하는 회사. 인터넷 소액결제 시장이 이제는 컴퓨터를 넘어서 모바일까지 확대되고, 모바일 게임도 앞으로는 대형화가 될 것인 데다, 다른 분야도 모바일 결제금액이 커지고 있어서 결제금액은 늘어날 수밖에 없다. 또한 산업이 발달할수록 모바일 기기가 많이 팔릴수록 결제금액과 결제금액 빈도가 늘어나 실적이 늘어날 수밖에 없는 회사다. 그리고 설비투자가 그렇게 많이 들지 않아서 다른 업종들보다 상승률이 높을 것 같은 생각이 든다.

3. 다른 나라의 중후장대와 경박단소 종목들

지금은 소비재 종목들이 많이 상승하는 시기이기 때문에 우리나라 소비재 종목뿐만 아니라 다른 나라에서도 소비재 종목들이 올라갈 것이다. 한번 살펴보자.

우선 2007년도까지 상승한 설비투자 관련주들은 지금은 그냥 그렇게 움직일 것이기 때문에 이 주식들도 짚고 넘어가보자.

1) 다른 나라의 중후장대 종목들

가. 미국

① 알코아

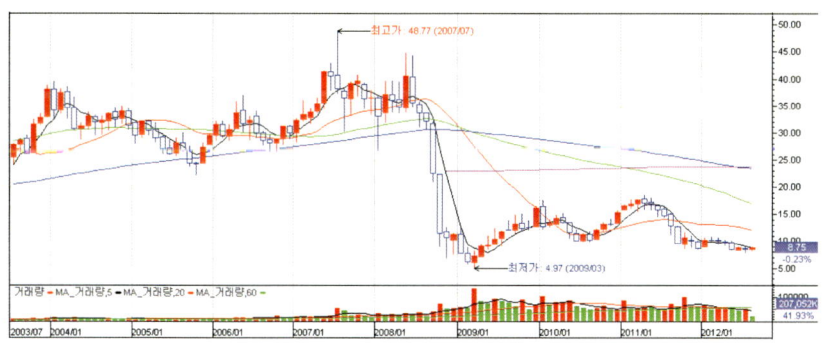

알코아 월봉

② USX-U.X 스틸

USX-U.X 스틸 월봉

　알코아는 알루미늄 세계 1위 회사이고, USX-U.X 스틸은 철강회사다. 2007
년까지 많이 올라간 설비투자 관련주들은 지금까지 그렇다 할 상승을 보여
주지 못하고 있다. 위 종목들의 2009년부터 지금까지의 차트는 우리나라 설
비투자 관련주와 비슷하다. 우리나라뿐만 아니라 다른 나라에서도 비슷한
일이 벌어지고 있다(그래서 존 템플턴이 글로벌 펀드를 만들 수가 있었다). 자본재 종
목들은 전 세계가 비슷할 것이다.

나. 일본

① 미쓰이 조선

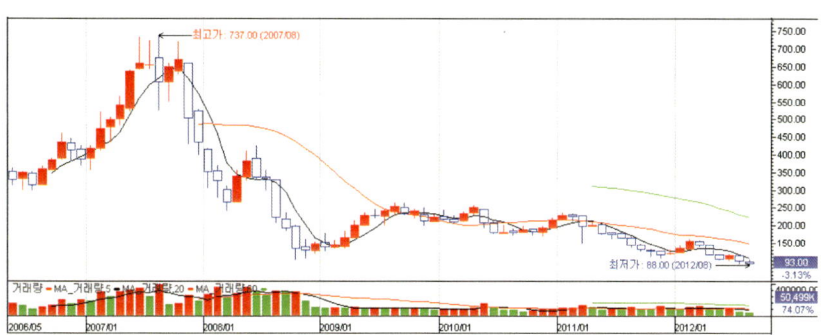

미쓰이 조선 월봉

② 신 닛폰제철

신 닛폰제철 월봉

미쓰이 조선과 신 닛폰제철은 조선과 철강에서 일본을 대표하는 회사이다(종목 명을 쓰다 보니 신닛폰제철이라고 썼다. 우리나라에서는 신일본제철이라고 쓴다). 마찬 가지로 2007년까지 많이 상승한 종목들이다. 하지만 이 종목들은 2009년 이

후에는 이렇다 할 상승세를 보여주지 못했고, 지금도 저점을 낮추면서 떨어지고 있다. 일본의 다른 상선, 기계 관련주 등 설비투자 관련주가 다 비슷하다.

다. 중국

① 길은니켈

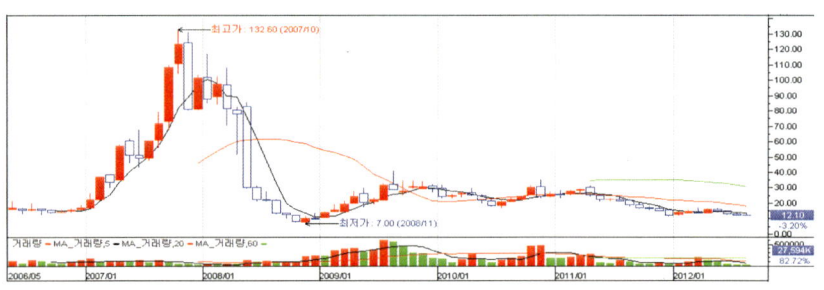

길은니켈 월봉

② 제남철강

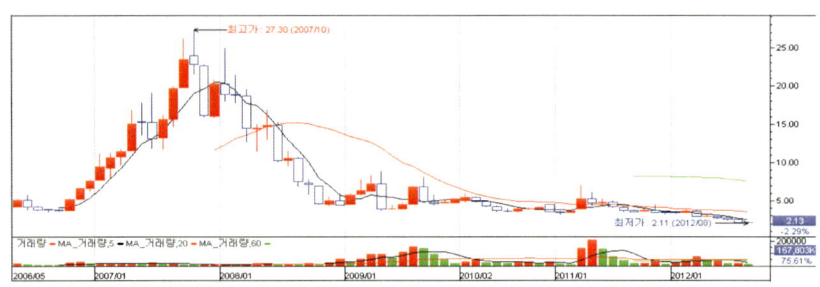

제남철강 월봉

③ 상해건설

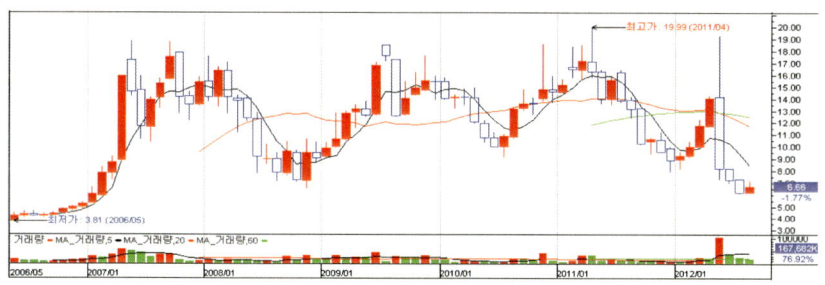

상해건설 월봉

    중국 상해A지수에 상장되어 있는 종목들이다. 2007년까지 오른 대세 상 승장에서 상해지수는 6배가 올랐고 설비투자 관련주는 최대 수혜주였지만, 지금은 성장을 기대할 수도 없고, 2008년에서 2011년까지 상승한 대세 상승 장에서는 소외되었으며, 앞으로도 마찬가지일 거라고 생각된다. 제남철강 차 트를 보면 고점에서 10분의 1이 더 빠진 걸로 봐서 중국에서 철강이 과잉 생 산된 게 맞는 것 같다. 다른 철강주들도 비슷하다. 건설주는 다른 설비투자 관련주처럼 많이 빠지지 않은 걸로 봐서 중국은 아직 개발도상국이고, 그래 도 국민소득 20000달러까지는 건설할 것이 많이 남아 있다. 그래서 다른 종 목보다는 덜 떨어진 것 같다. 길은니켈, 제남철강은 우리나라 1970년대에 포 항제철이라는 회사 이름을 보는 것 같다. 지역명에 업종을 붙인 회사 이름.

    외국의 예도 살펴본 바와 같이 중후장대한 자본재 종목들은 성장성이 없 어서 차트 모양이 좋지 않다는 것을 알 수 있다. 우리나라와 마찬가지로 외 국도 설비투자 관련주들은 2007년까지만 좋았던 주식들이다.

2) 다른 나라 경박단소 종목들

그렇다면 다른 나라 경박단소, 즉 소비재 종목들은 어떤지 살펴보자.

가. 미국

의류업종

① 갭

갭 월봉

② 폴로랄프로렌

폴로랄프로렌 월봉

우리나라에 수입이 많이 되어서 많은 사람들이 알거나 매장이 있는 기업 중에서 골랐다. 이 정도면 우리나라뿐만 아니라 다른 나라에도 매장이 있는 회사이기 때문이다. 2009년에서 2011년까지 대세 상승에서도 우리나라 의류 업종인 베이직하우스나 LG패션이 많이 올라갔듯이, 미국에서도 소비재 기업 주가가 많이 올랐다.

음식료품 업종

① **맥도날드**

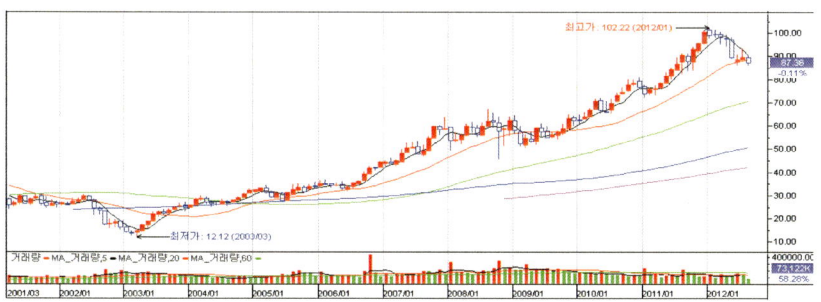

맥도날드 월봉

② **스타벅스**

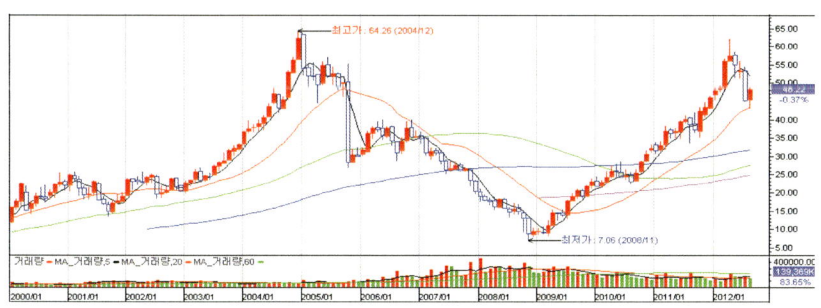

스타벅스 월봉

③ 하인즈

하인즈 월봉

　맥도날드, 스타벅스는 서비스 업종이라고 봐도 되지만, 소비재 기업으로서 음식료 업종으로 분류했다(사실은 하인즈와 같이 비교 분석하기 위해서이다). 맥도 날드는 계속 오르고 있고(워렌 버핏에 또 한 번 놀란다), 스타벅스나 하인즈(하인 즈는 케첩 브랜드로서 다 알 것이다)도 마찬가지로 2009년에서 2011년 대세 상승 장에 올랐고 2012년까지도 오르고 있다. 제품을 만들어서 파는 기업이 매장 까지 있으니 주가가 상승하기에는 너무 좋은 조건이다. 다른 지역에 복사만 하면 된다.

① 애플컴퓨터

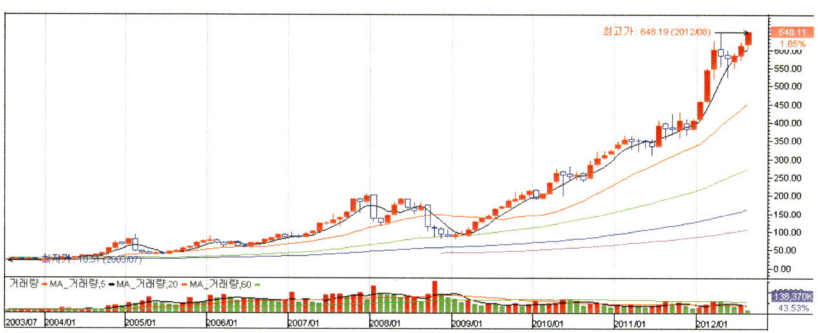

애플컴퓨터 월봉

② 아마존

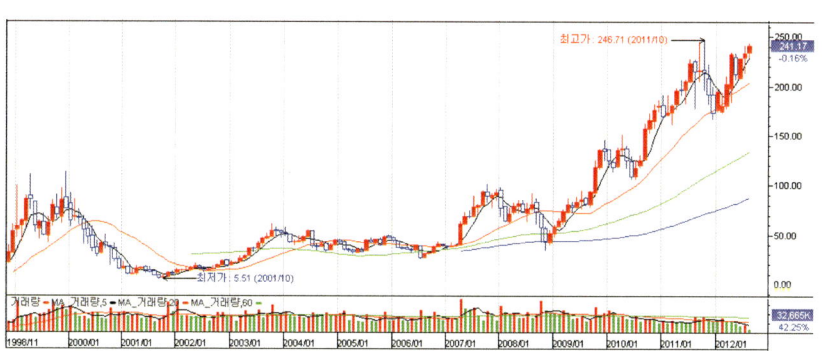

아마존 월봉

애플 컴퓨터는 설명이 필요 없는 기업이고, 아마존은 킨들화이어로 인해서 다시 한 번 전성기를 맞은 기업이다. 아마존은 인터넷 기업이지만 단말기 킨들을 만들었기 때문에 모바일 업종으로 분류했다. 전자책 서비스가 시기에 적절하게 나왔고 킨들도 불타나게 팔리고 있다. 콘텐츠에 단말기까지 가지고 있으니 올라갈 수밖에 없다. 지금은 제품이 팔리는 시기이기 때문에 업종을 가리지 않는다.

기타 업종

① 월트디즈니

월트디즈니 월봉

이제는 소프트웨어 시대이자 콘텐츠가 중요한 시대이다. 영화, 디즈니랜드, 캐릭터 등 지금 시대에 올라갈 만한 사업부는 다 갖춘 기업이다. 그래서 올라가고 있다(워렌 버핏에 또 한 번 놀란다).

② 킴벌리-클락

킴벌리-클락 월봉

종이제품 만드는 기업이다. 유명한 제품은 크리넥스와 하기스가 있다. 그
러니 지금은 큰 물건이 오르는 때가 아니라 크리넥스같이 작은 물건이 오르
는 시대다. 작아도 너무 작지만 크기는 아무 상관이 없다. 물건이면 된다.

③ 할리 데이비슨

할리 데이비슨 월봉

남자라면 누구나 타고 싶어 하는 오토바이이다. 전 세계 남자들이 선호하는 하나의 브랜드가 되었고, 장비나 튜닝 제품도 많이 팔리고 있다. 우리나라에도 매장이 있으니 이 정도면 당연히 전 세계에 매장이 있고, 앞으로 경기가 좋아지면 매출은 계속 늘어날 것으로 보인다. 오토바이 한 대 가격이 웬만한 자동차 한 대 가격이다. 그래도 팔리니 주가는 오를 수밖에 없다. 약간은 비싼 소비재.

④ 티파니

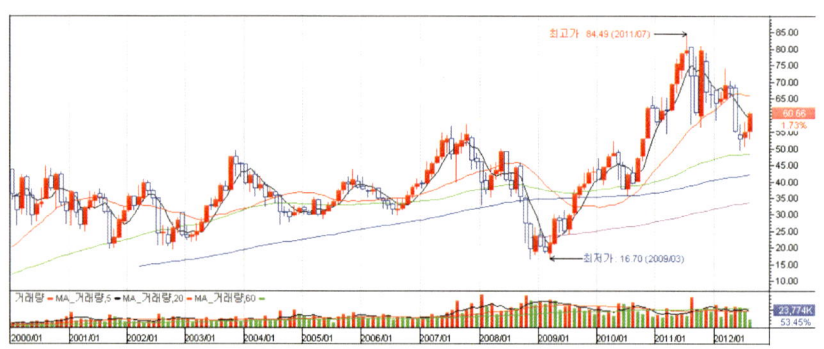

티파니 월봉

지금은 가격이 문제가 아니다. 티파니라는 회사는 다 알 것이다. 보석 브랜드. 마찬가지로 소비재에 속하기 때문에 2009년부터 2011년까지 상승 후 조정이다. 차트도 우상향이고, 조정을 받더라도 앞으로도 계속 올라갈 것으로 생각된다. 다른 명품 기업들도 비슷하다. 그래서 다음 대세 상승 때는 선진국 경기가 좋아질 가능성이 크다. 정말 비싼 소비재.

나. 일본

① 니콘

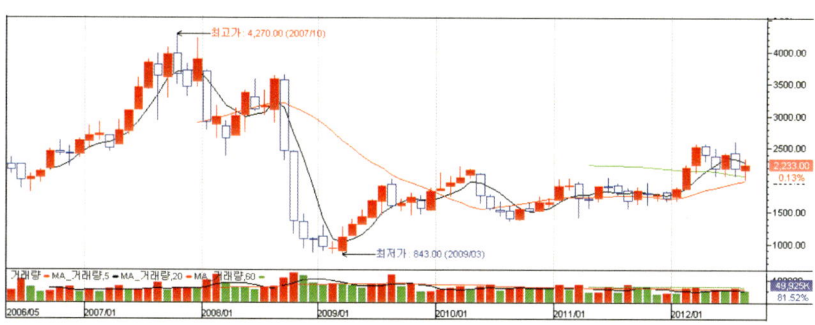

니콘 월봉

카메라 업체의 대명사. 그나마 일본주가지수보다는 차트가 낫다. 실적이 좋아지고 있는 회사다. 보통 일본 상장 기업들은 일본주가지수처럼 흘러내리고 있다. 전체적으로 안 좋은 상황이지만, 간혹 니콘 같은 기업이 몇 있다. 지금 이런 차트는 소비재 기업 중에서 찾아야 찾기 쉽다.

② 아사히 맥주

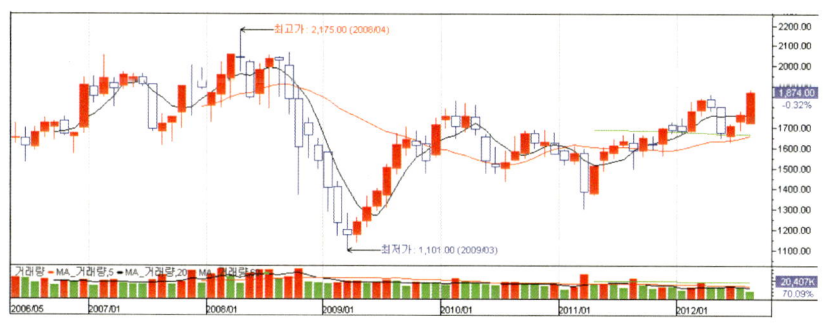

아사히 맥주 월봉

③ ABC마트

ABC마트 월봉

   아사히 맥주와 ABC마트는 두 기업 다 우리나라에 들어와 있다. 아사히 맥주는 편의점이나 마트마다 없는 곳이 없을 정도다. ABC마트도 마찬가지. 우리나라에 매장이 정말 많이 생겼다. 그렇다면 다른 나라에도 많이 생겼다는 얘기다. 그러면 실적이 일본에 있는 다른 기업보다는 좋아져서 주가는 올라간다. 그래서 이 기업들은 그나마 주가 차트가 올라가는 모양이다. 마찬가지로 소비재 기업이다. 기업 이름을 봐서 ABC마트는 미국 기업인 줄 알았다.

   다른 기업들도 있지만 차트 모양이 그다지 좋지 못하다. 설비투자 관련주는 말할 것도 없고 자동차주도 우리나라 현대기아차 같은 차트 모양이 나오지 못하고 있다. 소니나 다른 일본을 대표하는 전자업체 주가들도 흘러내리고 있다. 이런 것으로 봐서도 다음번 대세 상승기에는 우리나라가 주목받는 나라가 될 가능성이 아주 높다.

다. 중국

① 청도맥주

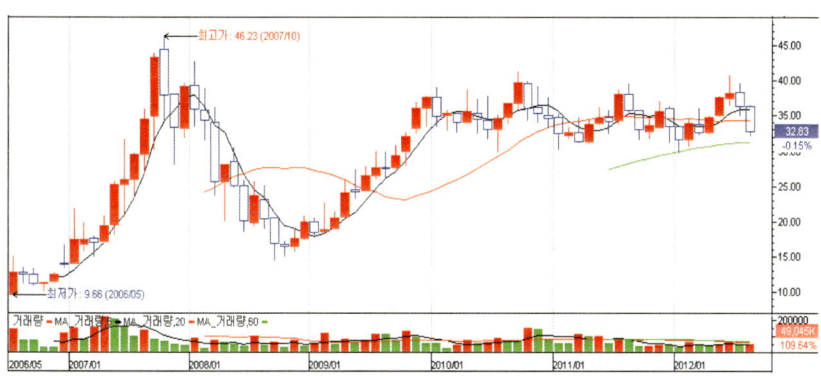

청도맥주 월봉

중국 소비재 기업은 잘 알 수가 없지만, 청도맥주는 우리나라에서도 양꼬치와 많이 먹고 중국집에서도 많이 팔리는 맥주이다. 중국산 중에서 우리나라에서 정말 많이 팔리는 제품일 것 같다는 생각이 든다. 중국 차트는 2009년부터는 한 해만 올라갔을 뿐 다른 해는 흘러내리고 있다. 하지만 청도맥주는 빠지지 않는 것으로 봐서도 상당히 강한 종목이고, 이런 차트가 나오는 이유는 소비재이기 때문이라는 생각이 든다. 중국 증시에 상장된 다른 맥주 회사도 꽤 있는데, 차트 모양이 비슷하다.

② **북방중형 자동차**

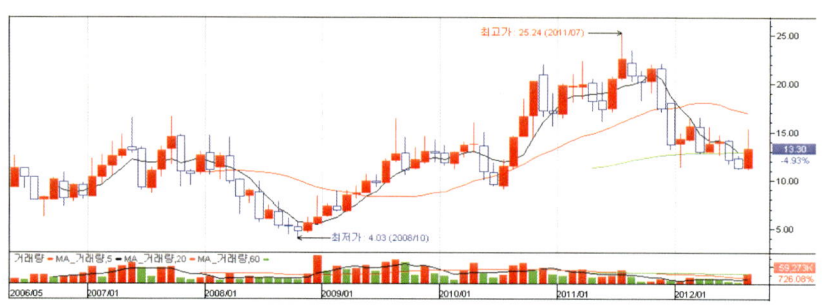

북방중형 자동차 월봉

2009년부터 올라간 대세 상승 시기에 우리나라에서 자동차 주가가 많이 올라갔는데, 중국에서도 지수와는 무관하게 자동차 주식이 많이 올랐다. 중국은 아직 개발도상국이기 때문에 자동차주가 더 올라갈 수 있다. 우리나라는 국민 소득 2만 달러가 넘은 지금도 자동차주가 올라가고 있다.

③ **하이얼**

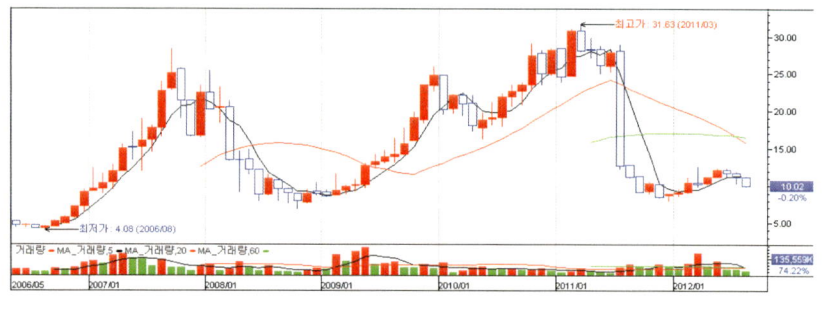

하이얼 월봉

중국 기업 중에서 우리나라에서도 많이 알려진 중국 전자업체이다. 마찬가지로 소비재가 상승하는 2009년부터 2011년까지 상승하고 쉬는 모양이다. 삼성전자도 1980-1990년대에 D램 사업을 해서 성공시키고, 다시 미래를 대비한 사업들이 성공을 해서 2000년 넘어 지금까지 엄청난 상승을 했듯이, 하이얼도 미래를 대비한다면 가능성이 있다.

라. 프랑스

① 로레알

로레알 월봉

남자들도 많이 아는 프랑스 화장품 회사다. 마찬가지로 전에도 올랐지만 2009년부터 소비재가 올라가는 시기에 올랐고 지금까지도 오르고 있다. 우리나라 화장품 종목들과 비슷한 차트가 나오고 있다. 그렇기 때문에 유럽에서도 이제는 소비재 종목들이 올라가는 시기가 온 것이다. 지금은 유럽이 힘들지만, 이 위기를 넘기고 난 후 다음 상승기에는 유럽 경기가 좋아질 것 같다.

이상으로 외국의 설비투자 관련주와 소비재 종목들을 살펴보았다. 정도의 차이가 있을 뿐 우리나라와 비슷하다는 것을 알 수 있다. 이와 같이 설비투자 관련주는 세계적으로 내려가는 추세이고 소비재 종목들은 올라가는 추세여서, 조정이 많이 오더라도 소비재 종목들은 다시 한 번 장세를 주도할 것이라고 생각된다.

지금 우리나라는 국민소득 2만 달러이고 국민소득은 앞으로 더 올라간다. 그래서 앞으로 올라갈 주식들은 과거 경제개발 시대에 올라갔던 주식들과는 다른 주식들일 것이다. 현재도 그러한 주식들이 올라가고 있다. 이제 자신이 살 주식을 고를 때는 국민소득 2만 달러에서 4만 달러 갈 때 올라갈 주식들을 골라야 한다. 미국이나 일본, 그리고 선진국들이 이 시대에 어떠한 일이 벌어졌고 어떠한 주식들이 올라갔나를 연구해서 찾아야 하며, 또한 국력이 커짐에 따라 기업 실적이 어떻게 변화되었나를 봐야 한다. 현재 우리나라에서 벌어지고 있는 한류는 미국이나 일본, 유럽 강대국들은 몇 십 년 혹은 백 년 전에 겪은 일이다. 우리나라가 지금 그렇게 되어가고 있는 것이다.

그리고 대세 상승할 때 이러한 주도 종목들이 올라갈 때는 몇 개월 혹은 1-2년에 걸쳐서 준비를 하고 올라가는데, 적어도 100종목 정도는 되기 때문에 급하게 사지 않아도 된다. 시간이 걸려도 깊이 생각한 후에 사도 늦지 않다. 거래소와 코스닥 종목을 다 합치면 1800종목이 넘지만, 그 중에 10종목을 찾는 게 아니라 적어도 100종목이고, 또한 같이 움직이기 때문에 주도국과 업종을 비교해보고 재무제표, 실적을 살펴본다면 찾을 수 있을 것이다.